rororo

Ildikó von Kürthy ist Journalistin und Kolumnistin bei der BRIGITTE. Sie lebt mit ihrem Mann und den beiden Söhnen in Hamburg. Ihre Romane wurden mehr als sechs Millionen Mal gekauft und in 21 Sprachen übersetzt. Auf ihr erstes Sachbuch «Unter dem Herzen», das gleich ganz oben in der Bestsellerliste landete, folgte ihr achter Roman: «Sternschanze».

«‹Sternschanze› ist die Geschichte einer Frau, die wieder bei null anfangen muss. Es geht um Hoffnung und darum, wie man sie am besten aufgibt. Es geht um Sex, um Betrug, um Verzeihen, um Tod, um Schlupflider, um Geld, um Liebe und um Hornhaut an den Fersen. Um das Leben einer ganz normalen Frau eben.»

Ildikó von Kürthy

Sternschanze

Roman

Mit Illustrationen von
Gisela Goppel

Rowohlt Taschenbuch Verlag

4. Auflage August 2015

Veröffentlicht im Rowohlt Taschenbuch Verlag,
Reinbek bei Hamburg, Juli 2015

Layout Angelika Weinert
Umschlaggestaltung Hafen Werbeagentur, Hamburg
Illustrationen Gisela Goppel / 2agenten
Satz aus der Documenta PostScript, InDesign,
bei CPI books GmbH, Leck
Druck und Bindung
GGP Media GmbH, Pößneck, Germany
ISBN 978 3 499 26690 4

Lass dich fallen
Lade jemanden Gefährlichen zum Tee ein
Werde ein Freund von Freiheit und Unsicherheit
Weine bei Kinofilmen
Schaukle, so hoch du kannst
Stell dir vor, du wärst verzaubert

JOSEPH BEUYS

Es ist noch nicht Mitternacht, aber mein Leben ist bereits jetzt nicht mehr das, was es mal war.

Silvester.

Eigentlich ein völlig überschätztes Datum, das noch nie meine Hoffnungen erfüllt hat. Seit ich nichts mehr erwarte, ist es etwas besser geworden. Wobei ich finde, von Silvester nichts zu erwarten, verlangt eine resignierte Klugheit, auf die man nicht wirklich stolz sein kann. Das ist, wie von der Liebe keine Ewigkeit und von Diäten keine Wunder mehr zu erhoffen. Vernünftig. Durch Erfahrungen, Freundinnen und eselsohrige Psycho-Bücher vielfach bestätigt.

Aber schöner war es, als es noch anders und jeder Kuss und jeder Jahreswechsel ein herzschlagendes Versprechen für die Zukunft war und man noch dachte, dass man im Schlaf schlank und am Neujahrsmorgen ein anderer Mensch werden könne. Früher durfte man Beziehungen und Silvesternächte noch mit Erwartungen überfrachten.

Wobei ich, das muss ich sagen, was Silvester angeht, wirklich abnorm schlechte Erfahrungen machen musste und schon mit sechs Jahren traumatisiert wurde, als ein schwererziehbarer Nachbarsjunge einen Kanonenschlag in der Kapuze meines Anoraks zündete. Ich blieb zwar unverletzt und konnte rechtzeitig mit Bier gelöscht werden, aber von da an stand ich den Feierlichkeiten zur Jahreswende mit gemischten Gefühlen gegenüber. Und Bier mag ich auch nicht.

Silvester war mir nie geheuer. Zu Recht, wie sich an den dreiundvierzig Silvestern meines Lebens Jahr für Jahr herausgestellt hat. Insgesamt bin ich dreimal um kurz nach zwölf verlassen worden – zweimal hatte sich die Sache allerdings bis kurz vor eins wieder eingerenkt. Ich musste realistisch geschätzte siebenundzwanzig Fondues und Raclettes essen, was ich beides noch nie mochte, aber niemals offen kommuniziert habe, um die Chance auf eine Einladung nicht gen null zu dezimieren. Streit gab es bisher nur ein einziges Mal nicht, nämlich als ich 2007 wegen einer Magen-Darm-Grippe kurzfristig alleine zu Hause bleiben musste. Das habe ich als mein schönstes Silvester in Erinnerung. Jetzt mal abgesehen von denen, als ich noch nicht bis Mitternacht aufbleiben durfte.

Und genau das wünsche ich mir jetzt auch: Schlaf! Wäre ich doch bloß um neun ins Bett gegangen! Hätte ich doch bloß meinem Instinkt vertraut, der völlig degeneriert ist, heute jedoch laut Alarm geschlagen hatte, als ich in mein Kostüm stieg, die langen künstlichen Wimpern aufklebte, mein Gesicht bemalte und mit einem für mich eigentlich untypischen störrischen Stolz das Badezimmer verließ, um mich zu meinem Mann und in die Höhle des Löwen zu begeben.

Ich ahnte, dass irgendwas schiefgehen würde. Aber ich ahnte nicht, dass ich in dem Moment, als ich die Villa Stern betrat, unwissentlich ein verhängnisvolles Schicksal aktivierte, einer zeitgesteuerten Bombe gleich, die zwei Stunden und siebenundvierzig Minuten später detonieren und mein Leben und all das, was ich glaubte zu sein, zerstören sollte.

Dieses Silvester wird garantiert unvergesslich sein. Es wird fortan ein Davor und ein Danach geben. Jetzt beginnt das Jahr, von dem ich in Zukunft als dem Jahr sprechen werde, in dem ich noch mal von vorne anfangen musste.

Bei null, um genau zu sein.

Das habe ich nicht gewollt.

Am 31. Dezember um 19 Uhr 10, verkleidet im Penthouse: «Ich liebe lieber sehr als häufig.»

«Nicki!»

Es klopft an der Tür. Übrigens an der einzigen Tür in unserer Wohnung. Ich weiß nicht, wann Wände und Zimmer, so wie man sie früher kannte, aus der Mode gekommen sind. Die Zeiten, in denen Räume Funktionen hatten, die für jedermann nachvollziehbar durch eine Tür voneinander getrennt wurden, sind jedenfalls vorbei. Zumindest in den Penthouses und Villen Hamburgs, in denen ich seit zwei Jahren verkehren darf. Oder muss. Je nach tagesaktuellem Stand meines Selbstbewusstseins und meines Body-Mass-Indexes. Zwei Werte, die wie siamesische Zwillinge zusammengewachsen sind und sich ein Herz teilen, von dem Tag an, an dem mein Mann führender Finanz- und Steuerberater des größten Hamburger Reeders wurde.

Wenig später zogen wir um. Aus einer Dreizimmerwohnung mit fünfundneunzig Quadratmetern und fünf Türen in eine Einzimmerwohnung mit zweihundertachtzig Quadratmetern und einer Tür. Bei uns geht die offene Küche in das offene Esszimmer über, das wiederum in das offene Wohnzimmer mit angegliedertem offenem Arbeitsbereich mündet. Von dort führt eine Wendeltreppe, die betrunken und mit hochhackigen Schuhen eine echte Herausforderung darstellt, auf die Galerie mit dem offenen Schlafzimmer, an das sich ein selbstverständlich offenes

Ankleidezimmer anschließt, das dreimal so groß ist wie das Kinderzimmer im Haus meiner Eltern.

«Nicki! Ich fahr dann schon mal los. Bitte sei unbedingt um zehn nach acht da.»

Wenn Hermann Stern, Gründer, Eigner und Namensgeber der Hamburger Reederei Stern, zu sich nach Hause einlädt, erwartet er von seinen Gästen, dass sie zehn bis zwanzig Minuten zu spät kommen. «Wer ein paar Minuten zu spät kommt, zeigt, dass er gesehen werden und einen großen Auftritt haben will» ist die Meinung des alten Stern. «Das zeugt von Ehrgeiz und Respekt für den Gastgeber. Wer dagegen eine halbe Stunde zu spät kommt, hat keine Termindisziplin oder ist ein Blender ohne Gespür für Stil. Und wer pünktlich ist, ist ein Langweiler.»

Bei Menschen, die zur Familie oder zum Personal gehören, geht Stern davon aus, dass sie zehn Minuten früher eintreffen, während sein Finanz- und Steuerberater eine halbe Stunde vor allen anderen da sein muss. Keine Ahnung, warum. Irgendwas gibt es bei diesen reichen Leuten ja immer zu besprechen, zu unterschreiben, oder ein herumliegendes Aktienpaket muss eilig verkauft werden. Mir soll es recht sein. So kann ich mich ungestört für meinen großen Auftritt um exakt zehn nach acht fertig machen.

Als Ehefrau eines höherrangigen Angestellten würde ich, so haben Oliver und ich nach längerer Diskussion beschlossen, mit einer Verspätung von exakt zehn Minuten nichts falsch machen.

«Keine Sorge. Ich werde pünktlich sein.»

Ich höre, wie Oliver die Treppe runtergeht. Auf halbem Weg hält er kurz inne. Ich stelle mir vor, wie er vor dem Spiegel stehen bleibt und verlegen die Krawatte und den Sitz seines Anzuges überprüft. Er mag es nicht, sich im Spiegel zu sehen. Er findet es eitel und unmännlich, und er hasst es, wenn man ihn dabei beobachtet. Im Grunde ist Oliver der Ansicht, dass ein echter Mann völlig ohne sein eigenes Spiegelbild auskommen sollte.

Dafür habe ich ihn mal geliebt. Das weiß ich noch.

Es ist eigenartig und bedauerlich, dass Gefühle im Lauf der Zeit verblassen wie Polaroids im Schuhkarton. Irgendwann fühlt man die Liebe nicht mehr, sondern kann sich nur noch daran erinnern, dass man sie mal gefühlt hat. Und im schlechtesten Fall versteht man nicht einmal mehr, warum.

Ich habe nicht oft geliebt. Das verträgt sich nicht mit meinem Hang zum großen Gefühl. Ich liebe lieber sehr als häufig, und ich hatte nie Interesse an kurzen Beziehungen, zu nichts und niemandem.

Ich tue nichts ohne viel Gefühl. Nicht mal Spaghetti essen.

Meine beste Freundin Birgit – die westfälische Aussprache ihres Namens ist wichtig, ein träges Langziehen der ersten Silbe in Richtung alkoholhaltiges Hefegetränk: «Biergit» – kenne ich, seit wir mit drei Jahren Nachbarskinder wurden. Kein Mensch versteht mich besser. Das ist nicht immer angenehm, denn verstanden zu werden, heißt auch, dass man weder dem anderen noch sich selbst besonders viel vormachen kann.

Und es kann so herrlich sein, sich ungestört etwas vorzumachen! Manchmal will man nicht hören, dass man dabei ist, einen altbekannten Fehler zu wiederholen, dass man sich gerade absolut professionell und ergiebig reinsteigert in Glück und Kummer, Eifersucht, Hass und Selbstunter- oder -überschätzung.

Deswegen hatte es mich tatsächlich Überwindung gekostet, Birgit von dem Gefühls-Tsunami zu erzählen, der mich herumwirbelte. Gerade noch ist das Meer völlig unbewegt, und Sekunden später befindest du dich in einem atemberaubenden Sturm und kannst als überrumpelter Tourist nur hoffen, dass nachher nicht alles in Trümmern liegt.

Birgit nahm meine Emotionskatastrophe mit ihrer typischen provozierenden Unaufgeregtheit hin und sagte kaltblütig: «Warte sechs Monate. Erst dann bist du wieder zurechnungsfähig. Vorher triffst du keine Entscheidung. Verstanden?»

Zwei Monate sind vergangen.

Der Ausnahmezustand nicht.

Heute bleibt Oliver länger als gewöhnlich vor dem Spiegel stehen.

Ich kann mir vorstellen, wie er sich unwillig betrachtet. Er ist nervös. Verständlich. Die erste Silvestereinladung bei seinem Chef zu Hause. Ich bin auch nervös. Ich war noch nie in der Villa Stern, und ich war seit ewigen Zeiten nicht mehr auf einer Mottoparty.

Hermann Stern lädt zur festlichen Silvester-Gala
in die Villa Stern.

Kostüm obligatorisch.
Thema: «Die Stars unserer Kindheit»
Beginn: 20 Uhr

Um verbindliche Zu- oder Absage wird bis zum
1. November gebeten.

So hatte es in der Einladung auf schwerem elfenbeinfarbenem Papier geheißen. Auf dem Umschlag stand: «An Oliver Kubitt und Begleitung».

Auch wenn ich den Ton etwas ruppig und die Bezeichnung *Begleitung* einen Hauch degradierend fand – schließlich bin ich seit zehn Jahren Frau Kubitt, ganz offiziell mit Ring und Stammbucheintrag –, so brach doch augenblicklich die Karnevalistin in mir in schier unbeherrschbare Begeisterung aus.

Ich habe wunderbare Erinnerungen an Mottopartys!

Wie ich betrunken als mopsiges Hawaii-Mädchen in den Karpfenteich der Familie Lücke in Münster-Roxel fiel. Wie ich mit Anfang zwanzig, damals noch als knackige Möhre, von einem Elvis Presley befingert wurde. Und als Hippie-Mädchen mit blonder Langhaarperücke und zwei Paar Socken im BH an einem Abend so viele Verehrer um mich scharte wie vorher in zwei Jahrzehnten nicht.

Anschließend hatte ich einen Wechsel der Haarfarbe und der Körbchengröße in Erwägung gezogen, bis Birgit mich darauf aufmerksam machte, dass keiner der Männer, denen ich an diesem Abend gefallen hatte, mir gefiel.

Ich war so mit meiner Wirkung beschäftigt gewesen, dass die, auf die ich wirkte, gänzlich nebensächlich wurden.

Ein bei Frauen im Übrigen weitverbreitetes Phänomen: Hauptsache, gut gefunden werden statt jemanden gut finden. Völlig dämlich. So wird das nichts mit der Emanzipation, ganz klar.

Birgit bin ich bis heute dankbar. Nicht auszudenken, wenn ich aus Versehen einen Typen geheiratet hätte, der auf blonde Haare und große Brüste steht. So eine Frau bin ich nun mal nicht – selbst nicht mit blonden Haaren und großen Brüsten.

Ich glaube, ich erschließe mich auf den zweiten Blick. Eventuell auch erst auf den dritten oder vierten, je nachdem wie verblendet mein Gegenüber durch konventionelle Schönheitsideale ist.

Ich bin beispielsweise nicht das, was man gemeinhin als zierlich bezeichnet. Mit etwas Wohlwollen könnte man meinen Figurtypus sportlich nennen, zumindest wenn ich Sport machen würde.

Ich bin etwas zu groß und habe etwas zu breite Schultern, um schutzbedürftig zu wirken, was ich aber eigentlich bin. Ich sehe belastbar aus und patent und wohlgenährt. Wie eine westfälische Pferdeart, deren Name mir jetzt nicht einfällt, die sich aber dadurch auszeichnet, dass sie draußen überwintern kann.

Sommersprossen auf meiner Nase und meinen Unterarmen verleihen mir stets etwas Gesundes und Fröhliches, sodass ich schon von der ersten Beziehung an meine jeweiligen Partner sehr darum bitten musste, bei einer Erkältung eine heiße Zitrone gemacht zu bekommen und bei Kummer in den Arm genommen zu werden.

Oft sehe ich besser aus, als es mir geht, und stärker, als ich bin. Ich werde auf der Straße ständig nach dem Weg gefragt oder ob ich Geld wechseln könne oder eine gute Reinigung in der Nähe kennen würde. Ich sehe so aus, als könnte ich gut kochen und als wüsste ich von jedem Flecken, wie man ihn am besten rauskriegt.

Nie käme jemand auf die Idee, mir zuliebe das Fenster zu schließen, mir galant sein Sakko über die Schultern zu legen, ein Sitzkissen unter den Hintern zu schieben oder meine Hände zwischen seinen zu reiben. Ich bin einfach zu gut durchblutet.

Deswegen habe ich leider eine sehr anziehende Wirkung auf schlimmste Versagertypen, die sich bei mir anlehnen wollen. Was in der Vergangenheit nicht selten dazu geführt hat, dass wir prompt beide umfielen.

So gesehen bin ich eine Produktenttäuschung. Von innen schmal, von außen nicht. Von außen standfest, von innen verzagt. Ich halte nicht, was mein Aussehen verspricht.

Der Erste, der sich davon nicht enttäuschen ließ, war Oliver. Der blieb einfach und liebte mich weiter. Selbst als ihm klarwurde, dass ich immer kalte Füße habe, Kuchen nur mit Unterstützung von Backmischungen zubereiten kann und oft noch die einzige Zutat vergesse, die man selbsttätig hinzugeben muss, Eier beispielsweise.

Das werde ich Oliver nicht vergessen.

Egal, was passiert. Egal, wie das hier ausgeht.

Muss es ausgehen?

Ja, wahrscheinlich. So was geht immer aus. Und meistens nicht gut.

So, ich muss los. Ich schaue noch mal in den Spiegel.

Silvester kann beginnen, ich bin bereit.

Ich finde, ich sehe großartig aus.

Und der Taxifahrer findet das auch. Er lächelt anerkennend, als ich einsteige.

«In die Elbchaussee bitte, Villa Stern. Ein Moment, die Hausnummer müsste auf der Einladung stehen.»

«Lassen Sie mal stecken, Villa Stern ist bekannt», sagt der Mann, und einen Moment lang bin ich stolz und von mir selbst beeindruckt, dass ich den Silvesterabend bei Leuten verbringe, die keine Hausnummer brauchen.

«Hätte ich nicht gedacht, dass die da solche Partys feiern.» Der Fahrer dreht den Rückspiegel so, dass er mich sehen kann. Mein Outfit scheint ihn wirklich zu begeistern. Absolut verständlich, wenn man mich fragt.

«Die Sterns sind auch nur ganz normale Menschen wie Sie und ich», höre ich mich sagen und frage mich, wer diesen unfassbaren Blödsinn eigentlich glauben soll. Der Taxifahrer tut es jedenfalls nicht.

«So normal wie Sie vielleicht, so normal wie ich bestimmt nicht», sagt er und dreht den Rückspiegel wieder in die alte Position. Genauso gut hätte er eine Panzerglasscheibe zwischen uns hochfahren lassen können.

Ich bin so beschämt, dass mir die Tränen in die Augen schießen. Jetzt bloß nicht weinen! Die falschen Wimpern und das ausgeklügelte Make-up mit den aufeinander aufbauenden Schichten verzeihen keinen Schweiß und keine Tränen. Ich schaue blinzelnd in meinen Schoß.

Was soll ich tun? Gegen die imaginäre Panzerglasscheibe trommeln und theatralisch rufen: «Das stimmt nicht! Ich bin nicht reich, ich tu nur so. Bis vor zwei Jahren wusste ich noch sehr genau, was ein Liter Milch kostet. Okay, in meinem Schrank hängt ein Kleid, das zweitausend Euro gekostet hat. Aber wenn ich es trage, habe ich Angst, dass ich entführt werde, weil die Entführer Lösegeld für das Kleid erpressen wollen. Ich komme vom Dorf, und der einzige Schminktipp, den mir meine Mutter mit auf den Weg gegeben hat, lautet: ‹Du kannst Lippenstift auch als Rouge benutzen.› Hallo, lieber Taxifahrer, bitte glauben Sie mir, meine Zieladresse passt nicht zu mir. Ich bin ganz anders!»?

Ich schweige selbstverständlich und schicke eine SMS an den einzigen Menschen, von dem ich dieser Tage den Eindruck habe, dass er weiß, wie ich wirklich bin oder wie ich war oder wie auch immer.

«Bin auf dem Weg. Ob ich das durchhalte: der alte Stern, seine hauchdünne Tochter, Blick auf die Elbe und Hummer ohne Ende? Ich gehöre da nicht hin. Und das wissen die. Das riechen die. Du fehlst mir!!!»

Die Antwort kommt innerhalb von Sekunden:

«Du riechst phantastisch! Und natürlich gehörst du da nicht hin. Zum Glück! Halt durch. Ich esse Pizza statt Hummer und schaue in den Fernseher statt auf die Elbe. Du fehlst mir auch.»

Ich lösche die Nachricht sofort. So viel habe ich gelernt in den letzten zwei Monaten: keine Nostalgie, keine Spuren, bloß nichts aufbewahren.

Ich halte das Handy noch ein paar Sekunden in der Hand wie einen kraftspendenden Talisman – und denke, dass ich manchmal selbst nicht mehr weiß, wer ich eigentlich bin.

Pünktlich um 20 Uhr 10

«Frau Nicola Kubitt.»

Ich werde angekündigt wie bei Hofe, und als ich den fußballplatzgroßen Salon der Sterns betrete, wird mir blitzartig klar: Das wird mit Sicherheit kein angenehmer Abend für mich!

Wenn du in Hamburg auf einer Mottoparty eingeladen bist, tust du gut daran, vorher das Folgende zu bedenken:

Diese Menschen haben keine Ahnung von Karneval, lustigen Kostümen und Mut zur Hässlichkeit.

Was ich sehe, trifft mich wie ein Schlag. Und was die sehen, trifft sie auch wie ein Schlag. Das kann ich den Gesichtern deutlich entnehmen.

«Die Stars unserer Kindheit» sind ausschließlich Cinderellas, Sissis, Anna Kareninas und Audrey Hepburns. Frauen in kostbaren Abendroben, mit tiefen Ausschnitten, in denen echter Schmuck und falsche Brüste aufeinandertreffen.

Die Männer sehen im schlechtesten Fall aus wie Pan Tau, meist jedoch wie der große Gatsby, John F. Kennedy oder ein Kriegsheld der Royal Navy in Ausgehuniform.

Man muss es ganz klar sagen: Als Biene Maja bin ich hier deplatziert!

So würdevoll, wie es mir meine gelbschwarz gestreiften Lack-Plateau-Pumps erlauben, durchschreite ich den Salon. Um mich herum verstummt die Konversation. Ich fühle mich wie in einer Zeitlupe gefangen. Und beginne zu schwitzen unter meinem puscheligen Plüsch-Einteiler mit angenähten Flügeln und integrierter Fühler-Kapuze.

Ich habe Oliver entdeckt. Er steht mit dem Rücken zu mir und sagt etwas in Lavinias Ohr.

Lavinia, die falsche Natter! Ich habe die Tochter des Hauses bei meiner Kostümwahl als Einzige zu Rate gezogen, und sie hat mir versichert, dass ich mit meiner Wahl goldrichtig läge. Sie selbst würde noch schwanken zwischen Wilma Feuerstein und Klementine, der Ariel-Waschfrau in weißer Latzhose und rot-weiß karierter Bluse. Ihr Vater würde voraussichtlich als Pu der Bär gehen.

Ich muss hier und jetzt einsehen, dass ich in eine üble Falle gelockt worden bin. Hermann Stern ist kein Geringerer

als Julius Cäsar, und Lavinia verkörpert eine Mischung aus Kleopatra und Prinzessin Lillifee.

Die Hand meines Mannes liegt auf Lavinias nackten Schultern. Ihr Rückenausschnitt zieht sich hinunter bis zum Steißbein. Einen Büstenhalter braucht Madame selbstverständlich nicht. Der Büstenhalter der Hamburger Gesellschaft heißt Dr. Roland Zielinsky und macht in seiner Privatklinik am Neuen Wall bis zu zwölf Brustvergrößerungen am Tag. Außerdem hat er sich auf die Wiederherstellung von Jungfernhäutchen spezialisiert. Väter aus dem arabischen Raum zahlen angeblich jeden Preis, wenn es darum geht, ihren sündigen Töchtern vor der Hochzeitsnacht die Unschuld zurückzugeben.

Lavinia stößt ein perlendes Lachen aus. Oliver muss irgendwas Lustiges gesagt haben, oder, was ich für wahrscheinlicher halte, Lavinia möchte ihm das Gefühl geben, er habe etwas Lustiges gesagt. Diese Frau ist eine Meisterin darin, jedem beliebigen Trottel – und mit Trottel meine ich ausdrücklich nicht meinen Mann – vorzugaukeln, er sei etwas Außergewöhnliches.

Sie gurrt und schnurrt und reißt die braunen Augen voller Bewunderung auf, allerdings nur, solange sie Interesse an dem Spiel oder dem Mann hat. Ich durfte schon Zeugin werden, wie sie Typen abservierte, denen sie vortags noch zu Füßen gelegen hatte.

Mich betrachtet Lavinia als kurioses Accessoire, als ulkiges Anhängsel eines Mannes, der plötzlich für ihre Familie wichtig geworden ist.

Wenn ihr gerade der Sinn danach steht, tut sie so, als sei sie die Vorsitzende der Hilfe-für-Nicki-Charity. Dann schickt sie mir Adressen von guten Friseuren, zuverlässigen Caterern und neuen Clubs, in denen sie mich auf die Gästeliste setzen lässt.

Offiziell ist Lavinia zweiunddreißig, aber Oliver kennt sämtliche Geburtsurkunden der Familie Stern und hat mir unter dem Siegel der Verschwiegenheit verraten, dass sie bereits siebenunddreißig ist und ihr Vorname nicht Lavinia, sondern Petra lautet, nach der früh verstorbenen Mutter des alten Stern.

Dieses Wissen hat mir manches Mal über Situationen hinweggeholfen, in denen mein Selbstwertgefühl einen dramatischen Tiefstand erreichte, weil ich mir wieder einmal vorkam wie eine, die nirgends mehr dazugehört.

Ich atme tief ein.

«Guten Abend», sage ich so beherrscht, als hätte ich keine gelbe Nase und keinen schwarz-gelben Puschel am Po.

Oliver dreht sich zu mir um, und ich weiß, dass er mir das, was er sieht, niemals verzeihen wird.

«Nicki!», kreischt Lavinia unnötig laut. «Du siehst phantastisch aus! Ich dachte natürlich, du machst einen Scherz, als du mir von deinem Biene-Maja-Kostüm erzählt hast. Oliver, also wirklich, du hast eine so witzige Frau. Den Mut hätte ich nie! Papi, schau mal, wer da ist!»

Lavinia küsst den feindlichen Luftraum neben meinen umpuschelten Wangen und schiebt mich vor Julius Cäsar, von dem ich im ersten Moment befürchte, er wolle mich zertreten wie ein lästiges Insekt.

«Frau Kubitt, Sie sind ja kaum wiederzuerkennen. Ich hoffe, Sie kommen gut ins neue Jahr», sagt er, wobei er sich, noch während er mit mir spricht, zu einem uniformierten Herrn neben sich wendet.

Meine Hand, die ich in Erwartung einer konventionellen Begrüßung ausgestreckt habe, ragt ins Leere wie ein knorriger Ast inmitten einer vegetationslosen Wüste.

Nein, ich muss mir eingestehen, dass es bisher nicht besonders rund gelaufen ist. Der Abend ist bedauerlicherweise noch verdammt jung, und das Blöde an Silvestereinladungen ist, dass du unmöglich vor zwölf gehen kannst. Ich kann hier nicht weg, das würde meinen Mann noch mehr kompromittieren als mein Kostüm.

«Was soll das?» Oliver schiebt mich am Ellenbogen vor sich her in eine unbelebte Ecke. «Findest du das etwa komisch?» Er sieht mich so hasserfüllt an, dass ich erschrecke. Er trägt die Uniform von Tom Cruise in *Top Gun*. Aber er sieht viel markanter aus als Tom Cruise. Seine Schläfen sind grau, sein Gesicht ist scharfkantiger als noch vor zwei Jahren. Zwei unfassbare Hingucker sind nach wie vor seine grünen Augen unter den dunklen Brauen, die so eigenwillig geschwungen sind, dass ich ihn im Dunkeln alleine durch das Nachziehen seiner Brauen mit dem Zeigefinger erkennen würde.

Oliver ist neunundvierzig, und nach fast zehn Jahren Ehe und zwei Monaten Ehebruch finde ich ihn immer noch schön.

Er mich augenscheinlich nicht.

Ich lächle ihn zaghaft an. Ein Angebot, das Ganze hier als die Farce zu begreifen, die es ist. Eine Anekdote, die wir später einmal am Küchentisch unter Freunden erzählen werden. Eine weitere gemeinsam erlebte und durchlittene Kuriosität, die uns verbindet und ein Teil unserer Vergangenheit sein wird.

Oliver nimmt das Angebot nicht an.

«Kapierst du eigentlich gar nicht, was hier für mich auf dem Spiel steht?», zischt er mich an wie eine gereizte Kobra. «Es geht um meine Zukunft! Das hier ist kein Pillepalle-Karneval, und du bist nicht mehr in deinem Heimatkaff. Da drüben stehen die zehn Geschäftspartner von Stern, auf die es wirklich ankommt. Hier geht es um was! Verstanden?»

Oliver lässt meinen Ellenbogen so abrupt los, dass ich fast ins Torkeln gerate. Er atmet tief ein und aus und schließt kurz die Augen.

«Außerdem stinkst du nach Schweiß!», sagt er und lässt mich stehen.

Champagner, der letzte fürs Erste, um 21 Uhr 55

Das Unangenehme an Feierlichkeiten in Privathaushalten ist, dass die Anzahl der Toiletten, selbst in größeren Anwesen wie diesem, überschaubar ist. Du kannst dich also nicht stundenlang auf einem anonymen Klo einschließen und auf einen geeigneten Zeitpunkt zum Verschwinden warten.

Seit einer guten Stunde husche ich zwischen den vier Gästetoiletten und diversen Abseiten hin und her auf der Suche nach einem Raum, in dem ich ungestört die Zeit bis Mitternacht verbringen könnte. Doch egal, wohin ich mich zurückziehe, es dauert nie länger als drei Minuten, bis mich ein energisches Klopfen an der Tür oder ein diensteifriges Mitglied des Servicepersonals aufschreckt und weitertreibt.

«Liebchen, so wie Sie aussehen, sollten Sie ein Glas Champagner trinken. Ach, was sag ich, eine Flasche wäre besser.» Ich schaue in ein Paar unglaublich freundliche, unglaublich blaue Augen.

Ich hoffte, zwischen einem pompösen Rosengesteck und dem Abgang zum Gartengeschoss – die Zeiten, in denen Keller noch Keller hießen, sind ja auch vorbei – einigermaßen sicher zu sein. Doch gegen die Übermacht an fürsorglichen Kellnern bin ich wehrlos.

«Warten Sie hier», sagt die Stimme zu den blauen Augen, eine seltsam hohe Stimme, die mir Vertrauen einflößt.

Ich warte also. Kurz darauf kommt der Kellner mit einer Flasche Ruinart Rosé zurück, die er mir in die Hand drückt.

«Danke», murmele ich.

«Ich finde übrigens, Ihr Kostüm ist mit Abstand das beste des Abends. Ich bin großer und bekennender Biene-Maja-Fan.»

Der Kellner, ein moppeliger, untersetzter Türke, macht ein paar Tanzschritte und singt: «Und diese Biene, die ich meine, nennt sich Maja, süße kleine freche Biene Maja. Maja fliegt durch ihre Welt, zeigt uns das, was ihr gefällt.»

Ich muss ein wenig weinen, was dazu führt, dass ich Schluckauf und eine ziemlich genaue Vorstellung davon bekomme, wie verstört ich auf jeden normalen Menschen wirken muss. Aber der Kellner scheint einiges gewohnt zu sein.

«Hören Sie, Kindchen, ich kann nicht bei Ihnen bleiben, weil ich hier bedauerlicherweise berufliche Verpflichtungen habe. Aber wenn Sie Ihre Ruhe haben wollen, dann gehen Sie diese Treppe runter. Unten sind nur leere Gästezimmer und der Klimaraum für die Weine. Machen Sie dort aber bitte nichts kaputt.» Er öffnet die Tür und nickt aufmunternd in Richtung Treppe. «Und vergessen Sie nicht, Schätzchen, was auch immer Ihnen gerade passiert ist, in zwei Stunden beginnt ein neues Jahr – auch für Sie.»

Die Ruinart-Flasche im Arm, gehe ich nichtsahnend meinem sich unerbittlich erfüllenden Schicksal entgegen.

Ich finde, Untreue ist relativ.

Ich betrüge meinen Mann und bin total überrascht, wie gut ich mich verstehen kann. Ich mache mir nur selten Vorwürfe. Der Betrug kommt mir vor wie eine Selbstverständlichkeit, nein, wie eine Notwendigkeit. Seit ich eine Frau mit einem Liebhaber bin, habe ich meine ursprünglich etwas konservativeren Ansichten bezüglich des Ehebruches einer strengen Prüfung unterzogen und sie an einigen wesentlichen Stellen liberalisiert.

Ich betrüge meinen Mann und finde, er hat es verdient. Und ich mir auch. Meine Affäre ist meine lebensnotwendige Medizin. Sie stärkt mein Immunsystem und mein Rückgrat, füllt die leeren Tanks, strafft die Zellen, schient mein Ego und versorgt mich mit Sonnenlicht.

Es ist nicht so, dass ich Oliver gar nicht mehr liebe. Ich kann ihn bloß nicht mehr ertragen. Vielleicht kann ich auch mich selbst nicht mehr ertragen. Das kommt manchmal aufs Gleiche raus und ist nicht immer leicht auseinanderzuhalten.

Der Ehebruch rettet meine Ehe. So sieht es aus.

Nein, ich habe kein schlechtes Gewissen. Ich habe keine Wahl.

Und auch diese Frage muss erlaubt sein: Wer hat hier eigentlich wen betrogen? Darf man sich erst dann hintergangen fühlen, wenn zwei Geschlechtsorgane unbefugt aufeinandertreffen, von denen sich mindestens eines in einer festen Beziehung befindet?

Warum wiegt sexuelle Untreue automatisch schwerer als emotionale, als seelische, als zeitliche? So gesehen bin nämlich ich die Betrogene.

Ich habe vor zehn Jahren einen Mann geheiratet, der als Steuerberater in einer schrabbeligen Kanzlei mit fünf Angestellten in der Kieler Innenstadt arbeitete. Er kam abends gegen sieben nach Hause, ging einmal in der Woche Fußball spielen, und am Wochenende lasen wir die Zeitung im Bett, hatten Sex oder auch nicht, schauten manchmal schon nachmittags DVDs, machten den Wocheneinkauf und freuten uns aufs gemeinsame Kochen und den *Tatort* am Sonntag.

Wir gingen oft Arm in Arm oder Hand in Hand, manchmal gingen wir essen oder ins Kino oder fuhren an einen Badesee. Wir stritten uns, ich schimpfte auf ihn ein, er zog sich wortkarg zurück, ich schimpfte daraufhin noch lauter. Irgendwann vertrugen wir uns wieder, und den Anlass des Streites hatte ich dann meist schon aus den Augen verloren.

Manchmal schnitt Oliver sich die Zehennägel in der Küche, was mich zur Weißglut brachte. Manchmal brachte er ohne Anlass Blumen mit, was mir ausnehmend gut gefiel. Wenn ich im Restaurant etwas bestellt hatte, was ich dann nicht mochte, tauschte er klaglos.

Hin und wieder schauten wir bis drei Uhr morgens DVDs, weil keiner von uns ein Ende finden konnte, und wenn wir an unserem Hochzeitstag fein essen gingen, freuten wir uns tagelang darauf, diskutierten aufgeregt die Speisekarte, ließen uns gegenseitig probieren und sprachen noch Wochen später über das Aroma der Trüffelspaghetti wie andere Leute über das Wetter im letzten Urlaub.

Wir waren ein gutes Paar. Vielleicht nichts Besonderes. Aber das wollten wir auch gar nicht sein.

Seit zwei Jahren aber bin ich mit einem Mann verheiratet, dem ich nicht mehr gut genug bin: zu stämmig, zu brünett, zu laut, nicht stilsicher, nicht parketttauglich, nicht präsentabel.

Kann kein Tennis, weiß nie, wie viel Trinkgeld angemessen ist, und wenn ich etwas aus Seide anhabe, dauert es todsicher keine drei Minuten, bis ich mir an maßgeblicher Stelle einen Klecks draufmache. Wohingegen ich meine Stretch-Leggings von Zara oft tagelang trage, ohne sie auch nur ansatzweise zu beschmutzen.

Teure Sachen fühlen sich nicht wohl an mir. Die wollen lieber in die Reinigung. Das war schon immer so. Mit meinem Kommunionskleid setzte ich mich auf eine frischgestrichene Bank, leider unmittelbar vor der Kommunion, sodass ich die Feierlichkeiten im Seidenkostümchen meiner Cousine Karin über mich ergehen lassen musste, in dem ich aussah wie ein Bernhardiner im Negligé.

Oliver trägt jetzt Maßanzüge von Tom Reimer und sieht darin aus, als habe er noch nie etwas anderes getragen. Er geht zur Pediküre und selten nach Mitternacht ins Bett. Er betrügt mich, das ist offensichtlich. Dafür brauche ich ihm nicht nachzuspionieren, heimlich seine SMS zu lesen, an seinem Hemdkragen zu schnuppern oder seine Unterhosen nach Spermaresten abzusuchen.

Er betrügt mich mit seinem Chef, mit dem er mehr Abende verbringt als mit mir. Er betrügt mich mit seinem Smartphone, das in den letzten vierundzwanzig Monaten keine einzige Sekunde ausgeschaltet war.

Er betrügt mich mit Kunden, die nachts um drei aus Singapur anrufen.

Er betrügt mich mit Lavinia Stern, mit der er manchmal *rein beruflich* mittagessen geht und die aussieht, als würde sie viel besser zu ihm passen als ich.

Im Sommer habe ich zufällig beobachtet, wie die beiden in der HafenCity auf der Terrasse des Restaurants Carls aßen. Sie sahen aus wie ein Paar, mit dem man für Yachten, Hochkaräter oder nahezu unsichtbare Slipeinlagen werben könnte.

Das Bild war so stimmig, so harmonisch, dass es mich schmerzte. Sie warf ihr langes dunkelblondes Haar in den Wind, er goss ihr Wasser nach, und dann, ich dachte, ich sehe nicht recht, stand er auf, um ihr sein Sakko über die Biafra-Schülterchen zu legen.

Kein Wunder, dass die Kackbratze friert, die isst ja nie was, dachte ich und hätte kotzen können. Rein beruflich! Ist mir doch egal. Man kann auch rein beruflich fremdgehen und seine Frau rein beruflich so lange vernachlässigen, bis sie irgendwann selbst glaubt, es läge alles nur an ihr, und ihr Selbstbewusstsein irgendwo im Kohlenkeller suchen gehen kann.

Seit einem Jahr bemühe ich mich redlich, zu einer Frau zu werden, die an der Seite ihres Mannes nicht aussieht wie ein Haflinger neben einem Lipizzaner. Aber es will mir nicht recht gelingen. Ich habe sieben Kilo abgenommen, trage Kleidergröße achtunddreißig wie zuletzt als Neunzehnjährige und einen flotten, halblangen Haarschnitt. Das satte, schimmernde Mahagonibraun meiner Haare wird alle drei Wochen bei Marcello aufgefrischt.

Ich habe ein Theater-Abo, besuche regelmäßig Vernissagen und Finissagen in Hamburger und Berliner Galerien und habe in der Vorweihnachtszeit mit den fünf Vorstandsfrauen der Reederei Stern Kindermützchen für einen Benefiz-Basar gestrickt. Mit *Vorstandsfrauen* meine ich übrigens die Ehefrauen von Vorstandsmitgliedern der Reederei Stern. Das Thema Frauenquote hat sich bis zu denen noch nicht rumgesprochen.

Ich lasse mir regelmäßig die Wimpern verlängern und trage relativ konsequent schöne Unterwäsche, weil ich gelesen habe, dass man Selbstbewusstsein und Erotik ausstrahlt, wenn sich bei jedem Schritt hautschmeichelnde Seide und teure Spitze über Hintern und Busen spannen.

Mir rutschen die dünnen Läppchen leider meist in die Arschritze, wo sie weniger für ein Gefühl von Erotik als für Sehnsucht nach meinen alten Baumwollschlüpfern sorgen.

Ist es nicht absurd, dass Frauen sich mit Unterwäsche plagen, die ihr Leben verkompliziert, statt es, wie es die ursprüngliche Funktion von Unterwäsche einmal vorsah, zu erleichtern?

Wie kann man den Feminismus glaubwürdig vertreten und vorantreiben, wenn man ständig damit beschäftigt ist, sich Wäschefetzchen aus den Körperöffnungen unterhalb der Gürtellinie zu fischen?

Wer hat bestimmt, dass Unterhosen den Hintern nicht mehr bedecken dürfen, sondern aussehen müssen, als seien sie bis auf ein schmales Bändchen vom Arsch aufgefressen worden?

Wann wurde die *visible slip line* zum Merkmal von Stillosigkeit und Unweiblichkeit erklärt?

Die Slip-Linie ist eine Sollbruchstelle der Emanzipation. An ihr scheitern Frauen auf dem Weg nach oben. Sie verläuft wie eine Front zwischen Macherinnen und Mitmacherinnen. Die Zukunft gehört den Frauen, die sich erhobenen Hauptes für bequeme Unterhosen entscheiden und sich nicht kleiden, als rechneten sie ständig damit, in eine Radarkontrolle zur Überprüfung ihrer Slip-Sexyness zu geraten.

Wenn ich meine eigenen, vormals strengen Maßstäbe an mich selbst anlege, so bin ich derzeit von einer emanzipierten Frau so weit entfernt wie Bangladesch von einem Industriestaat. Ich bin zu einhundert Prozent finanziell von meinem Mann und zu einhundert Prozent geschmackstechnisch von meiner Inneneinrichterin abhängig. Ich kaufe kein Küchenhandtuch mehr, ohne mich vorher mit Bärbel von Wilamovitz abzustimmen, der Stil-Päpstin von Hamburg-Harvestehude.

Die Frau mit dem unglaublich guten und unglaublich teuren Geschmack hat unser neues Penthouse mit geschickt platzierten Unikaten in einen Showroom distinguierter Wohnkultur verwandelt. Jeder Besucher muss annehmen, dass dort zwei Menschen wohnen, deren unschlagbares Stilempfinden sich nur in jahrelanger Geschmacksverfeinerung bilden konnte.

In Wahrheit ist natürlich jedem sofort klar, dass hier eine hochbezahlte Einrichterin am Werk gewesen ist, ganz genauso wie in all den anderen perfekt unperfekt gestylten Wohnungen und Stadtvillen in Harvestehude, in denen die Kunst an den Wänden von diskreten *Downlights* angeleuchtet wird, der Nachwuchs in herzerwärmenden Kojen-Konstruktionen schläft, die an norwegische Kinderfilme erinnern, und die Gästetoiletten die Gäste beeindrucken.

In unserer Bulthaup-Küche hat Bärbel von Wilamovitz ein Ensemble aus Jugendstil-Fliesen anbringen lassen, die sie auf einer antiquarischen Auktion in Wien ersteigert hat. Das Ganze gleicht einer Installation und wird natürlich von *Downlights* diskret angeleuchtet.

Unsere langweiligen weißen Bornhold-Regale im Wohnzimmer hat sie mit zweihundert Jahre alten Schranktürchen, jede einzigartig in Form und Farbe, in ein Kunstwerk verwandelt. Und bei ihrem letzten Besuch hat sie mich, sichtbar enerviert, beiseitegenommen und gefragt, ob es sich bei diesem obszön hässlichen Kerzenleuchter auf dem Esstisch um ein Geschenk der Schwiegermutter oder des Arbeitgebers handele. Andernfalls würde sie dringend empfehlen, den das fragile Gesamtbild ruinierenden Gegenstand schnellstmöglich zu entsorgen.

Ich schämte mich still und schenkte den Leuchter aus pinkfarbenem Glas unserer polnischen Putzfrau. Er hatte mir recht gut gefallen, bis ich von Bärbel von Wilamovitz eines Besseren belehrt wurde.

Ich hatte ihn in einem unbeaufsichtigten Moment für kleines Geld in einem Geschäft an der Hoheluftchaussee gekauft, wo ich früher, als es in unserer Wohnung noch kein von einer Expertin überwachtes Gesamtbild gab, häufig Kundin gewesen war.

Füße, Hände, Haare, Wohnung – für nichts mehr bin ich selbst zuständig. Ich bin frappierend unselbständig und beschäftige mich hauptberuflich damit, nicht aus der Rolle zu fallen, in besagtes Gesamtbild zu passen und so Frauen für mich einzunehmen, die genauso nutzlose, wohlstandsverwahrloste Maniküre-Pediküre-Existenzen sind wie ich.

Ich sehe objektiv betrachtet viel besser aus als früher, aber Oliver schläft nur noch mit mir, wenn er sehr betrunken ist. Das kommt leider auch längst nicht mehr so häufig vor wie früher. Was war das schön, zwei Flaschen Wein miteinander zu leeren und dann kichernd aufs Bett zu fallen.

Heute trinkt Oliver maximal zwei Gläser, wenn überhaupt. Er muss ja morgens immer früh raus. Halb sieben in zügigem Tempo eine Runde um die Alster joggen, acht Uhr fünfzehn Arbeitsbeginn im fünfzehnten Stock der Reederei in der HafenCity.

Blick auf die Elbe. Schiffe, Kräne, Möwen. Die weite Welt liegt ihm zu Füßen.

Oliver ist jetzt ganz oben. Mich hat er dabei aus den Augen verloren.

Ich hätte wissen müssen, dass es mit uns vorbei ist, als Oliver anfing zusammenzuzucken, wenn ich lachte, laut lachte, wie es nun mal meine Art ist. Oder war. Denn das habe ich mir schließlich auch noch abgewöhnt.

Ich fühle mich schon lange von meinem Mann betrogen. Lange bevor ich Tom an einem Dienstagvormittag vor zwei Monaten auf dem Isemarkt traf. Ich prüfte gerade den Reifegrad einer Mango – ich hatte mich widerwillig daran gewöhnt, Obst als ein Hauptnahrungsmittel zu akzeptieren –, als jemand hinter mir rief: «Nicki, bist du das? Ich werd verrückt!»

Als ich mich umdrehte, befand ich mich bereits in der Umarmung eines Menschen, dessen Lächeln mich über manche vergeigte Mathe-Klausur hinweggetröstet hatte: Thomas Weber. Ich erkannte ihn sofort und fühlte mich augenblicklich bei ihm wie zu Hause. Ein Gefühl, das ich zu Hause lange nicht mehr gehabt hatte.

«Nicki! Wie lange haben wir uns nicht gesehen? Du siehst phantastisch aus! Wie geht es dir? Bist du Tierärztin geworden? Bist du verheiratet, hast du Kinder? Wie geht es deinen Eltern?»

Keine halbe Stunde später saß ich mit Tom auf dem riesigen Ledersofa unseres Penthouse. Wir tranken Weißwein und aßen Paprika-Chipsletten – wir hatten das alles unterwegs gekauft, denn in unserem Kühlschrank befanden sich lediglich Obst, Sojamilch und fettarmer Biojoghurt.

Tom und ich waren Schulfreunde gewesen und hatten uns mehrfach aneinander vorbei verliebt. Einmal hatten wir hinter den Mülltonnen auf dem Schulhof geknutscht und uns dann, als er zum Studium nach Köln zog, aus den Augen verloren.

Wir rechneten aus, dass wir uns zum letzten Mal vor sechsundzwanzig Jahren auf einer Party vor Heiligabend gesehen hatten.

Wir feierten an diesem Tag ein Fest der Erinnerungen und breiteten unsere Leben voreinander aus wie Picknickdecken.

Wir sprachen über Klassenkameraden, Drogenvorfälle, Grillabende im Garten meiner Eltern, Petting in Pfarrhäusern und Freundschaften, die nicht gehalten hatten. Ich hörte mich laut lachen, wie zu alten Zeiten.

«Du bist mir so vertraut, Nicki. Deine Art zu sprechen. Wie du dir mit beiden Händen durch die Haare fährst oder die Stirn in Falten legst, wenn du nachdenkst. Und du lachst immer noch lauter als jede andere Frau, die mir jemals begegnet ist. Es ist, als sei keine Zeit vergangen. Du hast dich überhaupt nicht verändert.»

Wenn das doch nur stimmen würde.

Bis zu welchem Tag würde ich die Uhr zurückdrehen, wenn ich könnte? Wann nahm das Unheil seinen Lauf? Und was hätte ich dagegen tun können?

«Geht es dir so gut, wie du aussiehst?»

«Nein», antwortete ich.

«Das dachte ich mir. So war es ja schon immer. Was ist denn los?»

Was für eine Frage! Auf einmal war ich mir selbst wieder vertraut. Und Tom kam mir vor wie der Erlöser, der Chipsletten und noch so manch andere in Vergessenheit geratene Vertrautheit zurück in mein Leben bringen würde.

Ich war überwältigt und entsetzt, als ich begriff, was mir alles fehlte. Meine Güte, was hatte ich mir eigentlich vorgemacht? Und warum? Bequemlichkeit, Kummer, zunehmende Einsamkeit zu zweit bei zunehmender Angst, alleine noch viel einsamer zu sein: eine fatale Mischung.

«Ich wohne seit einem Jahr in dieser Wohnung, und heute esse ich hier zum ersten Mal Chips.» Ich kämpfte mit den Tränen.

«Verstehe, das ist ein Problem.»

«Hier ist alles so edel und geschmackvoll. Ich finde, ich passe nicht zu den Möbeln.»

«Das stimmt. Aber du hast sie dir doch ausgesucht, oder?»

Ich schüttelte den Kopf und schämte mich, als ich mich den Satz sagen hörte: «Wir haben eine Inneneinrichterin. Und die Wohnung gehört dem Chef meines Mannes. Vielleicht hast du von ihm gehört, Hermann Stern, der reichste Reeder der Stadt.»

«Spielt er eine wichtige Rolle in deinem Leben?»

Ich nickte.

«Du hattest mit Tiermedizin angefangen. Was arbeitest du?»

Ich merkte, dass ich selbst fast vergessen hatte, was ich einmal werden wollte. Es war nicht angenehm, von Tom daran erinnert zu werden, welche Träume ich aufgegeben hatte.

«Ich habe das Studium nach ein paar Monaten abgebrochen und auf Germanistik umgesattelt – was mich hervorragend qualifizierte für mein Jahr als Kassiererin im Baumarkt. Anschließend habe ich in Agenturen Werbung und PR gemacht, zuletzt in einem Sachbuchverlag in Kiel gearbeitet.

Dort habe ich Oliver kennengelernt. Seit zwei Jahren bin ich für ihn tätig, quasi als Mädchen für alles.» Meine Stimme klang, als müsste ich mich verteidigen.

«Klingt doch alles ganz okay. Warum fühlst du dich angegriffen?»

«Ich weiß, entschuldige. Es ist nur so, dass ich zwischen allen Stühlen sitze, seit Oliver für Stern arbeitet. Der Finanzchef des bedeutendsten Hamburger Reeders darf natürlich nicht rumlaufen und leben, wie er will. Und seine Frau auch nicht. Das Zauberwort heißt *angemessen*. Meine Güte, wie ich dieses Wort hasse! Ich muss mich angemessen kleiden und ausdrücken, angemessen wohnen und ernähren, damit ich ein angemessenes Gewicht halte.»

«Ganz ehrlich, Nicki, wenn ich mich hier so umschaue, finde ich, dass es Schlimmeres gibt. Du jammerst buchstäblich auf allerhöchstem Niveau», sagte Tom und deutete auf die Kunst an den Wänden und die Panoramaaussicht hinter der Fensterfront. Draußen wurde es langsam dunkel.

«Das weiß ich doch! Das macht es aber nicht besser! Ich müsste eigentlich dankbar und glücklich sein – aber ich bin es nicht. Kein Mensch versteht, dass ich mich nach unserer alten Dreizimmerwohnung zurücksehne, in der es nur einen Fernseher gab und nicht wie hier vier. Niemand begreift, dass ich mich wie ein mäßig gut getarnter Alien fühle, wenn ich bei Feinkost Lindner Garnelenschwänze in Limettenschaum einkaufe oder auf der Terrasse des Tennisclubs Bellevue einen Hugo trinke.»

«Du spielst neuerdings Tennis?»

«Natürlich nicht! Man ist in diesem Club, um Verbindungen zu knüpfen. Wir pflegen jetzt Kontakte statt Freundschaften. Der Club hätte uns natürlich nie aufgenommen, wenn Stern nicht für uns gebürgt hätte. Ich bin ein Emporkömmling aus Roxel bei Münster. Nichts qualifiziert mich für das Leben, das ich führe.»

«Na und? Immerhin bist du jetzt reich. Warum entspannst du dich nicht, isst Chipsletten auf deinem gigantischen Sofa und machst nur noch, was du willst?»

«So einfach ist das nicht, denn ich weiß schon lange nicht mehr, was ich will. Außerdem will ich Oliver zuliebe kein Außenseiter sein. Er möchte, dass wir zu den Kreisen gehören, für die er arbeitet.»

«Bist du glücklich mit ihm?»

Es gab eigentlich keinen Grund, Tom die Wahrheit zu sagen. Es gab aber auch keinen Grund, ihm nicht die Wahrheit zu sagen. Ich ahnte, dass sie, einmal ausgesprochen, etwas anrichten würde.

«Nein, bin ich nicht. Und er mit mir auch nicht. Wir sind nicht mehr die, die wir mal waren. Als ich Oliver kennenlernte, klaute er nachts in Vorgärten Blumen und zwang mich, an Wochenenden sämtliche *Star Wars*-Filme anzuschauen, deren Dialoge er minutenlang mitsprach. Wir aßen Nudeln, die heute Pasta heißen, und grillten auf unserem winzigen Balkon mit zehn Freunden. Heute haben wir eine tennisplatzgroße Dachterrasse mit einem unbenutzten Gasgrill und Perserteppiche im Wohnzimmer, die so teuer sind, dass wir Gäste am liebsten bitten würden, die Schuhe auszuziehen. Und glaub mir, auf diesem Boden hier», ich deutete auf das makellose Räuchereichen-Parkett, «willst du auch keine fünfzehn Betrunkenen Pogo tanzen sehen. Außer auf Socken.» Ich kicherte bei der Vorstellung hysterisch vor mich hin.

«Du bist immer noch die, die du mal warst», sagte Tom.

«Möchtest du noch ein Stück Schokolade? Du scheinst mir ein bisschen dünn zu sein.»

Ich betrachtete ihn hingerissen, und mein Herz verwandelte sich in ein warmes, blubberndes, zuckersüßes Schokoladenfondue. Ich war seit einem Jahr immer hungrig und hatte immer gewusst, dass es um mich geschehen sein würde, sobald mich mal einer zu dünn finden würde. Wer mir Süßwaren anbietet, dem schenke ich mein Herz. So weit war es schon gekommen.

Als wir auf dem Boden des Wohnzimmers miteinander schliefen, hatte ich nicht die geringsten Bedenken, dabei den teuren Perserteppich, meine Beziehung oder auch mein Leben zu ruinieren.

Das Unheil nimmt seinen Lauf um 23 Uhr 10

Das Vibrieren meines Handys holt mich in die unschöne Realität zurück. Ich sitze in einem dunklen Zimmer irgendwo im Gartengeschoss der Villa Stern und hoffe, dass das alte Jahr endlich vorbei ist, damit ich nach Hause gehen kann.

Eine Nachricht von Tom:

«Und, wie schlägst du dich als flotte Biene? Alles okay? Ich denke an dich!»

Der Raum ist nur durch ein kleines Lämpchen in einer Steckdose beleuchtet. Ich erkenne gerade mal die Umrisse eines Doppelbettes und eines Kleiderschrankes.

Ich schreibe:

«Komplettkatastrophe!»

Nach fünf Sekunden klingelt mein Telefon.

«Was ist los?», fragt Tom.

«Es ist alles schiefgelaufen. Lavinia hat mich verarscht. Ich bin eine fette Hummel zwischen lauter unterzuckerten Prinzessinnen.»

«Beruhige dich, bis zwölf wirst du schon durchhalten.»

Ich bin aber absolut nicht in der Stimmung, mich zu beruhigen. Im Gegenteil. Ich fühle mich als Biene in meiner Ehre gekränkt und als Frau meiner Würde beraubt.

Meine Stimme bekommt etwas Schrilles, und ziemlich laut sage ich: «Aus Oliver ist ein kleinkarierter Spießer geworden, der seinem Chef in den faltigen Arsch kriecht. Wann können wir uns sehen? Ich halte es nicht länger ohne dich aus. Ich liebe dich! Und wusstest du eigentlich, dass Lavinia eigentlich Petra heißt?»

«Wie bitte?»

Tom klingt alarmiert. Und mir ist sofort klar, dass ich die drei schlimmen Wörter nicht hätte sagen dürfen. Sie sind Gift für jede Affäre. Du willst sie hören, nichts sehnlicher als das. Aber du darfst sie niemals sagen! Denk sie am besten noch nicht einmal, damit sie dir nicht versehentlich in einem unbedachten Moment über die Lippen kommen. So wie mir.

Ich liebe dich. Heilige Scheiße, das ist so unprofessionell! Tabubruch! Wie konnte mir das bloß passieren?

Ich verfluche mich, aber bevor ich zu einer Erklärung ansetzen kann, geht urplötzlich ein tosender Hauptwaschgang los. Ich befinde mich mitten in der Trommel, sodass ich mit dem Denken und Verarbeiten nicht hinterherkomme.

Neben mir gellt das nervenzerfetzende Geschrei eines Säuglings. Das Deckenlicht flammt auf. Der türkische Kellner stürzt ins Zimmer, reißt mir das Handy aus der Hand und zerrt mich in den Nebenraum.

«Was soll das?» Ich habe nicht die geringste Ahnung, in welchem schlechten Film ich gerade gelandet bin.

Der Kellner legt beschwörend den Zeigefinger auf die Lippen. Auf der Treppe sind hastige Schritte zu hören. Stimmen im Nebenraum. Jemand redet beruhigend auf ein Baby ein. Das Geschrei wird schwächer und verebbt schließlich ganz. Wieder Schritte auf der Treppe, diesmal weniger hastig. Dann Stille.

«Wissen Sie eigentlich, was da oben gerade passiert ist?», flüstert der Kellner und schaut mich interessiert an wie einen sonderbaren Virus unterm Mikroskop.

«Nein», flüstere ich zurück, «wie sollte ich?»

«Sie haben gerade mit Ihrem Liebhaber telefoniert.»

«Was? Woher wissen Sie das?»

«Das wissen alle da oben. Sie haben sich zum Telefonieren direkt neben das eingeschaltete Babyphon gesetzt.»

«Was für ein Babyphon? Im Zimmer war doch niemand außer mir.»

«Falsch. Sie haben sich zielsicher das Zimmer ausgesucht, in dem der drei Monate alte Sohn von Sterns Neffen schläft. Ganz ehrlich, Liebchen, ich möchte jetzt nicht in Ihrer Haut stecken.»

Ich bin zu keinem klaren Gedanken fähig. Babyphon? Neffe? Haben Oliver und die andern etwa alles mitgehört? Mir bricht der kalte Schweiß unter meinem Polyesterkostüm aus.

«Was ist mit meinem Mann?», höre ich mich krächzen.

«Der gutaussehende *Top Gun*-Typ? Nun ja, wenn Sie mich fragen, sah der nicht gerade begeistert aus. Hat sich gleich mit Stern und dessen Tochter ins Arbeitszimmer zurückgezogen. Ich an Ihrer Stelle würde eine direkte Konfrontation lieber vermeiden – bloß so die nächsten sechs, sieben Jahre.»

Ich nicke mechanisch.

«Sagen Sie», der Kellner räuspert sich, «stimmt das wirklich?»

«Was?»

«Dass Lavinia in Wirklichkeit Petra heißt?»

Ich nicke einfach weiter.

Mein Handy vibriert. Eine SMS von Oliver:

«Wohin soll ich deine Sachen und die Papiere schicken?»

Ich starre verständnislos auf das Display. «Was für Papiere denn?»

«Zeigen Sie mal her.» Der Kellner nimmt mein Telefon.

«Die Scheidungspapiere, Schätzchen. Es tut mir leid, dass ich das so offen sagen muss, aber Ihre Ehe ist vorbei. Besorgen Sie sich einen guten Anwalt.»

Am 1. Januar um 4 Uhr 45, abserviert im Motel: «Sie sind heute schon die Dritte.»

Das Gute an einer Mutter mit kleinen Kindern ist, dass sie nachts meistens wach ist, in jedem Fall aber einen sehr leichten Schlaf hat und deshalb im Prinzip immer erreichbar ist.

Nachdem Birgit vor einem Jahr ihr drittes Kind bekommen hatte, waren wir dazu übergegangen, größtenteils per SMS oder E-Mail zu kommunizieren, weil mindestens eines ihrer Kinder gerade eingeschlafen war oder ohrenbetäubend laut schrie, zwei maßgebliche Störfaktoren für ein zufriedenstellendes Gespräch.

Gut, der Zeitpunkt, fünf Uhr früh am Neujahrsmorgen, ist etwas unorthodox, aber das ist meine Situation schließlich auch. Ich tippe in mein Handy:

«Birgit? Es ist was passiert. Bist du wach? Können wir sprechen?»

«Nein. Lea hat Fieber und schläft neben mir. Was ist los? Hast du etwa eine typische Silvester-Dummheit gemacht, die du morgen bereuen wirst? Ich hatte doch ganz klare Anweisungen gegeben: Ein halbes Jahr lang Füße stillhalten!»

«Ich bin aufgeflogen! Oliver weiß alles und will sich scheiden lassen!»

«Ich rufe dich in fünf Minuten an.»

Ich nutze die Zeit, um verbittert die leere Flasche Ruinart anzustarren.

Das wird wahrscheinlich für lange Zeit der letzte Champagner sein, den ich getrunken habe.

Draußen feiern immer noch einige Spätzünder das neue Jahr.

Ich verbiete mir zum hundertsten Mal, Oliver oder Tom anzurufen. In Situationen wie dieser kann man so vieles falsch machen, dass man am besten erst mal gar nichts tut.

Ich neige zwar sehr zu kopflosem Handeln und dem völlig undurchdachten Hinterlassen kontraproduktiver Mailboxnachrichten, aber hier und heute ist selbst mir klar, dass die Lage existenziell bedrohlich ist.

Ich muss mich in nichts reinsteigern, kein Drama konstruieren und aus einer Mücke nicht mühevoll einen Elefanten machen – das hier ist ein Elefant.

Scheidung: Ob Oliver das wirklich ernst meint?

Wenn man die tatsächlich außerordentlich unschöne Art, wie meine Affäre aufgeflogen ist, einmal außer Acht lässt, was bleibt dann?

Frau betrügt Mann.

Tja, das kann passieren, ist alles schon da gewesen.

Ist das ein Grund, so einen Aufstand zu machen? Nur weil ich mit einem alten Freund ins Bett gehe, der mich mit Schokolade füttert und mir das Gefühl gibt, ich sei gut, so wie ich bin?

Soll Oliver doch froh sein, dass ihm jemand diese lästige Pflicht abnimmt.

Ich glaube, mein Betrug kommt Oliver gerade recht, um mich bequem abzuservieren. Ich habe ihm den perfekten, gesellschaftlich total anerkannten Anlass geliefert, sich endlich ohne Mitleid und lästige Beziehungsgespräche von seiner unangemessenen Alten scheiden zu lassen.

Ich habe mich in den letzten Monaten oft gefragt, warum Oliver mich noch liebt. Jetzt habe ich die Antwort: Er liebt mich gar nicht mehr. Wahrscheinlich war er einfach nur zu beschäftigt, um sich zu trennen. Womöglich hätte er dafür sein Handy eine halbe Stunde lang ausmachen müssen.

Je nach sekündlich wechselnder Stimmung fühle ich mich entweder als Opfer oder als Täter, als Betrügerin oder Hintergangene.

Bin ich schuldig?

Bin ich unschuldig?

Jedenfalls bin ich total am Ende.

Der kleine dicke Kellner hat sich als wahrer Schutzengel erwiesen und mich ungesehen durch den Hintereingang der Villa Stern zu einem wartenden Taxi gebracht.

«Wohin soll der Mann Sie bringen?»

Ich umklammerte die Champagnerflasche wie eine Rettungsboje und sah ihn mit leerem Blick an.

«Haben Sie Freunde in der Stadt oder Familie?»

Ich schüttelte den Kopf und fragte mich, wie es so weit kommen konnte, dass ich in so einer Situation nicht wusste, zu wem ich fahren sollte.

Ich habe nie viele Freundinnen gehabt, aber immer ein, zwei sehr gute. Meine Mutter ist meine engste Vertraute gewesen. Und Birgit natürlich. Auch wenn es für mich bis heute nicht immer leicht ist, mit anzusehen, wie sie das Leben lebt, das ich mir gewünscht habe.

Ich bin nie lange genug in einer Stadt geblieben, um heimisch zu werden und Freundschaften zu schließen, die einen Ortswechsel überstanden hätten. Werbung in Dortmund, die Event-Agentur in Kassel, dann der Verlag in Kiel und schließlich wieder zurück nach Münster – für die kurze Zeit, die meiner Mutter noch blieb.

In den zehn Jahren mit Oliver habe ich mich sehr auf ihn konzentriert. Mir hat es immer ausgereicht, wenn mir ein Mensch so nah wie möglich war. Mit einer Mischung aus Neid und Verwunderung reagiere ich auf Frauenstammtische und Busenfreundinnen, die schnatternd die SMS ihrer Freunde vorlesen und bei der Pediküre Details aus ihrem Sexualleben austauschen.

Ich habe da irgendwie den Anschluss verpasst, und bei einer Pediküre war ich das erste Mal vor einem Jahr.

«Was soll das heißen, du machst dir deine Nägel selbst?», hatte Lavinia verständnislos gefragt, nachdem ich mich unvorsichtigerweise bei ihr erkundigt hatte, wer dieser Adam und diese Eve eigentlich seien, die sie so häufig besuchte.

«Machst du Witze? Adam & Eve ist mein zweites Wohnzimmer. Da lasse ich alles machen: Nägel, Wimpern, Augenbrauen, Bikinizone, Sonnendusche. Ich bin jeden zweiten Montag da.»

Dank Lavinia bekam ich bereits zwei Tage später einen Termin. Dass man bei Adam & Eve wie in einem Schaufenster saß, war mir unangenehm. Immer wieder blieben Passanten stehen und schauten zu, wie meine Nagelhaut zurückgeschoben wurde.

Als die Frau neben mir ihre fingerdicke dunkelgelbe Hornhaut von den Fersen gefräst bekam, hätte ich gerne um einen Mundschutz gebeten, wie die Angestellten ihn trugen. Bei der Vorstellung, dass die fremden Hornhautpartikel mit jedem Atemzug tiefer in meine Lunge gelangten, wurde mir ein wenig übel. Das Gefühl verstärkte sich, als ein überlanger Zehennagel meiner Nachbarin abgeknipst wurde und vorwitzig in meinen Schoß sprang.

Selbstverständlich sahen Füße, Hände, Brauen, Wimpern und Bikinizone hinterher besser aus denn je, und selbstverständlich gehe ich seither ebenfalls alle zwei Wochen zu Adam & Eve, wo man mich inzwischen mit Namen begrüßt und mir ungefragt einen Roibusch-Vanille-Tee zubereitet.

Wenn du einmal anfängst, Profis an deinen Körper zu lassen, ist es vorbei damit, gemütlich beim Fernsehgucken Zehennägel zu lackieren und fürs Schamhaar Einwegrasierer von Budnikowsky oder die Nagelschere zu benutzen.

Fachkräfte machen es besser, und so gerätst du immer tiefer in die Abhängigkeiten reicher Leute. Du machst nichts mehr selbst und verlernst alles, was du einmal konntest. Und irgendwann gibst auch du gigantische Torten in Form von Ritterburgen oder Märchenschlössern für die Geburtstage deiner Kinder in Auftrag, statt wie früher einen Sandkuchen zu backen und ihn mit möglichst vielen Gummibärchen zu verzieren.

«Ich möchte Sie nicht drängen, aber in zwanzig Minuten ist Mitternacht, und da muss ich eine achtstöckige Torte mit integriertem Feuerwerk beaufsichtigen. Wohin soll's denn jetzt gehen, Schätzchen?»

Ich sah den liebenswürdigen Kellner an und murmelte wenig überzeugend: «Erst mal Richtung Innenstadt. Vielen Dank für alles.»

«Lassen Sie sich nicht unterkriegen.» Er tätschelte meine

Hand, wie man es bei sehr alten Damen tut, wenn sie einen runden Geburtstag überlebt haben.

Dann sagte er voller Inbrunst: «This too shall pass.» Und das rührte mich, weil ich *Die Hochzeit meines besten Freundes* natürlich mehrmals gesehen hatte. Die todunglückliche Julia Roberts sitzt mit einem Hotelangestellten auf dem Flur, raucht verbotenerweise, und er versucht, sie mit diesen Worten zu trösten.

This too shall pass.

Auch das wird vorübergehen.

So ganz sicher bin ich mir nicht.

Als der Kellner die Tür des Taxis schloss, hatte ich das Gefühl, ich verliere meinen einzigen Freund.

«Das war ja ein kurzes Vergnügen. Wohin soll's gehen? Zurück in die Isestraße?»

Auch das noch. Vor mir saß der Taxifahrer, der mich vor vier Stunden abgeholt hatte. Als ich noch ein Zuhause und einen Mann gehabt hatte.

«Nein. Ich habe noch Anschlusstermine.»

«Aha. Darf ich fragen, wo?»

«Zur Hoheluftchaussee, bitte. Das Motel gegenüber der Aral-Tankstelle.»

Ich sank auf der Rückbank zusammen wie ein Luftballon, dem das Gas entweicht. Übrig blieb ein schrumpeliges Häuflein.

Das verdammte Babyphon. Der Anruf von Tom. Der rührend besorgte Kellner. Das Davonschleichen aus der Villa. Scheidungspapiere.

This too shall pass.

In meinem Kopf wirbelten Bilder, Stimmen und Gefühle durcheinander wie in einer unsanft geschüttelten Schneekugel. Was wird aus meiner Ehe? Ist sie noch zu retten? Ist sie es überhaupt wert, gerettet zu werden? Und, dies beschäftigte mich beschämenderweise mindestens ebenso: Was wird aus meiner Affäre?

Eine Frau ohne Ehemann ist keine unbeschwerte Geliebte mehr, mit der man ungestraft von einer Zukunft phantasieren kann, die sowieso niemals eintreten wird. Eine Geliebte ohne Ehemann ist eine Zeitbombe, die früher oder später hochgeht. Sie will nicht länger die heimliche Geliebte sein, sondern die Frau, die sich die nächsten Jahre fragen darf, ob er sie betrügt.

Ich ertappte mich bei dem unappetitlichen Gedanken, dass ich um meine Ehe kämpfen sollte, wenn ich meinen Geliebten nicht verlieren wollte.

Ich starrte in mein Hirngestöber und musste wohl irgendein verzweifeltes Geräusch gemacht haben, denn ich hörte den Taxifahrer sagen: «Sie sind heute schon die Dritte.»

«Wie bitte?»

«Ich dachte, es tröstet Sie vielleicht, dass Sie heute schon die dritte Frau sind, für die Silvester vor Mitternacht vorbei ist. Allerdings sind Sie die erste, die nicht nach Hause will. Motel, das klingt ernst. Soll ich vielleicht die Heizung höherdrehen? Sie sehen aus, als würden Sie frieren.»

Ich hatte mit Schadenfreude oder spöttischem Mitleid gerechnet, deshalb erwischte mich seine Fürsorge unvorbereitet und sprengte ein sehr großes Loch in meine mühsam aufrechterhaltene Fassung. Wenn schon ein Fremder sah, wie es mir ging, war die Lage wirklich verdammt ernst.

Erst jetzt wurde mir wirklich klar, dass das hier keine Krise war, keine schlechte Phase, wie sie in jeder Beziehung mal vorkommt. Das hier war eine Katastrophe und höchstwahrscheinlich das Ende meiner Ehe, meiner Affäre und meines Lebens in Wohlstand und Sicherheit.

Ich war alleine und pleite, arbeits- und wohnungslos und hatte noch dazu in der vergangenen Woche erste Spuren von Orangenhaut an meinen Oberarmen entdeckt.

Ich heulte so haltlos los, als sei ich entschlossen, den Wagen unter Wasser zu setzen.

Der Taxifahrer reichte mir erschrocken eine ganze Packung Taschentücher nach hinten. Nachdem ich mich etwas beruhigt hatte, sagte er:

«Geld macht nicht glücklich.»

Als hätte ich soeben eine noch nie gehörte Weisheit vernommen, erwiderte ich ergriffen: «Ja, da haben Sie wirklich recht.»

Wir schwiegen.

«Wissen Sie was, ich habe es mir anders überlegt. Fahren Sie mich bitte doch in die Isestraße.»

«Sind Sie sicher?»

«Ja, ich will nur kurz ein paar Sachen holen.»

«Soll ich tragen helfen?»

«Nein, aber es wäre nett, wenn Sie warten würden.»

Er nickte.

Ich wimmerte.

Um Punkt Mitternacht stand ich am Fenster unseres Wohnzimmers und schaute in den prunkvoll explodierenden Nachthimmel. Ich hatte kein Licht gemacht.

Um zehn nach zwölf zog ich die Tür hinter mir zu.

Aus dem Aufzug kam mir ein Mann mit Werkzeugtasche entgegen.

«Entschuldigung, Kubitt, ist das hier?»

Ich nickte und deutete auf die Tür, die ich gerade abgeschlossen hatte.

«Ich soll ganz dringend das Türschloss auswechseln. Wissen Sie was davon?»

Ich schüttelte den Kopf. Der Mann musterte die Tür.

«Kein Einbruch. Wahrscheinlich wieder ein Ehedrama. Ich sag's Ihnen, der einunddreißigste Dezember ist bei uns der umsatzstärkste Tag des ganzen Jahres. Wissen Sie, warum ich seit fünfunddreißig Jahren verheiratet bin?»

Ich schüttelte den Kopf.

«Weil ich an Silvester immer arbeite.»

Es klingelt um 5 Uhr 10

«Wichtig ist, dass du jetzt nicht den Kopf verlierst. In deiner Situation kannst du dir spontane Reaktionen nicht erlauben. Wie lange kommst du mit deinem Geld über die Runden?»

Birgits pragmatische Art wirkt auf mich wie ein Betablocker auf zu hohen Blutdruck.

Als ich frisch in Tom verliebt war, hatte sie meine schulmädchenhaften Schwärmereien mit der Frage unterbrochen: «Und wie steht's um deine Gefühle, wenn er Durchfall hat oder in der Nase popelt?»

Ja, meine Freundin Birgit findet immer einen Weg, mich, auch ungewollt, auf den Boden der Tatsachen zurückzuholen und meine Herzfrequenz in den normalen Bereich zu regulieren.

«Ich habe tausend Euro aus der Wohnung mitgenommen. Das Geld war für die Putzfrau bestimmt. Auf meinem Sparkonto sind ungefähr achttausend Euro.»

«Habt ihr ein gemeinsames Konto, und weißt du, was Oliver verdient? Danach richtet sich dein Unterhalt.»

«Unterhalt? Mensch, Birgit, so weit ist es doch noch lange nicht! Ein gemeinsames Konto haben wir nicht. Oliver hat mir das Haushaltsgeld immer in bar gegeben.»

Ich schäme mich, das zu sagen, denn es ist noch nicht lange her, dass ich Frauen wie mich für absolut fragwürdige Existenzen gehalten habe.

«Meine Güte, wie kann man so katastrophal unemanzipiert sein? Ich bitte dich, Haushaltsgeld. Man kann mit einem Mann nur glücklich sein, wenn man ihn jederzeit verlassen und für sich selbst sorgen kann.»

«Aber das war doch nur für eine Phase! Ich hatte ja vor, mir einen neuen Job zu suchen, aber du weißt doch, was dann alles passiert ist.»

«Wie auch immer. Diese Phase dürfte jetzt vorbei sein.»

Als Oliver bei der Reederei Stern anfing, hatte ich, ohne zu murren, beim Verlag gekündigt und war mit ihm nach Hamburg gezogen. Ein halbes Jahr zuvor hatte ich einen neuen Chef bekommen, einen cholerischen Zahlenfuzzi, der keine Bücher las und immer nur über Vermarktbarkeit und Umsatzrenditen redete. Drei Projekte, an denen ich monatelang mit den Autoren gearbeitet hatte, wurden abgesagt, mein Büro verlor drei Wände und ging in einem Großraumbüro auf, und von der angekündigten Erhöhung meines Gehalts war nie wieder die Rede gewesen.

Da ich gerade das schlimmste Jahr meines Lebens hinter mir hatte, fehlte mir die Kraft, mich zu wehren. Und als Oliver mir vorschlug, mich in Hamburg erst mal nur um mich zu kümmern, wurde ich nach und nach eine jener Haushaltsgeld-Tussen, die ihr Talent beim Arrangieren von Blumensträußen vergeuden oder beim Herrichten von Jakobsmuscheln auf Pumpernickel-Talern.

Anfangs, das muss ich zugeben, war ich sogar begeistert von unserem neuen Leben unter reichen Leuten gewesen. Ich sagte nicht nein, als Oliver mich ins Sterne-Restaurant Le Canard einlud und Gänseleber und Pasta mit weißen Alba-Trüffeln für uns bestellte. Ich hatte mich auch nicht gewehrt, als mir nach dem dritten Besuch der Kellner den Stuhl unter den Hintern schob und fragte, ob es für die Dame wie immer vorweg ein Glas Rosé-Champagner sein dürfe.

Mir stieg das Geld zu Kopf. Ich gewöhnte mich zügig an Parmesan, der sechzig Monate lang gereift war, an einen Personal Trainer, der mir dreimal die Woche mit elektrischer Muskelstimulation das Fett abbauen sollte, und an einen Friseur, der regelmäßig in Talkshows zu Gast war und bei Modenschauen zwischen Vicky Leandros und Sylvie van der Vaart in der ersten Reihe saß.

Auf einmal kam es auf mein Aussehen an, mein Gewicht, meine Klamotten, meinen Schmuck, meine Adresse. Ich wurde zur Frau an seiner Seite, und es gelang mir unrühmlich lange, mir einzureden, dass ich das gerne sei, dass mein Leben eine wunderbare Wendung genommen habe und dass ich mir zurzeit bloß den Luxus gönnte, mich ganz in Ruhe nach einer neuen Bestimmung umzusehen.

Ich fand sie beim Friseur, im Nagelstudio Adam & Eve und beim Internetshopping. Je länger meine Auszeit dauerte, desto unbeweglicher wurde ich. Mein Kalender wurde immer voller, mein Leben immer leerer. Ich war von morgens bis abends beschäftigt – und langweilte mich.

Als Tom mich daran erinnert hatte, wie ich einmal war, war ich aus meinem traumhaften Albtraum aufgewacht.

Aber da war es schon zu spät gewesen. Aus meinem Mann war ein langweiliger Streber ohne Freizeit geworden, der dauernd von *gesellschaftlichen Verpflichtungen* redete. Aus mir eine gut verkleidete, perfekt pedikürte Hausfrau, die um Idealgewicht, Selbstbewusstsein und eine rudimentäre Restwürde rang.

Zwei Luxusmonster.

Und natürlich liebten wir uns nicht mehr.

Dafür gab es auch wirklich keinen Grund.

«Komm doch zu uns», sagt Birgit.

«Danke, aber ich bin noch nicht so weit. Es ist alles noch zu frisch.»

«Es wird immer frisch bleiben, wenn du nicht endlich deinen Frieden machst.»

«Ich weiß. Aber jetzt nicht. Jetzt erst recht nicht.»

Keine neuen Nachrichten um 9 Uhr 35

Ich wache auf und habe fünf gnädige Sekunden lang keine Ahnung, wo ich bin und was passiert ist.

Fünf Sekunden lang bin ich die Nicola Kubitt, die ich gestern noch war. Ich bin dreiundvierzig und habe übermorgen einen Friseurtermin bei Marcello zum Ansatzfärben. Ich wohne im schönsten Teil der schönen Isestraße, bin die Frau von Oliver Kubitt und die Geliebte von Thomas Weber. Nächste Woche kommen die Maler, um die auberginefarbene Rautentapete anzubringen, die meine Inneneinrichterin für mich ausgesucht hat. Und übernächsten Freitag hat Tom endlich mal wieder in Hamburg zu tun. Wie immer werden wir uns in seiner Firmenwohnung in der HafenCity treffen.

32
31
30
9m
29
28
27
26 8m
25
24
23 7m
22
21
20 6m
18
18
17
16
15
14

Vorher muss ich mir aber unbedingt noch die Füße machen lassen und endlich Olivers Anzüge aus der Reinigung holen.

Die Erinnerung an den gestrigen Abend trifft mich wie ein Faustschlag. Es fühlt sich nicht so an, als könnte ich jemals wieder aufstehen.

Ich taste nach meinem Handy. Keine Nachrichten.

Ich bin eine alleinstehende Frau.

So habe ich mir meinen Lebensabend nun wirklich nicht vorgestellt.

Ich schließe die Augen. Aber das nutzt nichts. Ich mache sie wieder auf und suche nach Halt.

Der Blick auf die zahnbelagfarbene Raufasertapete beruhigt mich.

Andere Leute schauen aufs Meer oder auf blühende Wiesen. Ich schaue auf Raufaser. Im Zeitalter gespachtelter, verputzter oder mit Vlies tapezierter Wände findet man diesen Ausblick nur noch selten.

Ich strecke die Hand aus und lasse meine Finger über die meditative Hubbelstruktur der Wand gleiten. Fühlt sich an wie kleine Warzen. Sehr schön. Ein kleiner Trost, ich kenne diese Tapeten aus meiner Kindheit.

Das Einzelzimmer im Motel kostet mich fünfundsechzig Euro. Es liegt nur wenige Meter entfernt von der Welt, die ich kenne. Wenn ich aus dem Fenster schaue, sehe ich die Tankstelle, zu der ich meistens fahre.

Wahrscheinlich ist mir dieses Motel eingefallen, weil ich mich öfter gefragt habe, wie es wohl wäre, hier zu übernachten und sich mitten in einer vertrauten Stadt zu fühlen wie in der Fremde.

Jetzt weiß ich es. Und komisch, fremd fühle ich mich hier nicht. Die Fremde ist da draußen.

Nachttisch und Kleiderschrank sind aus orangefarbenem Pressholz, über dem Bett hängen vier goldene Alurahmen mit Vogelmotiven, das Telefon ist ascheimergrau, die Decken niedrig.

Die Lampe über mir taucht das Zimmer in ein Licht, wie man es aus Filmen kennt, die in der Gerichtsmedizin spielen und in denen ständig jemand um sein Leben fürchten muss.

Es sieht alles schrecklich aus, wie vor dreißig Jahren in Häusern, in denen Menschen ohne ausgeprägten Geschmack wohnten. Es sieht aus wie früher bei uns zu Hause.

Ich fühle mich auf seltsame Art geborgen und getröstet durch die weiß gekachelte Nasszelle, den dottergelben Duschvorhang, der sich mir anhänglich um meine nassen Beine schlingt, und die leberbraune Stehlampe, die so hässlich ist, dass auch meine Mutter garantiert nicht vor ihr zurückgeschreckt wäre.

Diese wunderbare Frau, der Äußerlichkeiten nichts bedeuteten und die Bilder dort aufhängte, wo die Raufasertapete Schaden genommen hatte – also nicht selten auf Knöchel- oder Kniehöhe.

Meine Mutter, die sich nur an hohen Feiertagen ungeschickt schminkte, die mehr Küchenschürzen als Kleider besaß, die den tiefgefrorenen Pansen für unseren Hund im Waschbecken auftauen ließ, die sich in ihrem Leben allerhöchstens viermal die Nägel lackierte und mit dem Endergebnis immer mehr als unzufrieden war. Ich wünschte, sie wäre noch da.

Betrunken und zu allem fähig um 22 Uhr 40

Anruf bei Oliver. Keine gute Idee. Bin betrunken.

Die Mailbox springt an: «Oliver Kubitt ist im Moment nicht zu sprechen. Bitte hinterlassen Sie eine Nachricht. Please leave a message after the beep. I'll get back to you as soon as I can.»

Was wollte ich denn eigentlich sagen?

Vergessen.

Ich schweige ein paar Sekunden lang, dann fällt mir doch noch was ein: «Warum hast du eigentlich eine zweisprachige Ansage? Können deine ausländischen Kunden sich nicht zusammenreimen, was der deutsche Text bedeutet? Glaubst du, die vermuten, dass du ihnen mitteilst, ihr Handy werde sich nach dem Piepton automatisch selbst zerstören? Ich glaube eher, du willst deine deutschen Anrufer beeindrucken: Wow, zweisprachige Ansage, muss das ein wichtiger Typ sein! Ach, Oliver, warum bist du bloß so geworden? Lass uns bitte reden. Please get back to me as soon as you can.»

Ich lege auf.

Hä? Was war das jetzt?

Trotz meines Alkoholpegels ist mir relativ klar, dass ich womöglich weder inhaltlich noch vom Ton her ein glückliches Händchen bewiesen habe.

Meine Güte, wie oft habe ich schon in trunkenem Zustand verschickte Briefe, Mails oder SMS bitter bereut! Wie oft verheerendes Zeug auf Anrufbeantworter gelallt, gebettelt, geflennt, geschimpft, geschrien oder wie irre gekichert.

Und dann aufgelegt und mich gefragt, ob ich eigentlich noch ganz dicht bin, und mir gewünscht, es gäbe eine Löschtaste für fremde Mailboxen und eine Möglichkeit, Promille-Mails irgendwie aus dem weltweiten Netz zu angeln.

Ich rufe Oliver ein zweites Mal an.

Wieder keine gute Idee.

Ich fange bereits vor dem Piepton zu heulen an, schaffe es aber nicht, rechtzeitig aufzulegen. Dann muss ich aufstoßen.

Mein Eindruck verstärkt sich, dass ich die Angelegenheit nur noch schlimmer mache. Was mich keineswegs dazu bringt, das Telefon wegzulegen.

Ich hatte noch nie ein gutes Gespür dafür, wann es besser ist, Ruhe zu geben, die Klappe zu halten, ins Bett zu gehen und keinesfalls noch ein weiteres Glas Wein zu trinken.

Ich halte mich niemals an die mir theoretisch bekannten Strategien zur Ärgervermeidung.

Ich bin absolut der Typ Frau, die als inakzeptable Kreuzung aus trunksüchtigem, sabberndem Lappen und hysterischer Ziege einen wirklich schlechten Eindruck auf ihren Gesprächspartner macht. Und ja, ich habe schon lallend und mit sich überschlagender Stimme in tote Telefonhörer verbotene Sätze gerufen wie: «Ischwilldasjezklären!» Oder: «Sachmirdassdumischliebst!» Oder: «Ischpürenurablehnug!» Oder: «Esisjezendgütischvorbeiii!»

An diesem Abend erreiche ich, was an sich keine Überraschung ist, Oliver nicht mehr persönlich. Am nächsten Morgen finde ich zwischen zwei leeren Weinflaschen und einem übervollen Aschenbecher mein Handy. Die Anrufliste verrät mir, dass ich Oliver dreiundzwanzigmal angerufen und ihm siebenmal länger als dreißig Sekunden auf die Mailbox gesprochen habe.

Das sind im Leben einer emotionalen Person die unschönen Momente, in denen du dich für dich selbst schämst, dem Alkohol für immer abschwörst und gerne deine Identität wechseln würdest.

Ich weiß noch genau, wann ich zum ersten Mal das Gefühl hatte, es reicht mir jetzt mit dem Reichsein. Es war im Diätkochkurs *Feine Menüs für schlanke Linien.*

Ich stand mit hauptberuflich dünnen Frauen artig an einem Küchentresen und ließ mir von einem Typen für viel Geld erklären, was man beim Essen alles weglassen kann.

Das kam mir irgendwie abartig vor.

Ich versuchte, mir Zeiten ins Gedächtnis zurückzurufen, als ich noch keine Waage besaß, mich nicht jeden Tag fragte, was ich heute nicht esse, Sport noch aus Spaß machte und nicht, um möglichst viele Kalorien zu verbrennen.

Wie konnte es geschehen, dass mein Gewicht so ein Gewicht bekommen hatte und dass ich sogar Geld investierte, um es zu verlieren? Wann fing ich an, mich mit klapprigen Tussen zu vergleichen, die ungestraft Dinge sagen wie: «Du, ich kann wirklich essen, was ich will.»

Das könnte ich auch, wenn ich nichts essen wollte! Bei genauer Betrachtung stellte sich nämlich heraus, dass das, was die angeblich unbedingt essen wollten, meist etwas sehr salz- und fettarm Gedünstetes aus der mediterranen Gemüseküche ist – was für mich früher nicht einmal als Beilage in Frage gekommen wäre.

Jetzt machte ich Kochkurse, in denen das Olivenöl mit einer Pipette in die Pfanne getropft wird, denn ich wollte nicht wieder so ein Desaster erleben wie bei unserer ersten Einladung.

Ich muss offen zugeben, dass ich keine begnadete Köchin bin. Ich habe tiefen Respekt vor Menschen, bei denen etwas seit dem Vormittag in Rotwein schmort und zu einem butterweichen Gedicht wird.

Da werden über Stunden Riesengarnelen entdarmt, Litschis geachtelt, Fonds eingekocht und auf meterlangen Einkaufszetteln stehen Sachen wie:

250 Gramm zerkleinerte Wildknochen
1/2 Tasse Hasenblut
2 Rinderherztomaten
1 Hokkaidokürbis
50 Gramm veganer Frischkäse
500 Gramm Lumaconi

So was schüchtert mich ein. Ich verfüge über ein Repertoire aus sechs Gerichten. Bei vieren davon sind Nudeln involviert. Die übrigen beiden Rezepte stammen aus dem asiatischen Raum. Ich habe sie aber lange nicht mehr ausprobiert.

Ich gehöre nicht zu den Menschen, die intuitiv mit Gewürzen wie Gelbwurz, Sternanis und Safran umgehen können und ein genetisch bedingtes Gespür dafür haben, dass dem Rehbraten eine Messerspitze Kardamom gut bekäme.

Ich bin aber auch genetisch vorbelastet. Obschon ich meine Mutter fast nie ohne Küchenschürze gesehen habe, gab es bei uns selten etwas wirklich Gelungenes zu essen.

Dosenspargel mit gekochtem Schinken umwickelt und halbe Eier mit Senf und Ketchup galten in unserem Hause als Delikatesse, wohingegen der Duft von selbstgebackenem Brot und frisch aus dem Ofen kommenden Vanillekipferln, bei dem meine Nase bis heute niederkniet, immer nur von unseren Nachbarn herüberwehte.

Um meine ererbte Schwäche wohl wissend, halte ich mich strikt an das Rezept und koche aus diesem Grund immer für vier oder acht Personen, unabhängig davon, ob oder wie viele Gäste kommen.

Warum kann ich nicht kochen? Und warum gibt es unter den Spitzenköchen eigentlich so wenig Frauen?

Weil Kochen wie Jazz ist: Improvisation, Grenzen sprengen, mutig sein.

Meine Theorie lautet folgendermaßen: Uns doofen Weibchen fehlt es immer noch dramatisch an innerer Freiheit. Wir malen nach Zahlen, wir spielen artig nach Noten, wir kochen nach Rezept. Wir trauen uns nicht, aus dem Rahmen zu fallen, anzuecken, Widerspruch auszuhalten, Regeln zu übertreten und auch mal genial zu scheitern. Wenn mir eine Zutat für ein Gericht fehlt, würde ich sie niemals einfach weglassen oder ersetzen, sondern was anderes kochen. Oder was bestellen – es soll ja schmecken.

Das ewige Thema ist, Frauen wollen gefallen, und das macht sie ängstlich, gehorsam und deckelt ihre Phantasie, in der Kunst, in der Küche, im Labor, im Leben.

Ich bin auch eines von diesen Superseelchen, die ständig mit einem Habt-mich-bitte-alle-lieb-Gesicht rumlaufen. Damit siehst du aus wie Bambi – und wirst auch so behandelt.

Ich lächele ständig ungebeten alle möglichen Gesichter an. Ich frage «Störe ich?», wenn ich jemanden anrufe. Ich frage «Darf ich?», wenn ich mich im Bus neben jemanden setzen möchte.

Auf der Liegewiese neben dem Schwimmbecken des Tennisclubs gibt es pro Person geschätzte zehn Quadratmeter Platz. Neulich hatte ich, eigentlich nur um mal wieder nett zu sein, gefragt: «Ist es okay, wenn ich mich hier hinlege?»

Da hatte die Size-zero-Pissnelke im asymmetrisch geschnittenen Einteiler zu mir gesagt: «Nö, gleich kommt noch eine Freundin von mir.»

Ja, was denn bitte schön für eine Freundin? Eine Elefantendame mit acht Kindern? Sprachlos und zutiefst beleidigt hatte ich mein Badelaken genommen und mich auf der anderen Seite des Schwimmbeckens niedergelassen. Stundenlang hatte ich mich über mich und die böse Frau geärgert, die einen sehr entspannten Nachmittag mit viel Platz um sich herum verbrachte. Da bin ich bis heute noch nicht drüber weg.

Am Abend, an dem Oliver und ich unseren Einstand als Gastgeber in unserem Penthouse gaben, wollte ich definitiv gefallen und deshalb in Sachen Kulinarik auf Nummer sicher gehen. Das bedeutete: Nudelauflauf mit gemischtem Salat.

Unsere Gäste hatten sich auf den Salat wie Schiffbrüchige auf das einzige Rettungsboot gestürzt, auch die Herren, denn die Zeiten, in denen wenigstens die Männer noch aßen, was ihnen schmeckt, gehören der Vergangenheit an. Sie häuften gierig grüne Berge auf ihre Teller, beim Nudelgericht übten sie eher Zurückhaltung.

Zwei der Damen behaupteten, sie hätten vorher schon mit ihren Kindern essen müssen. Eine dritte berichtete, dass bei ihr unlängst eine Glutenunverträglichkeit festgestellt wurde, was aber gar nicht weiter schlimm sei, denn sie liebe Salat, allerdings bevorzugt ohne Dressing.

Ich hatte also maßgebliche Teile meines Nudelauflaufes selbst aufgegessen, und beim Abräumen der Teller hatte ich sogar noch drei komplette Portionen entdeckt, die gekonnt unter einigen Blättern Radicchio versteckt worden waren, gemeinsam mit den Walnusshälften und den Fetawürfeln aus dem Salat.

Das Tiramisu, das ich fertig gekauft und der Tarnung halber bereits in Portionsschälchen umgefüllt hatte, holte ich gar nicht erst aus dem Kühlschrank.

«Lasst es euch schmecken!», riss mich der Kochlehrer aus meinen Überlegungen. Die sieben Mitglieder des Kurses hatten Platz genommen, und ich betrachtete das gedünstete Zanderfilet auf weißen Bohnen und Fenchelsaat mit gemischten Gefühlen. Schon auf der Küchenwaage waren mir die Portionen erbärmlich vorgekommen. Auf den Tellern sahen sie aus wie Anstandsreste.

Norbert – er hatte den Kochkurs seiner Freundin zum Einjährigen geschenkt, ein diskussionswürdiges Präsent, wenn man mich fragt – schritt kichernd an unseren Tellern entlang und streute etwas Koriander auf die Fische, wobei er jedes Mal rief: «Das Auge isst man ja mit!» Wenn man Witze wiederholt, werden sie nicht unbedingt besser, das gilt insbesondere für die schlechten.

Ich genehmigte mir noch schnell ein Glas Wein und griff nach einer Scheibe Brot. «Aufgepasst!», rief der Kochlehrer streng. «Das Brot ist nicht in unserem Sechshundertfünfzig-Kalorien-Menü enthalten. Wir kämen sonst mit den anderthalb Esslöffeln Dinkelmehl in der Nachspeise auf zu viele Kohlehydrate.»

Ich schaute tief in mein Glas. Mit einem ordentlichen Schwips kann man sich auch einen Diätkochkurs schöntrinken, dachte ich mir.

«Und wir haben pro Kopf auch nicht mehr als ein halbes Glas Wein gerechnet», sagte der Kochlehrer.

Tibor, der ältere Herr, der dafür verantwortlich war, Koriandersamen zu mörsern und dann leicht anzurösten, prostete mir von der anderen Seite des Tisches zu. Er hatte auch schon eine halbe Pulle intus und war mir entsprechend sympathisch.

Wir aßen schweigend. Einige Teilnehmer nickten anerkennend. Ich spülte mit Wein nach.

«Ist es nicht erstaunlich, wie gut kalorienreduzierte Kost dank frischer Zutaten und fein austarierter Gewürze schmecken kann?», fragte unser Leitkoch eindringlich in die Runde.

«Fett ist der beste Geschmacksträger», murmelte ich meinem faden Zander zu.

Tibor war dazu übergegangen, Trinksprüche in die Runde zu werfen, mit rollendem R und einem zauberhaften ungarischen Akzent, der mich an unsere vielen Sommerurlaube am Balaton und die letzten Stunden mit meinem Vater erinnerte.

Mein Vater ist in Ungarn gestorben. Ich war seither nie wieder dort. Irgendwann habe ich genug Kraft dafür. Bis dahin bleibt das Land eine schöne und herzzerreißend schreckliche Erinnerung.

«Mit einem ordentlichen Klacks Butter würde der Fisch gar nicht so schlecht schmecken», rief Tibor in die fettfreie Runde. «Egészségedre!»

Das heißt «Zum Wohl». Das wusste ich noch von früher.

Beim üppigen Käseteller danach erzählte mir Tibor, dass ihn seine bedeutend jüngere Freundin gerade verlassen hatte. Wir hatten gleich nach dem Kochkurs-Dessert, Obstsorbet mit Mangodip, beschlossen, gemeinsam nachträglich eine Grundlage für den Alkohol zu schaffen, den wir mittlerweile in rauen Mengen zu uns genommen hatten.

Tibors Augen schwammen in Tränen, als er mir auf seinem Handy ein Foto von ihr zeigte.

«Als wir uns vor vier Monaten kennenlernten, hat mich Marianne auf Anfang sechzig geschätzt.» Und dann sei er irgendwie nicht dazu gekommen, sie zu korrigieren.

Die Woche zuvor hatte sie einen Blick in seinen Personalausweis geworfen.

«Marianne ist fünfundfünfzig, ich bin fünfundsiebzig. Ich kann ihr die Trennung nicht mal übelnehmen. Ich bin ein Mann ohne Zukunft.»

Tibor tupfte sich mit der Papierserviette die Augen.

«Warum kann man sich an Liebeskummer nicht gewöhnen, warum tut es immer wieder so weh wie beim ersten Mal?», fragte ich ihn und musste selber schwer schlucken.

«Liebeskummer ist das Einzige, was durch Erfahrung nicht erträglicher wird, im Gegenteil. Die Angst, dass niemand mehr kommt, in den man sich verlieben kann, wird immer größer. Ich bin ein fünfundsiebzig Jahre alter Witwer mit zwei erwachsenen Söhnen. Auf was darf ich noch hoffen? Jeder Liebeskummer hinterlässt Spuren. Es ist wie mit den Händen meines Vaters. Er hatte im letzten Kriegswinter Erfrierungen dritten Grades. Sein ganzes Leben lang haben leichte Minusgrade ausgereicht, um die alten Wunden wieder aufzureißen. So ist es auch mit Herzen. Verwundete Herzen bluten schneller.»

«Ich beneide Sie, Tibor. Sie sind so alt wie Methusalem und leiden wie ein Teenager. Innen sind Sie jung. Und vergessen Sie nicht, die Kehrseite von Liebeskummer ist die Liebe. Ich fühle im Moment gar nichts. Weder Liebe noch Kummer. Ich bin eine Emotionsmumie.»

Es war wohl eine Mischung aus zu viel Alkohol, zu viel Einsamkeit und zu wenig Fett, die mich dazu verleitete, dem alten Mann mein Innenleben darzubieten.

Tibor sah aus wie ein Mann, der einmal sehr gut ausgesehen hatte. Stattlich, breitschultrig, mit einem grauen Schnurrbart, buschigen Brauen und einem Gesicht, das scharf geschnitten gewesen sein muss, bevor das Alter es etwas weicher zeichnete.

Mein Vater wäre jetzt ungefähr so alt wie er. Ich fühlte mich wohl und betrachtete seine runzligen Hände.

Eine von diesen legte sich nun freundlich auf eine von meinen.

«Angyalom, mein Engel, Sie haben keine Ahnung, wie es ist, alt zu sein. Mein Körper spielt mir üble Streiche. Junge Männer wissen nicht, wohin mit ihrer Lebenskraft, und klettern Laternenmasten hoch und wirbeln fremde Mädchen durch die Luft. Manchmal bin ich so ein junger Mann. Wenn ich eine schöne junge Frau wie Sie sehe, möchte ich einen Baum ausreißen und ihr zu Füßen legen. Aber ich bin klapprig und brauche eine Lesebrille. Ich drehe mich nach jungen Frauen um, weil ich einen Moment lang vergesse, dass ich alt bin. Und dann merke ich, dass die Frauen durch mich hindurchsehen oder mir über die Straße helfen wollen. Und dann weiß ich es wieder: Meine Zeit ist vorbei.»

«Meine Zeit ist auch vorbei. Ich bin am toten Punkt meines Lebens und meiner Liebe angekommen.»

Ich dachte an Oliver Kubitt und an Hermann Stern, beide unerreichbar und auf mich herabschauend vom fünfzehnten Stock aus. Ich dachte an meinen Body-Mass-Index, an meinen Friseur, an mein Kind, an meine gescheiterte Zukunft und an mein Billy-Regal, das ich verraten und zurückgelassen hatte.

Auf einmal hatte ich den Eindruck, dass das Einzige, was

sich in meinem Leben noch bewegte, das motorisierte Kopfteil meines Bettes war.

«Egészségedre, Tibor», sagte ich in perfektem Ungarisch. Wenn ich betrunken bin, spreche ich nahezu jede Sprache perfekt.

«Egészségedre, Nicki. Ich würde einen Baum für Sie ausreißen, glauben Sie mir. Wenn ich nicht so alt wäre und wenn mein Herz diesmal nicht endgültig gebrochen wäre.»

Wenige Tage später traf ich auf Tom und mutierte innerhalb kürzester Zeit zu einem durchgeknallten Teenager, ohne Appetit und mit dauerhaft erhöhter Herzfrequenz.

Am 4. Januar um 15 Uhr 30, nachdenklich vor Raufaser: «Wenn Sie verheiratet bleiben wollen, dann lassen Sie sich nicht scheiden.»

Ich habe die letzten beiden Tage im Bett verbracht und nehme mir fest vor, mit den nächsten vierhundert bis fünfhundert Tagen ganz genauso zu verfahren. Hier drinnen kann ich so tun, als sei die Zeit stehengeblieben.

Im Getränkemarkt habe ich Weißwein, Schokolade und Chips besorgt. Damit komme ich erst mal eine Weile über die Runden.

Oliver anzurufen, habe ich aufgegeben. Ich tue jetzt einfach so, als gäbe es mich nicht. Wenn er nicht weiß, wo ich bin, kann er sich ja auch nicht von mir scheiden lassen, so mein ausgetüftelter Plan. Und wenn er sich abregt, weil die Schande der Silvesternacht verblasst, kommt er vielleicht von selber drauf, dass ich im Grunde die einzig richtige Frau für ihn bin.

Hoffnung in dieser Richtung habe ich bei der Sendung *Frauentausch* geschöpft. Als Mandy im froschgrünen Hausanzug Karaoke vor dem Fernseher eines Punkers mit untertellergroßem Lippenpiercing sang und Viola sich im Taucheranzug in ihr Planschbecken legte, um unter Wasser einen pinken Mohairschal zu stricken, gewann ich plötzlich den Eindruck, dass Oliver eigentlich gar nicht so viel Grund zum Klagen hat.

Man sollte sowieso viel öfter mal das deutsche Vormittagsprogramm schauen. Man fühlt sich im direkten Vergleich zu den Gestalten, die dort ihr Unwesen treiben, viel schlanker, hübscher und klüger als im direkten Vergleich zu den Gestalten, die in den teuren Teilen Hamburgs eine Auswahl von Rohmilchkäse einkaufen.

Das Vormittagsprogramm ist wie ein Unfall auf der Gegenfahrbahn: Du versuchst, nicht hinzuschauen, aber das gelingt dir nicht. Und wenn du vorbeigefahren bist, freust du dich, dass du unversehrt bist, und fährst die nächsten paar Kilometer etwas vorsichtiger.

Trash-TV macht dankbar und demütig.

Und wenn du an deinem Mann zweifelst, dann guck dir einmal *Schwiegertochter gesucht* an, bevor du übereilte Maßnahmen zur Trennung ergreifst. Da siehst du dann einen übergewichtigen Kahlkopf mit Ende vierzig neben seiner Mutter auf der Küchenbank sitzen, und eine Stimme aus dem Off sagt: «Der kuschelige Knuddelbär Karl widmet sich ausgiebig seinem Hobby, Kratzbilder herzustellen. Mama Iris freut sich über das große Geschick ihres sonnigen Sohnemanns, aber noch mehr würde sie sich über etliche Enkelkinder freuen.»

Ich denke, wenn es Pflicht wäre, eine Aufzeichnung dieser Sendung vor jedem Scheidungsverfahren im Gerichtssaal zu zeigen, würde die Zahl geschiedener Paare dramatisch sinken.

Knuddelbär Karl. Ich meine, da ist es doch wirklich besser, die Situation zu Hause noch mal zu überarbeiten, ehe man in der rauen Wirklichkeit auf Typen trifft, die mit fast fünfzig noch auf Mamas Küchenbank sitzen und Kratzbilder anfertigen.

Ich bin jetzt vielleicht nicht in der Situation, große Töne zu spucken, aber ich war davon überzeugt, dass meine Ehe ewig halten würde. Denn ich war fest entschlossen, eine absolut wirkungsvolle Regel zu befolgen: «Wenn Sie verheiratet bleiben wollen, dann lassen Sie sich nicht scheiden.»

Ich muss sagen, dieses ewige Getrenne finde ich blöd. Ständig sehe ich Beziehungen zerbrechen an Sachen, die man (a) vorher hätte wissen müssen, (b) aushalten sollte und die (c) echt nicht so tragisch sind.

Es ist völlig aus der Mode gekommen, zu verzeihen, Kompromisse zu machen und der Liebe zuzugestehen, dass sie alt und runzelig und ein wenig träge wird wie die Liebenden im Laufe der Zeit auch.

Ich habe Oliver vieles verziehen, weil ich lieber mit ihm als ohne ihn sein wollte. Was ich ihm jedoch nie verzeihen werde, ist, dass er sich von mir getrennt hat. Das ist etwas, worüber ich nicht so einfach hinwegsehen kann.

Die letzte Trennung, die ich live miterleben durfte, war die von Lavinia und Stefan. Wir diskutierten die Sachlage bei Adam & Eve, wo Lavinia für ihre Freundin Claudia und mich drei nebeneinanderliegende Maniküre-Stationen gebucht hatte.

Lavinia hatte im letzten Jahr eine irgendwie anrührende Zuneigung zu mir entwickelt. Ich glaube, sie sieht mich wie ein Patenkind aus der Dritten Welt, dem man auf die Beine hilft und damit praktischerweise das eigene Karma verbessert.

Lavinias Freundin Claudia schätze ich bis heute nicht besonders, weil sie mich nur grüßt, wenn ich neben jemandem stehe, den sie für wichtig hält.

Neulich hatten wir zusammen unter der Dusche gestanden, nachdem ich, wie fast jeden Morgen, im Tennisclub schwimmen gewesen war. Sammelduschen und Umkleideräume sind Plätze, an denen ich mich nicht unnötig lange aufhalte, denn niemand taxiert einen nackt gnadenloser als Frauen, die ebenfalls nackt sind. Jeder Krater in deinem Oberschenkel ist für die anderen ein Grund zum Feiern, von jeder Falte unter deinem sich neigenden Hintern wird sofort den Freundinnen berichtet, und dein etwas ungünstiges Brust-Taille-Po-Verhältnis wird auf Facebook gepostet.

Nein, in Damenumkleideräumen darfst du nicht mit Gnade rechnen.

Ich hatte also wie immer meinen Blick gesenkt gehalten, um mein verunstaltetes Gesicht zu verbergen. Nach dem Schwimmen sehe ich nämlich aus wie eine übermüdete, mit Marilyn Manson verwandte Kröte. Meine Schwimmbrille hinterlässt unschöne Abdrücke, die Badekappe fräst eine Kerbe quer über meine Stirn, und meistens ist auch noch die angeblich wasserfeste Wimperntusche verlaufen.

Ich hatte eindringlich auf meine Füße gestarrt, während sich Claudia neben mir auf eine provozierend effiziente Weise gewaschen hatte, die mich an meine lesbische Sportlehrerin im Gymnasium erinnerte.

Es widerstrebt mir, anderen Menschen bei der Körperhygiene zuschauen zu müssen, obschon die Art, wie eine Frau sich duscht und eincremt, ihren gesamten Charakter offenbart.

Bei Claudia handelte es sich ganz offensichtlich um eine strategisch denkende, wenig emotionale Person, die nur da schrubbt, wo auch Dreck ist, und nur da grüßt, wo es nützlich ist.

Sie rubbelte sich auf eine Weise mit ihrem Peeling-Handschuh ab, die mich mindestens die obersten vier Hautschichten gekostet hätte.

Mich hatte sie selbstverständlich nicht beachtet, sondern hatte ihre Tennispartnerin unter der Nachbardusche lautstark beplaudert, um das Geräusch fließenden Wassers zu übertönen.

«Hast du Lavinia in letzter Zeit gesehen? Findest du nicht auch, dass ihr Gesicht seltsam aufgedunsen ist? Wenn du mich fragst, trinkt die zu viel. Ist auch kein Wunder, ihren Stefan müsste ich mir auch schönsaufen. Angeblich ist der ja so gut wie pleite und kann nicht mal mehr die Clubbeiträge bezahlen. Dauert nicht mehr lange, bis der rausfliegt. Ich wette, Lavinia serviert ihn jetzt ab, so geldgeil, wie die ist. Dabei hat sie doch die Millionen ihres Vaters. Ich glaube übrigens nie im Leben, dass unsere Lavinia erst zweiunddreißig ist. Sag mal, Süße, hast du abgenommen?»

Bei Adam & Eve zeigte sich Claudia selbstverständlich von ihrer laviniafreundlichen Seite. Mich fragte sie, ob ich schmaler geworden sei.

«Jetzt mal ehrlich», wandte sie sich an Lavinia, «was stört dich denn bloß an Stefan? Ich verstehe gar nicht, was man gegen ihn sagen könnte. Er ist gebildet, sieht gut aus und hat Vermögen. Ihr beiden seid doch ein perfektes Match.»

«Dass einen nichts stört, heißt ja nicht automatisch, dass es der Richtige ist, oder?»

«Süße, du bist zu wählerisch. Wenn du nicht aufpasst, bist du schwuppdiwupp im kritischen Alter und stehst ohne Mann und Kinder da. Und Stefan ist doch nun wirklich eine gute Partie.»

«Die brauche ich nicht. Es kribbelt einfach nicht mehr

zwischen uns. Gestern haben wir fast eine komplette Staffel der *Simpsons* geschaut. Wenn ich nicht aufpasse, esse ich irgendwann noch Chips vorm Fernseher.»

«Jetzt mal nicht gleich den Teufel an die Wand.»

Claudia kann bis heute nicht verstehen, warum ihr Mann sie letztes Jahr verlassen hat, obschon sie nach zwanzig Jahren Ehe und drei Kindern dieselbe Konfektionsgröße hat. «Ich passe immer noch in mein Hochzeitskleid», erzählt sie bei jeder Gelegenheit.

Na, herzlichen Glückwunsch, aber verheiratet will trotzdem keiner mit ihr sein. Ich habe schon drei Wochen nach meiner Hochzeit nicht mehr in mein Kleid gepasst. Und jetzt, wo ich es wieder astrein tragen könnte, ist meine Ehe vorbei.

«Und was sagst du, Nicki? Du bist schließlich die Einzige von uns, die glücklich verheiratet ist», fragte mich Lavinia mit einem mitleidigen Seitenblick auf Claudia, den die griesgrämig erwiderte.

«Ich würde wer weiß was drum geben, mit Oliver vor dem Fernseher Chips zu essen. Ihr wisst ja, wie viel er arbeitet. Irgendwann wird halt jede Liebe alltäglich, es sei denn, du trennst dich vorher. Wenn du auf das Kribbeln nicht verzichten willst, musst du dir alle paar Monate einen neuen Kerl suchen. Willst du einen Mann für immer, musst du Kompromisse machen.»

«Wow, wie abgeklärt unsere große Nicki doch ist», sagte Lavinia spöttisch. «Tut mir leid, aber um so resigniert zu sein, bin ich noch zu jung. Da macht sich halt der Altersunterschied zwischen uns bemerkbar. Ich habe das Leben noch vor mir und glaube an Herzklopfen und Leidenschaft.»

Ich unterließ es, sie darauf aufmerksam zu machen, dass man mit angeblich Anfang dreißig durchaus ein Alter erreicht hat, in dem man die Grundtatsachen des Lebens akzeptieren sollte. Ich mag diese Frauen nicht, die sich die Hosen und die Ansichten ihrer Töchter leihen. Frauen, die nicht erwachsen werden wollen und es für ein Zeichen lässiger Jugendlichkeit halten, den Lebens- und Tanzstil von Teenagern zu kopieren, und die glauben, die Zeit sei spurlos an ihnen vorübergegangen, bloß weil sie mal ein Bier aus der Dose trinken oder sich ein Tattoo in den Nacken stechen lassen.

Ich finde es durchaus bedauerlich, dass ich nicht mehr so aussehe wie mit zwanzig, aber nicht mehr so zu denken und zu fühlen wie damals, empfinde ich als wohltuend. Was ist das bloß für ein falscher Ehrgeiz, möglichst lange möglichst jung sein zu wollen? Es ist doch nur der peinliche Beweis dafür, dass du dich trotz deiner Erfahrungen nicht entwickelt hast. Besser das Leben leben, statt dir einzubilden, es läge noch vor dir. Peter Ustinov sagte: «Ab einem bestimmten Alter merkt man, dass das, was man für die Generalprobe gehalten hat, schon die Vorstellung war.» Ich bin in dem bestimmten Alter.

«Du hast recht», sagte Claudia schließlich. Sie schwenkte nun, da ich mit meiner Meinung abgemeldet war, voll auf Lavinias Linie ein. Peinliche Opportunistin, die garantiert mehr Energie in den Erhalt ihrer Bauchmuskulatur als in den ihrer Ehe gesteckt hatte.

«Die Gefühle müssen einfach stimmen. Wenn der Wurm drin ist, kannst du den ganzen Rest auch vergessen.»

Lavinia nickte und tippte eine SMS in ihr Handy, in der sie Stefan die Trennung bekanntgab.

Dann sprachen wir über neue Nagellackfarben.

Zwischendurch dachte ich, dass Oliver und ich eigentlich keinen Grund mehr hatten, uns zu trennen. Wir hatten den Übergang in den Alltag verkraftet, hatten gemeinsam an Gräbern gestanden, Hoffnungen beerdigt, Ziele erreicht und verfehlt und waren mittlerweile so lange zusammen, dass die Dauer der Beziehung eine Qualität an sich darstellte.

Ich liebe Vergangenheit – weil es etwas zu sehen gibt, wenn man gemeinsam zurückschaut.

Eingeschlafen vor dem Fernseher um 22 Uhr 37

«Ich habe noch nie so mies gegessen! Bei dieser fußwarmen Pampe würde jeder Penner unter Protest die Suppenküche verlassen. Ich weiß noch nicht mal, was das da auf meinem Teller überhaupt sein soll.»

«Lachslasagne.»

«Lachslasagne? Eine Fischvergiftung ist das Letzte, was ich gebrauchen kann. Regie, bitte den Teller wegräumen lassen. Mir wird speiübel.»

«Sie brauchen nicht so unfreundlich zu werden.»

«Ich bin nicht unfreundlich, ich bin ehrlich. Beim Vorgespräch hat mir niemand angekündigt, dass ich Erbrochenes essen muss.»

«Das muss ich mir nicht gefallen lassen. Regie, ich bitte um Anweisungen, wie wir weitermachen.»

«Seien Sie froh, dass Sie nur im Fernsehen kochen. Im wahren Leben würde Ihnen das keiner verzeihen.»

«Regie!»

Ich öffne ein Auge. Dann ein zweites.

In meinem Raufasernest ist es ziemlich dunkel, nur der

Fernseher gibt etwas Licht. Bin wohl vor der Kiste eingeschlafen. Aber irgendwas hat mich geweckt. Normalerweise schlafe ich bei Kochsendungen durch.

Mir ist, als hätte ich eine bekannte Stimme gehört. Eine, an die ich angenehme Erinnerungen habe, weil es jemand gut mit mir meinte. Ein schöner Traum.

Auf dem Bildschirm bricht gerade eine Köchin in Tränen aus und schmeißt aufgewühlt ihre Schürze auf den Boden. Schrecklich, dieses Krawallfernsehen. Nicht mal mehr bei Kochshows hat man seine Ruhe.

«Könnte mir wohl jemand ein Glas Wasser bringen? Ich werde den Geschmack dieser angeblichen Lachslasagne von dieser angeblichen Meisterköchin einfach nicht los.»

Dieses hohe Stimmchen.

Jetzt zeigt die Kamera das Gesicht in Großaufnahme.

Das ist mein Kellner! Mein Schutzengel ist im Fernsehen!

Er trägt einen spinatgrünen Krokodillederanzug, seine türkisblauen Augen blitzen böse. Mit dem Dreitagebart in seinem runden Gesicht sieht er aus wie ein aufgebrachtes Monchichi-Bärchen, das von Terence Hill und einer Türkin gezeugt wurde.

Ich schalte ab und nehme mir vor, morgen im Internet nach meinem Engel zu suchen.

Am 5. Januar um 9 Uhr 30, Frühstück mit Topfpflanzen: «Natürlich kann ich nicht alles haben – aber so viel wie irgend möglich.»

Die Topfpflanzen auf der Fensterbank sehen aus, als stünden sie schon seit den fünfziger Jahren dort. Der Frühstücksraum des Motels erinnert mich an das Landschulheim in Emsdetten, dem Ziel meiner ersten Klassenreise.

Auch das Buffet, das im Wesentlichen aus Weißmehlbrötchen, Käsescheibletten und Erdbeermarmelade besteht, versetzt mich zurück in meine Kindheit, und ich denke voller Wehmut an Herbstferien im Hochsauerland und Sommerurlaube in Ungarn und an eine Zeit, als man über Weihnachten noch zu Hause blieb und nicht schräg angeguckt wurde, wenn man in den Osterferien nicht Ski fahren ging.

Es gibt horizontale und vertikale Urlaubertypen. Ich hasse die Berge. Wenn man vor ihnen steht, sind sie einem im Weg, und man denkt, sie fallen gleich auf einen drauf. Und wenn man auf ihnen steht, denkt man, man fällt gleich runter.

Mein schlimmster Urlaub war der in Kitzbühel. Oliver hatte gemeint, die Reise würde mich nach allem, was passiert war, auf andere Gedanken bringen. Dass er drei von vier Tagen damit beschäftigt sein würde, die im Bau befindliche Ferienvilla seines Chefs zu begutachten, hatte er nicht erwähnt.

Ich verbrachte die meiste Zeit im Hotel-Spa und war froh, wenn es endlich dunkel wurde und ich die Berge nicht mehr sehen musste. In diesem furchtbaren Tal wurde alles nur noch schlimmer, die Trauer, die Einsamkeit und die Erkenntnis, was ich alles verloren hatte.

Auf der Rückreise nach Hamburg sprachen wir nicht viel. Heute denke ich, das war der Anfang vom Ende.

In meinem Motel kann ich die dunklen Erinnerungen und die noch dunkleren Befürchtungen meine Zukunft betreffend ganz gut aushalten. Die Topfpflanzen und Stehlampen sind mein Schutzwall, freundliche Leibwächter, die darauf achtgeben, dass immer nur so viel von draußen zu mir vordringt, wie ich ertragen kann. Sie sind die Türsteher meiner Seele und schicken alle weg, die Böses im Schilde führen.

Selbst der Hagebuttentee hat ein Auge auf mich. Er schmeckt wie am Abendbrottisch meiner Eltern.

Ich beiße in mein Marmeladenbrötchen. Was für ein herrliches Erlebnis nach zwei Jahren Obstsalat und eingeweichtem Leinsamen – und lese noch einmal auf meinem iPad belustigt die Online-Meldung der «Bild»-Zeitung:

ICH HABE NOCH NIE SO MIES GEGESSEN!

SKANDAL BEI *ICH KOCHE FÜR DICH*: ERDAL KÜPPERS BELEIDIGT FERNSEHKÖCHIN CORNELIA BOSCH

Der Hamburger Eventkönig Erdal Küppers, 47, sorgte gestern für einen schlimmen Eklat. Was Starköchin Cornelia Bosch für ihn am Herd gezaubert hatte, kommentierte der Catering-Mogul mit einer klatschenden Ohrfeige: «Bei dieser fußwarmen Pampe würde jeder Penner unter Protest die Suppenküche verlassen.» Von Bild.de um eine Stellungnahme gebeten, erneuerte Küppers seine Schelte: «Das war keine Lachslasagne, das war ein Anschlag auf mein Leben. Ich erwäge juristische Schritte.»

Mein Handy klingelt. Es ist Tom.

Wir haben seit der verhängnisvollen Silvesternacht nicht mehr miteinander gesprochen. Ich hatte ihm aus dem Taxi eine kurze SMS geschickt, dass er sich keine Sorgen machen solle, ich würde ihm alles in Ruhe erklären. Am nächsten Morgen ist er mit seiner Frau und den beiden Kindern für ein paar Tage zu seinen Schwiegereltern gefahren. Und da galt selbstverständlich das ungeschriebene Affärengesetz: An Wochenenden und in den Ferien hat die Sünde Pause. Kontaktsperre.

Man will ja nicht durch eine plötzlich aufpoppende SMS eindeutigen Inhalts auffliegen. Außerdem geht es darum, den Schein zu wahren, man würde «anständig» betrügen, bestimmte Tabus nicht brechen und den Ehepartner nicht mehr als unbedingt nötig demütigen. Dazu gehören beispielsweise auch die folgenden, absolut zu vermeidenden Situationen: Sex im Ehebett, Bademantel des Ehemannes dem Geliebten für den Weg zum Klo geben oder, wirklich ein totales No-Go, mit dem Ehepartner telefonieren, während der Geliebte auf oder neben einem liegt.

«Hallo Tom.»

«Nicki, ist alles okay mit dir?»

Mir schlägt das Herz bis zum Hals.

Wie soll ich es ihm sagen, ohne ihn zu verlieren? Es ist, als würde ich mir den Strick, an dem ich gleich baumeln werde, selber um den Hals legen.

Ich denke an die gewagten Worte, die ich im Souterrain der Villa Stern zu Tom gesagt habe. «Ich liebe dich.»

Stimmt das?

Es hatte mich verblüfft, wie Tom wieder Begeisterung in mein Leben brachte. Wenn du verliebt bist oder auch nur glaubst, es zu sein, weil du gerade nichts bitterer nötig hast, verschieben sich sämtliche Koordinaten in deinem System, und du bleibst auf einmal stehen, um Pusteblumen zu pflücken oder gewöhnliche Wolkenformationen für ein einzigartiges Naturschauspiel zu halten.

Mein Körper schaltete zwei Gänge hoch, der Grundumsatz im Ruhezustand stieg rapide an, und von einem Tag auf den anderen wurde ich zu einer Frau, die sich zwingen muss, überhaupt etwas zu essen.

Ich hatte schon lange nicht mehr eine so intensive Beziehung zu meinem Handy gehabt. Selbst, wenn ich es keine einzige Sekunde aus den Augen gelassen hatte, schaute ich sicherheitshalber alle paar Minuten nach, ob ich womöglich durch geheimnisvolle tektonische Verschiebungen keinen Empfang mehr hatte.

Früher waren es die gefalteten Zettelchen, die man sich im Unterricht zusteckte. Später die Nachrichten auf dem Anrufbeantworter. Jetzt sind es SMS und Mails.

Aber was bleibt, ist das kurze Stolpern des Herzens, wenn die ersehnte Nachricht eintrifft. Dieses Hochgefühl in der Brust, einem stummen Jauchzen gleich. Egal, ob du vierzehn bist oder vierundvierzig, da tut sich nicht mehr viel.

Seit wir uns vor zwei Monaten auf dem Isemarkt über den Weg gelaufen sind, haben Tom und ich uns erst fünfmal getroffen, immer donnerstags, immer tagsüber. Mit herrlichem Herzklopfen und kaum spürbarem schlechtem Gewissen hatte ich Oliver jedes Mal ein abgebrühtes «Tschüs, bis später!» zugerufen.

Offiziell ging ich zum Zumba- oder Yogalates-Intensiv-

kurs ins Fitnessstudio mit anschließendem Get-together – falls Oliver verwundert sein sollte, dass ich beim Nachhausekommen nach Alkohol roch.

Inoffiziell trug ich unter meinen Sportklamotten hochwertige Reizwäsche in angesagten Modefarben wie *Stone Grey* oder *Cappuccino*.

Ich hatte in den letzten Wochen ein beachtliches Vermögen in Unterwäsche investiert, die mir Tom bedauerlicherweise in seiner eher unverblümten Herangehensart jedes Mal unbesehen ausgezogen hatte.

Ich könnte auch einen von Birgits alten Still-BHs und eine *Spider-Man*-Unterhose von ihrem Sohn tragen, Tom würde es nicht merken. Und wenn, würde es ihn vermutlich nicht stören.

Selbstverständlich hatte ich mich auch ihm zuliebe in Sachen Schamhaarfrisuren auf den neuesten Stand gebracht, mir einen Nassrasierer mit Trimmfunktion sowie einige tief ausgeschnittene Oberteile zugelegt. Ich trug bei unseren Begegnungen ausgeklügelte, nach speziellen Gesichtspunkten ausgewählte Kleidung, die ich mir in der Umkleidekabine des Fitnessstudios auf dem Weg zu Tom anzog.

Sexy, aber nicht billig. Du musst angezogen aussehen, aber es muss alles leicht auszuziehen sein.

Es ist der Leidenschaft nicht dienlich, wenn du in deinem hautengen Etuikleid, das du dir mal eben elegant über den Kopf ziehen wolltest, böse schimpfend stecken bleibst oder mit deiner Skinny Jeans lang hinschlägst, weil sie nicht widerstandslos über deine gedrungenen Waden drüberpasst.

Nein, Sackgassen-Outfits sind bei erotischen Verabredungen nicht das Mittel der Wahl, und selbstverständlich kommen auch form- und haltgebende Wäschestücke wie

Stützstrumpfhosen mit Po-Push-up-Effekt und hautfarbene Bauch-weg-Miederhöschen nicht in Frage. Riemchensandaletten, Schnürschuhe, Leggings, geknotete Wickelblusen und Gürtel mit nicht handelsüblichen Schnallen sind ebenfalls nicht zu unterschätzende Fallen beim reibungslosen Geschlechtsverkehr.

Als besonders geeignet haben sich bei meinen Recherchen durchgeknöpfte Kleider erwiesen oder solche, die einen langen Reißverschluss am Rücken haben. Alles, was dir mit einem Handgriff locker über die Schultern bis zum Boden gleitet, ist sowieso unschlagbar.

Wenn ich im Auto saß, genoss ich jede rote Ampel und jeden Stau und hing meinen unsittlichen Gedanken nach. Meine westfälischen Hüften begannen, copacabanamäßig zu schaukeln. Ich lächelte grundlos in der Gegend herum, und mit einem Mal warfen mir Männer, die mich sonst völlig übersehen hätten, begehrliche Blicke zu.

Es ist ja ungerecht, je bedürftiger du bist, desto unsichtbarer wirst du. Kein Schwein dreht sich nach dir um, wenn du es wirklich gut gebrauchen könntest. Es ist wie bei Hunden und technischem Gerät: Die können deine Schwäche riechen und verweigern dir prompt den Gehorsam.

Sobald aber das Hormonkarussell sich in deinem Inneren zu drehen beginnt, nehmen die Herren Witterung auf und überschütten dich mit Komplimenten und Angeboten ein- bis zweideutiger Natur.

Sexy bist du nur, wenn du Sex hast. Begehrenswert wirst du, wenn du begehrt wirst. Und toll wirst du nur gefunden, wenn du dich selber toll findest.

So ist das leider.

Gäbe es die Hormone, die ein guter Liebhaber in Frauen-

blut freisetzt, als Spritze, dann würden wir alle viel mehr Pusteblumen pflücken und Sex haben, statt zum Complete-Body-Workout zu rennen.

Die Ruchlosigkeit und Professionalität, mit der ich meinen Betrug ausführte, erstaunte mich selbst. Man ahnt ja manchmal gar nicht, was für unentdeckte Talente in einem schlummern.

Meine Freundin Birgit beschwor mich regelmäßig, ja nicht leichtsinnig zu werden. Sie selbst betrügt ihren Mann selten, aber dafür sehr überzeugt und hochgradig professionell. So ist sie bei allem, was sie tut. Die Geburten ihrer drei Kinder hat sie so getimt, dass alle im Sommer Geburtstag haben, weil sie nichts mehr hasst als Indoor-Spielplätze oder die Vorstellung, dass an einem verregneten Novembertag dreizehn schokoladenverschmierte Radaubrüder in ihrem Wohnzimmer Topfschlagen spielen.

Derzeit schläft sie, wann immer sie es als dreifache Mutter und Halbtagsanwältin in einer Kanzlei einschieben kann, mit ihrem Steuerberater.

Eine Zeitlang hatte ich mich noch ab und zu über Birgit entrüstet, und einmal war ich ihr mit Kalendersprüchen gekommen wie: Man kann nicht alles haben. Oder: Wenn es dem Esel zu wohl ist, geht er aufs Eis tanzen.

Birgit hatte mit den Schultern gezuckt. «Natürlich kann ich nicht alles haben – aber so viel wie irgend möglich.»

Ich dachte an den immer seltener und immer liebloser werdenden Sex mit meinem Mann und wurde sauer, erst auf Birgit, die sich einfach das Recht herausnahm, Abenteuer zu erleben, und dann auf mich, weil ich mich gefangen fühlte in meiner Luxuspuppenstube, in der Oliver und ich uns einmal die Treue geschworen hatten.

Biestig und mit jener milden Aggression, mit der man üblicherweise auf Schwererziehbare einredet, hatte ich erwidert: «In Zeiten des Werteverfalles ist Treue als selbstgewählte Pflicht wichtiger denn je. Untreue würde ich nie verzeihen. Wenn Oliver mich betrügt, verlasse ich ihn.»

Und dann hatte ich mir in meiner Komfortzone der moralisch Einwandfreien eingeredet, letztlich sei in meiner Ehe doch alles in Ordnung.

«Und das soll dann Liebe sein?», hatte Birgit leicht säuerlich gefragt. In meiner Komfortzone war es schlagartig sehr ungemütlich geworden. «Ob mein Mann fremdgeht? Vielleicht. Ob ich ihm verzeihen würde? Hoffentlich. Vergebung ist auch ein Wert, Nicola. Schon vergessen? Ich finde die Forderung, unbedingt treu zu sein, anmaßend und kleinlich. Für wie großartig soll ich mich denn halten, dass man mich nicht betrügen darf? Ich werfe lieber ein falsches Ideal über Bord als meinen Mann. Den will ich nämlich unbedingt behalten. Dein moralisches Getue und deine Großmutterweisheiten gehen mir auf den Senkel. Warum soll man Liebe und Treue unbarmherzig aneinanderketten wie zwei Kriminelle bei einem Gefangenentransport? Treueschwüre sind was für die Jugend. Ehen können auch an Treue zerbrechen. Untreue ist nur dann ein guter Grund, jemanden zu verlassen, wenn man ihn ohnehin nicht mehr liebt, egal, ob man der Betrüger ist oder der Betrogene.»

«Ich sehe das halt anders als du», hatte ich pampig geantwortet.

Und änderte meine Einstellung zur Treue Sekunden nach dem ersten Kuss von Tom.

Es ist erstaunlich, wie wenig ich an meinen Standpunkten hänge. Mache ich gerade Diät, halte ich Schlanksein für ein

Zeichen von Gesundheit, erfreulicher Disziplin und positiver Lebenseinstellung. Stehe ich aber gerade zum dritten Mal am Nachspeisenbuffet vor der Schokofontäne, der Zabaione mit Amarettokirschen oder den heißen Himbeeren mit Mascarponecreme, zitiere ich Studien, laut denen leicht übergewichtige Menschen länger leben als Menschen mit Idealgewicht.

Fahre ich Fahrrad, schimpfe ich sehr überzeugend auf die rücksichtslosen Autofahrer, die mein Leben bedrohen. Sitze ich eine Stunde später in meinem Auto, rege ich mich über Fahrradfahrer auf, die sich und andere gefährden, indem sie mit ihrem überladenen Hollanddrahtesel gemächlich in der Mitte der Straße zuckeln, während sich hinter ihnen ein Stau aus potenziellen Amokläufern bildet.

Und seit ich wieder rauche, habe ich auch zügig meine ablehnende Haltung gegenüber Sucht und Nikotin überarbeitet.

Wie schön, wenn man sich auch mal gehenlassen kann! Leute mit Lastern sind doch so viel menschlicher! Und wie herrlich ist es, im kalten Nieselregen vor dem Restaurant zu stehen und zu behaupten, die, die drinnen sitzen, seien so ungesellig.

Treue, so meine aktuelle Überzeugung, ist unmodern und eine ernsthafte Gefahr für Beziehungen im einundzwanzigsten Jahrhundert.

Birgit war so freundlich gewesen, mich in die Praxis des gelebten Seitensprunges einzuweihen und mich frühzeitig auf Anfängerfehler und gefährliche Nachlässigkeiten hinzuweisen.

Nichts aufbewahren, so lautet leider ein wesentlicher Grundsatz. Ich las Toms SMS geschätzte vierzigmal – die

Zahl ist deutlich nach unten abgerundet –, bevor ich sie schweren Herzens löschte.

Seine Nummer speicherte ich in meinem Handy nicht unter Tom oder Thomas Weber ab, sondern unter Adam & Eve.

Um unsere heimlichen Treffen in meinem Kalender verewigen zu können, gab ich Tom einen Decknamen. *Zumba Intense* stand da ganz unverbindlich und schnüffelsicher.

Wobei ich absolut nicht damit rechnete, dass Oliver mir hinterherspionierte. Zur Schnüffelei gehört schließlich ein Mindestmaß von Anteilnahme und Neugier an dem, was der andere tut.

Oliver ist noch nie eifersüchtig gewesen. Früher aus Vertrauen zu mir, heute aus Desinteresse an mir.

Trotzdem hatte ich unglaubliche Angst aufzufliegen. Weniger aus Sorge um meine Ehe als aus Sorge um meine Affäre: Was würde aus Tom und mir werden, sollte die Wahrheit ans Licht kommen?

Ohne Ehe keine Affäre. Also ging ich kein Risiko ein.

Da ich für Oliver eine Frau war, die vor Jahren mit dem Rauchen aufgehört hatte, nahm ich Bonbons und Parfüm mit, wenn ich Tom traf. Der Geruch nach Zigaretten sollte mich nicht verraten.

Mein Handy bekam einen Code, mein Computer ein Kennwort, ich traf Tom nur in seiner Firmenwohnung, ließ mein Auto immer vor dem Fitnessstudio stehen und fuhr mit dem Taxi in die HafenCity, selbstverständlich ohne mir eine Quittung geben zu lassen.

Ich bat Tom, kein Rasierwasser zu benutzen – was sich als unnötig herausstellte, denn er benutzte sowieso keines und ist auch nicht der Typ, der einem anderen zuliebe damit anfangen würde.

Eigentlich tut Tom überhaupt nichts mir zuliebe. Das ärgert und fasziniert mich und bringt mich in genau die perfide Form von Abhängigkeit, wie man sie Menschen gegenüber entwickelt, die unabhängig sind.

Tom bleibt einfach so, wie er ist, und tut immer das, wonach ihm ist. Wonach ihm nicht ist, tut er nicht. Ein mir völlig wesensfremdes Verhalten.

Mal schreibt er mir drei lange Mails am Tag, mal vergehen vier Tage, bis eine dürre Vier-Wort-SMS von ihm kommt.

Tom, das muss man so offen aussprechen, ist kein Mann, der sich besonders viel Mühe gibt, mir zu gefallen. Seinen im Grunde nachvollziehbaren Standpunkt hatte er mir gleich bei unserem zweiten Treffen erklärt: «Wenn ich dir nicht so gefalle, wie ich bin, kann ich es nicht ändern. Ich verstelle mich nicht und kann nur hoffen, dass du gut findest, was du siehst.»

Und dann hatte er gefragt: «Gibst du dir denn Mühe bei mir?»

Tja, was sollte ich darauf antworten? Die Wahrheit kam selbstverständlich nicht in Frage, denn Mühe ist ja überhaupt kein Ausdruck!

SMS an Tom spreche ich mit Birgit durch und warte mit dem Verschicken auf ihre finale Freigabe. Ich versuche, einen lässigen, unkomplizierten Ton anzuschlagen, auch wenn ich gerade mal wieder eine Nacht lang heimlich in meine Kissen gejammert habe, weil ich den ganzen Tag vergebens auf eine Antwort-SMS gewartet habe.

Während er sich nichts denkt, bricht bei mir eine Welt zusammen. Die Panik, ihn zu verlieren, steckt mir dann tief im Hals wie etwas Unverdauliches, was ich verschluckt habe.

Meine Stimmung ist abhängig von seiner letzten Nachricht. Manchmal stehe ich nachts mehrmals auf und checke im Bad, ob er mir eine Mail oder SMS geschickt hat. *«e-mails empfangen ...»* steht dann auf meinem Display, und ich warte bang den Ladevorgang ab, der allzu oft ohne neue Mail endet oder mit einer Benachrichtigung von stylebop.com, dass meine bestellte Lieferung – meist ein Kleidungsstück, mit dem ich hoffe, Tom zu gefallen – auf dem Weg ist, oder mit einer besorgten Mail von Birgit, die mittlerweile in die Betreff-Zeile immer schreibt *sorry, ich bin's nur ...*

Und dann betätige ich die Klospülung, schleiche zurück in mein Ehebett, und das Unverdauliche in meinem Hals ist noch größer geworden.

Während ich schlaflos neben meinem provozierend ruhig atmenden Mann liege, halte ich innere Ansprachen an meinen Geliebten, sage ihm die Meinung, schreie ihn an, bin wütend und wild, eine Diva mit funkelnden Augen, erotisch und gefährlich. Ich mache ihm unmissverständlich klar, dass ich keine Frau bin, die auf Nachrichten wartet oder die man auf Nachrichten warten lässt.

Leider bin ich genau so eine Frau.

Wieso passiert mir das eigentlich immer wieder?

Wer oder was manövriert mich so oft in Situationen, in denen ich mich unterlegen fühle und abhängig von der Gunst und den Launen eines anderen?

Wann genau habe ich die Kontrolle verloren?

Und wie kann ich sie zurückgewinnen?

Warum bin immer ich die Schwierige, die, die alles verkompliziert beziehungsweise verkomplizieren würde, wenn ich einmal auch nur ansatzweise sagen würde, was ich wirklich denke, wie mir wirklich zumute ist, was mir fehlt und worunter ich leide?

Ich habe die Wahl, die lässige, anspruchslose Geliebte zu spielen und mich dabei ständig selbst zu verleugnen, oder ich stehe als kleinliche Meckerziege da, die nicht mal fünfe gerade sein lassen kann und ihren Liebhaber durch überhöhte Erwartungen und unentspannte Forderungen vergrault.

Das ist schrecklich und quälend, aber ich nehme es gerne in Kauf für die guten Momente, diese unfassbar guten Momente.

Wenn die ersehnte Nachricht kommt.

Wenn ich mit Puls zweihundertzwanzig die Treppen zu seiner Firmenwohnung hochsteige, nicht vor Anstrengung, sondern vor Aufregung.

Wenn ich auf dem ziemlich schmalen Bett die Zigarette danach rauche und hoffe, dass es gleichzeitig die Zigarette davor ist.

Wenn wir nackt die bestellte Pizza essen und dabei laut *Someone Somewhere (In Summertime)* hören und an das Konzert der Simple Minds denken, bei dem wir vor mehr als zwei Jahrzehnten zusammen waren.

Wenn ich meine Zigarette wie in schlechten Filmen in den Pizzaresten ausdrücke, weil Tom keinen Aschenbecher hat.

Wenn ich ein paar Stunden später wieder in meinem Auto sitze und eine SMS von ihm bekomme:

«Vermisse dich jetzt schon!»

Dann frage ich mich, ob ich schon jemals so glücklich gewesen bin.

Ob ich mir Mühe gebe?

Ja, ich gebe mir Mühe. Und wie.

Besonders darin, ihn nicht spüren zu lassen, was er mir bedeutet.

Tom und ich wollten unser Privatleben aus unserer Affäre raushalten. Aber jetzt habe ich kein Privatleben mehr. Und ich weiß, was das bedeutet. Wenn Affären kompliziert werden, erfüllen sie ihren Zweck nicht mehr. Dann entweicht die Leichtigkeit wie Luft aus einem kaputten Rettungsring.

Die Angst springt mich an und legt sich mir schwer auf die Brust. Nicht auch noch Tom verlieren! Meinen Ego-Renovierer, meinen Medizinmann. Die letzten Monate mit meinem Mann habe ich nur wegen Tom ertragen. Wie soll ich die nächsten Monate ohne meinen Mann und ohne Tom ertragen?

Ob ich meinen Liebhaber liebe? Ich weiß es nicht. Aber ich würde es mir so gerne weiterhin einreden.

Ich schließe die Augen. Die heimliche Auszeit ist zu Ende. Die Koordinaten haben sich verschoben. Die Unverbindlichkeit ist vorbei.

Die Nähe funktionierte nur ohne Ansprüche, ohne Bedrohung durch die Realität. Aber jetzt bin ich zu einer Bedrohung geworden.

Zu einer Frau, die mehr will, weil sie nichts mehr hat.

Das Gleichgewicht stimmt nicht mehr.

Ich höre mein Rückgrat schon brechen.

Es ist aus.

Ein eigenartiges Geständnis um 11 Uhr vormittags

«Du hast was?»

Birgit klingt ungewöhnlich überrascht.

«Ich habe es Tom nicht gesagt.»

«Moment mal, du hast deinem Liebhaber nicht gesagt, dass eure Affäre aufgeflogen ist und dein Mann dich verlassen hat?»

«Korrekt.»

«Darf ich fragen, warum du das verschwiegen hast?»

«Ich kam mir auf einmal vor wie bei der Reise nach Jerusalem. Alle sitzen, nur ich stehe ohne Stuhl da. Mein Mann verlässt mich, und mein Geliebter bleibt bei seiner Frau, als sei nichts gewesen. Ich bin die Verliererin. Bei uns im Tennisclub wimmelt es von abservierten Frauen, denen die Bitterkeit ins Gesicht geschrieben steht. Am schlimmsten hat es Mareile getroffen. Als sie sich von ihrem Mann trennte, fiel ihrem Liebhaber ein, dass er unter keinen Umständen eine feste Beziehung möchte. Mareiles Mann heiratete unverzüglich ihre beste Freundin, mit der er zügig das Kind zeugte, das Mareile nicht mehr bekommen konnte. Ihr Liebhaber ist mittlerweile auch verheiratet. So will ich nicht enden, das verstehst du doch, oder?»

«Und was willst du stattdessen? Tom eine heile Ehe vorgaukeln, um eure Affäre am Leben zu erhalten?»

«Warum nicht? Er gibt mir die Kraft und den Lebensmut, den ich gerade jetzt dringend brauche.»

«Und wenn deine Nummer auffliegt?»

«Du meinst, wenn mein Liebhaber herausfindet, dass ich keinen Mann mehr habe, den ich mit ihm betrüge? Was genau könnte er mir vorwerfen? Kann man einen Betrüger überhaupt betrügen?»

«Diese hochinteressante Frage lass uns ein anderes Mal klären. Wichtig ist jetzt, dass du auf eigenen Füßen stehst. Mit deinen neuntausend Euro kommst du nicht weit. Du musst schnell eine Lösung finden. Und ich muss jetzt auflegen. Meine Tochter kotzt gerade ihrem Bruder ins Essen.»

Kein Neuanfang um 12 Uhr 30

Ich habe mir Folgendes überlegt. Ich kehre an den Ort zurück, an dem die gute alte Zeit begann. Ich kann mich nicht neu erfinden, aber vielleicht kann ich mich erinnern, wie ich war, bevor ich mir nicht mehr gefiel.

An Neuanfänge glaube ich nicht mehr. Lasst es uns doch mal so sagen, wie es ist: *Neustart* ist ein Euphemismus für *Ich bin auf die Fresse geflogen.* Wer sich immer wieder neu erfinden muss, hat offenbar gleich zu Beginn nicht richtig nachgedacht.

Es klingt gut, wenn einer raumgreifend sagt: «Ich fange noch mal ganz von vorne an!» Es folgt dann meist ein bewusstes, zeitlupenhaftes Zurücklehnen in Erwartung aufbrausenden Beifalls. Früher – und dieses Früher ist nicht so lange her, wie ich gerne hätte – war ich das allerbeste Publikum für diesen Satz. Ich zollte ihm freigiebig Bewunderung und gab unumwunden zu, dass ich selbst noch nie wieder ganz von vorne angefangen habe.

Ich habe immer einfach weitergemacht. Schaumwein spendiert und angestoßen auf die Neuanfänge anderer Leute, während ich mich still dafür schämte, dass ich seit bald einem Jahrzehnt weder den Mann noch die Sportschuhmarke gewechselt habe.

Ich fange von vorne an klingt unheimlich modern, nach

Optimismus, Energie, Zukunft – heißt jedoch nichts anderes, als dass in der Vergangenheit irgendwas so richtig scheiße gelaufen ist.

Ich höre sie schon schimpfen, die Schreiber und Leser sonnengelber Lebenshilfebücher, und mir ihren Schlachtruf entgegenschleudern:

Es muss das Herz bei jedem Lebensrufe
Bereit zum Abschied sein und Neubeginne,
Um sich in Tapferkeit und ohne Trauern
In andre, neue Bindungen zu geben.
Und jedem Anfang wohnt ein Zauber inne,
Der uns beschützt und der uns hilft, zu leben.

Hermann Hesses Gedicht *Stufen* ist das Trost-Mantra der Unglücklichen, der Gekündigten, der Sterbenden, der Zurückbleibenden.

Es hängt am Kühlschrank meiner Cousine Maren, deren Mann sich das Leben nahm.

Er wollte nicht neu anfangen.

Sie musste.

Jedem Neuanfang geht ein Abschied voraus, verdammt noch mal! Und der ist manchmal schmerzhaft und unfassbar endgültig und manchmal auch einfach nicht zu ertragen. Und der Weg bis zu dem Satz *Im Nachhinein ist es doch für irgendwas gut gewesen* ist manchmal sehr weit. Und manchmal zu weit.

Ich fange noch mal ganz von vorne an! Was bilden sich diese Leute eigentlich ein? Als gäbe es ein *Zurück auf Los.*

Niemand kann so tun, als hätte es ihn bisher noch nicht gegeben. Du kannst in den Pyrenäen fastenwandern oder einen Ponyhof in Patagonien eröffnen: Dein Ego folgt dir wie ein allzu treuer Hund. Von sich selbst kann sich keiner trennen. Selbst deine Fettzellen vergessen nie, wie fett sie einmal waren, und werden ihr und dein Leben lang versuchen, wieder den Maximalwert zu erreichen, egal in welchem Winkel Indiens du mal wieder entgiftest.

Und wenn du leicht einzuschüchtern bist und alles persönlich nimmst und schon heulen musst, wenn dir eine Jüngere den Parkplatz wegnimmt – so wie mir neulich, ich bin immer noch dabei, diese rüde Verletzung aufzuarbeiten –, dann wird aus dir auch im Selbstoptimierungscamp auf Ibiza keine Person mit rauer Schale und hartem Kern.

Krisen, sei es der Verlust des Arbeits- oder des Parkplatzes, führen zu kleinen oder großen Veränderungen, aber sie machen aus dir keinen neuen Menschen.

Ich bin nach Katastrophen nie strahlend wie Phönix aus der Asche gestiegen. Ich bin zwar aus der Asche gestiegen, aber wer zum Vorschein kam, war immer wieder ich, bloß eben mit Asche drauf und mit deutlich weniger Federn.

Vor dreißig Jahren habe ich neben einen Satz im Tagebuch von Max Frisch ein rosafarbenes Fragezeichen gemalt: «Wir sind das Damals, auch wenn wir es verwerfen, nicht minder als das Heute. Die Zeit verwandelt uns nicht. Sie entfaltet uns nur.»

Als ordentlicher Teenager muss man fest daran glauben, dass man irgendwann ein ganz anderer Mensch sein wird. Dass man ein paar Würfe frei hat und alles, was vergangen ist, nicht zählt.

Was würde ich heute neben den Satz malen?

Ein Ausrufezeichen.

Aber rosa wäre es nicht.

Wir sind das Damals nicht minder als das Heute.

Der Gedanke, dass alles, was du verloren glaubst, Teil deiner Gegenwart und Zukunft bleibt, tut mir wohl.

Die Eltern, die starben.

Das Kind, das du nicht zur Welt brachtest.

Der Mann, dem die Liebe ausging.

Heute Nacht wachte ich um vier auf und traute mich erst nicht, nach der Zeit zu schauen, weil ich befürchtete, dass es vier sein könnte, diese düstere, tote Stunde, die dem Wort *Morgengrauen* eine doppelte Bedeutung gibt.

Alle, die spät ins Bett gehen, schlafen schon, und alle, die früh aufstehen müssen, schlafen noch. Nirgends brennt Licht. Es gibt keinen Trost. Einsamer als um vier Uhr morgens kann man nicht sein.

Ich starrte in die Dunkelheit und spürte, wie ein altbekanntes, immer wiederkehrendes Grauen in mir hochstieg: Ich stelle mir die letzten Sekunden meines Vaters vor, und sie werden zu meinem eigenen Ende.

Ich versinke in Einsamkeit wie in eiskaltem Wasser. Meine Beine kann ich schon nicht mehr spüren, und in meiner Vorstellung höre ich auf zu atmen, sobald das Wasser mein Herz erreicht hat.

Wie lange kann man das überleben? Ein paar Minuten? Wann hat das Herz meines Vaters aufgehört zu schlagen?

Und dann, Sekunden bevor ich ertrinke, erinnere ich mich an das Lieblingsgedicht meiner Mutter:

Sprich aus der Ferne
Heimliche Welt,
Die sich so gerne
Zu mir gesellt.

Alles ist freundlich wohlwollend verbunden,
Bietet sich tröstend und traurend die Hand,
Sind durch die Nächte die Lichter gewunden,
Alles ist ewig im Innern verwandt.

Und das ist meine Rettung. Alles ist ewig verbunden. Nichts geht verloren.

Auch ich nicht.

Du kannst dich ja nicht für immer zwischen den Topfpflanzen verkriechen, es muss weitergehen. Das habe ich mir heute Morgen in einem Anfall von Lebensmut eingetrichtert.

Doch schon im Bus bröselt meine Entschlossenheit wie alter Sandkuchen. Alle Menschen wirken so penetrant zufrieden. Das war doch früher nicht so.

Je schlechter es einem selber geht, desto besser scheinen alle anderen zurechtzukommen. Wieder so eine Ungerechtigkeit des Schicksals, ähnlich der Tatsache, dass der Hunger auf in Fett Gebackenes und Paniertes immer in der Sekunde übermächtig wird, in der man beschließt, sich von nun an nur noch gesund zu ernähren.

Meine Obsttage enden mittlerweile fast zwangsläufig mit einem oder mehreren Wiener Schnitzeln. Und an meinen Tiefpunkten begegnen mir zuverlässig Dauergrinser und Wohlfühlpropheten. Darf man eigentlich noch ungestraft schlechte Laune haben?

Diese unerschütterlich Gutgelaunten gehen mir so was von auf den Keks! Die jeden Tag mit offenen Armen willkommen heißen, unausgesetzt glückbringende Schwingungen aussenden und jedes Problem gnadenlos niederlächeln.

«Denk positiv!», rufen sie mir voll penetranter Munterkeit zu. «Nutze die Macht der guten Gefühle. Hab keine Angst. Auch du kannst gesund, fröhlich und reich sein. Glück ist machbar. Du musst nur fest daran glauben.»

Und dann empfehlen sie mir irgendein Buch mit Gute-Laune-Cover, das mir dabei helfen soll, meine Ängste auszumerzen, meinen Kummer, meine Wut und was sich sonst noch alles an negativen Gefühlen in mir tummelt.

Denn wenn man nicht glücklich ist, ist man nicht nur unglücklich, sondern auch noch selbst schuld daran. Mal wieder nicht positiv genug gedacht, was? Heute etwa vergessen, den Tag zu pflücken? Falsch gefühlt? Zu wenig gelächelt?

In diesem Bus sitzen nur fleischgewordene Smileys. Alle sehen aus, als seien sie auf dem Weg in ein trautes Heim, mit Leberwurstbrot und *Tagesschau* und einem frischgebadeten Kind im Frotteeschlafanzug, das nur noch ein bisschen länger aufbleiben möchte.

Alle fahren nach Hause.

Bloß ich fahre zu IKEA.

Hier haben Oliver und ich unsere ersten gemeinsamen Möbel für unsere erste gemeinsame Wohnung gekauft, das Bett *Hemnes*, das Sofa *Ektorp*, das Sideboard *Liatorp* und den Ausziehtisch *Ingatorp*. Unnötig zu erwähnen, dass keines dieser Möbel Einzug in unser Penthouse gefunden hat. Der Sohn unserer Putzfrau hat die komplette Einrichtung unserer Wohnung kostenfrei übernommen.

Bei IKEA schlendere ich durch die halboffenen Beispielzimmer, in denen Küchen, Wohnstuben und Kinderzimmer simuliert werden.

Kleine, heile Welten.

Ein Wohnzimmer gefällt mir besonders gut. Es sieht aus, als würde eine fröhliche Studentin der Grundschulpädagogik darin leben, die abends dicke Wollsocken trägt, mindestens eine Stunde lang mit ihrer besten Freundin telefoniert und dabei Eiscreme aus dem Becher löffelt.

Ich setze mich auf das geblümte Sofa, schließe die Augen und will gerade darüber nachdenken, was nun aus mir werden könnte, jetzt, wo ich nichts mehr bin, als sich jemand schnaufend neben mich plumpsen lässt.

Ich rücke befremdet zur Seite, ohne den Störenfried eines Blickes zu würdigen. Schlimm, wie wenig Gefühl manche Leute haben für Takt und angemessene Distanz.

Der Geruch von Rasierwasser kriecht zu mir herüber und mit ihm die blitzlichtartige Erinnerung an meinen Vater.

Tabac Original.

Ich hätte nicht gedacht, dass das heute noch jemand benutzt.

Ich habe es nie an jemand anderem gerochen als an meinem Vater.

Wenn ich mich beim Einkaufen unbeobachtet glaubte, habe ich ab und zu eine Flasche aufgeschraubt und geschnuppert, nur kurz und vorsichtig. Ich habe mir nie mehr als ein, zwei Atemzüge gegönnt aus Angst, dass die Erinnerung verblassen könnte, wenn ich sie allzu oft und allzu leichtfertig heraufbeschwören würde.

Mit Tom habe ich häufig über meinen Vater gesprochen. Die beiden hatten sich gemocht und viele Abende Pils trinkend an unserem Resopal-Küchentisch miteinander geredet.

Mein Vater war Lehrer für Deutsch, Geschichte und

Pädagogik am Gymnasium in Coesfeld, und die Neugier auf das Heranwachsen von Menschen hat ihn auch nach seiner Pensionierung nie verlassen.

Für die Freunde, die ich mit nach Hause brachte, war er der interessierte Zuhörer und anteilnehmende Ratgeber, den sie sich immer als Vater gewünscht hatten. Es gab stets Bier und Wein, sehr trockenes Käsegebäck und Zigaretten der Marke *Ernte 23*. Die rauchte meine Mutter.

Mein Vater war freundlich und offen und fällte keine vorschnellen Urteile über andere Menschen und ihre Lebensführung. Er selbst, da bin ich sicher, hat am wenigsten mit seinem Tod gerechnet. Er war noch lange nicht so weit. Wahrscheinlich wäre er es nie gewesen.

Ein Mensch, der nachts aufsteht, um Nutella aus dem Glas zu essen, ist keiner, der irgendwann genug hat vom Leben.

«Die Quelle für deine Kraft ist dein Vater», hatte Tom gesagt. «Er hat dich so geliebt, wie du bist, und das ist bei Vätern eher die Ausnahme. Darum habe ich dich immer beneidet. Mein Vater nimmt mir bis heute übel, dass ich nicht so geworden bin, wie er sich das vorgestellt hat. Weißt du noch, wie ich von zu Hause ausgerissen bin, weil er mir mit Internat gedroht hatte? Du hast mich vier Tage lang heimlich in eurem Gartenhäuschen wohnen lassen, und ich muss sagen, dass ich noch nie in so hässlicher Bettwäsche so gut geschlafen habe.»

Meine Mutter glaubte immer an Schutzengel. Womöglich ist sie jetzt selber einer geworden. Ich atme noch einmal eine Wolke *Tabac Original* ein und will gerade gestärkt aufstehen, als es neben mir durchdringend, ich möchte fast sagen: anklagend schnieft.

«Haben Sie vielleicht ein Taschentuch?»

Die Stimme kenne ich!

Ich reiche ein ganzes Päckchen, denn wenn ich eines in diesen Tagen ausreichend dabeihabe, dann sind es Taschentücher.

Ich warte, bis er die Tränen abgetupft und sich dröhnend geschnäuzt hat.

«Herr Küppers?»

«Ich bin jetzt nicht in der Verfassung, Autogramme zu geben. Sehen Sie das denn nicht?»

«Erkennen Sie mich?»

Herr Küppers schaut mich mit verheulten Augen eine halbe Sekunde lang an und senkt dann wieder den Kopf.

«Nein, sollte ich? Bloß weil Sie mich aus dem Fernsehen kennen, meinen Sie, ich müsste Sie auch kennen. Mit Leuten wie Ihnen habe ich leider ständig zu tun.»

«Ich bin die Biene Maja.»

Herr Küppers schaut mich misstrauisch an. Erst hellen sich seine Gesichtszüge kurz auf, dann fängt er wieder an zu weinen.

«Maja, Sie schickt der Himmel! Bringen Sie mich hier raus!»

Im Schneckentempo unterwegs um 16 Uhr 15

Schwer atmend sitzt Herr Küppers neben mir in seinem Auto. Er hat sich ein paar *Rescue*-Tropfen genehmigt und ein halbes Dutzend Hübe Asthmaspray.

Wir verließen IKEA durch einen Notausgang und lösten damit ein schrilles Alarmsignal aus. Nachdem wir quer über den Parkplatz zu einer dunkelblauen Mercedes-Limousine gerannt waren, brausten wir los. Unsere Reifen quietschten wie in alten Krimis.

«Sie haben Asthma?»

«Allerdings! Meine Ärzte halten das für Einbildung, aber ich bin doch nicht bekloppt.»

Als wir keine Verfolger mehr zu befürchten haben, fährt Herr Küppers mit gefühltem Tempo dreißig – was nicht nur daran liegt, dass er, wie er schließlich feststellt, vergessen hat, die Handbremse zu lösen. Bei jeder Ampel hat er Angst, dass sie gleich auf Gelb umspringen könnte, und nähert sich ihr deshalb vorsichtshalber im Schritttempo. Es sind noch keine fünf Minuten vergangen, und er wurde schon dreimal angehupt. Er scheint es nicht zu bemerken und plappert in einem fort auf mich ein.

«Was für ein unglaublicher Zufall, dass wir uns bei IKEA wiedertreffen. Sie waren in der Silvesternacht fast das einzige Gesprächsthema in der Villa Stern. Wie über Sie geredet wurde, können Sie sich ja denken. Die eigentliche Sensation war natürlich, dass Sie der Hamburger Gesellschaft Lavinias richtigen Namen verraten haben. Petra, ich lach mich kaputt! Dafür wird sie Sie für immer hassen, und ich möchte das Fräulein Lavinia nicht zur Feindin haben. Aber in Zukunft wird es wohl keine Zusammentreffen mehr geben. Frauen, die man nur kennt, weil man ihre Ehemänner kennt, verschwinden nach der Scheidung schnell in der Versenkung. Das war in feinen Kreisen schon immer so. Wo wohnen Sie, Schätzchen? Ich fahre Sie selbstverständlich nach Hause. Ich kann Ihnen gar nicht genug danken. Zwischen billigen Möbeln und billigen Leuten kann ich einfach nicht atmen. Bestimmt hat mein Asthmaanfall auch mit der tranigen Fischpampe zu tun, die immer noch in meinem Körper kreist.»

«Was wollten Sie denn bei IKEA?»

«Meine Therapeutin hat mich dorthin geschickt, aber ich hätte ihr schon vorher sagen können, dass das schiefgeht.»

«Inwiefern?» Erdal fährt mit Tempo vierzig in die falsche Richtung, aber ich bringe es nicht übers Herz, ihm die Adresse meines Motels zu nennen.

«Abenteuer dieser Art übersteigen im Moment einfach meine Kraft. Ich bin beruflich sehr eingespannt und habe zwei kleine Kinder. Dass ich äußerst sensibel bin und selbst minimale Störungen registriere, muss ich wohl nicht erwähnen.»

«Sie haben zwei kleine Kinder?»

«Ja, Joseph und Hans. Ich hätte lieber zwei Mädchen gehabt. Da hat man länger Freude dran. Söhne wenden sich von dir ab, sobald sie ihre erste Freundin haben. Dann bist du abgemeldet bei den Mistkerlen und kannst Weihnachten alleine feiern. Aber verstehen Sie mich richtig, ich liebe meine Jungs, auch wenn in den Medien das Gegenteil behauptet wird. Als ich neulich in einer Talkshow sagte, Babys mit einem Penis würden für mich in die Kategorie *Hauptsache, gesund* fallen, brach die Hölle über mich herein. Mütter sind ja so was von unentspannt. Der *Shitstorm* auf meiner Internetseite hat mir ein Dutzend Asthmaanfälle beschert. Haben Sie Kinder, Maja?»

«Nein.»

«Schade, wo Sie doch so ein gebärfreudiges Becken haben. Sie könnten problemlos Zwillinge entbinden – selbst wenn sie Arm in Arm rauskämen. Ich kann mir ein Leben ohne meine beiden Schnuppelbäckchen nicht mehr vorstellen. Ein kinderloses Dasein ist doch arg trist, finden Sie nicht? Was sagten Sie, wo soll ich Sie hinfahren?»

«Zur Hoheluftchaussee.»

«Schreckliche Straße. Welche Höhe?»

«Das Motel gegenüber der Aral-Tankstelle.»

Herr Küppers sieht mich so erschrocken an, als hätte ich ihn gebeten, mich auf direktem Weg zu meiner eigenen Beerdigung zu bringen.

«Kindchen, das tut mir leid. Haben Sie niemanden, bei dem Sie vorübergehend wohnen können?»

Ich schüttele den Kopf. «So schlimm ist das Motel gar nicht. Es erinnert mich genauso an mein Elternhaus wie der Duft Ihres Rasierwassers.»

«Ich bin froh, dass Sie es mögen. Sie sind die Einzige. Leonie sagt, es riecht nach Klostein, und Karsten hält immer theatralisch die Luft an, wenn ich es auftrage. Man kann es auch übertreiben, finden Sie nicht?»

«Wer sind Leonie und Karsten?»

«Karsten ist mein Mann, und Leonie hat unsere Kinder zur Welt gebracht. Joseph wird im August sieben. Er ist das Ergebnis eines Urlaubsflirts von Leonie mit einem Türken. Der Knirps ist mir wie aus dem Gesicht geschnitten. Hans ist drei und von Karsten. Künstliche Befruchtung, versteht sich, denn Karsten ist äußerst monogam veranlagt. Ich ja auch. Mittlerweile. Ich finde, das Gute am Älterwerden ist, dass man den Sex zur Selbstbestätigung immer weniger braucht. Außerdem ekele ich mich vor fremdem Schamhaar, und es ist ja keineswegs so, dass alle schwulen Männer komplett rasiert sind. Apropos, wie läuft es denn mit Ihrem Liebhaber?»

Ich zögere. Dass ich meinen Geliebten betrüge, in dem ich ihm das Scheitern meiner Ehe verschweige, will ich derzeit lieber noch für mich behalten. Die Situation scheint mir selbst recht verworren und erklärungsbedürftig.

Herr Küppers wertet mein Schweigen als schlechtes Zeichen. «Mensch, Mädchen, der Teufel scheißt aber auch immer auf denselben Haufen, was?»

Wir fahren nur noch Schritttempo. So werden wir nie die Hoheluftchaussee erreichen. Was mir nur recht ist, denn ich genieße die Gesellschaft von Herrn Küppers sehr, was womöglich auch damit zusammenhängt, dass ich in den letzten Tagen überhaupt keine Gesellschaft hatte.

«Maja, ich habe eine geniale Idee!» Wir fahren nicht mehr schneller als mein Opa früher mit seinem Treppenlift. «Wir holen jetzt Ihre Sachen aus dem Motel. Ich habe die Lösung für Ihre Probleme. Und für meine.»

Ich sehe auf den Tacho. Herr Küppers hat auf halsbrecherische fünfundvierzig Stundenkilometer beschleunigt.

Leichtes Gepäck um 17 Uhr 30

«Soll ich den Rest holen?»

«Das ist alles.»

Herr Küppers schaut irritiert auf die beiden Sporttaschen, die im Kofferraum seines Wagens liegen.

«Sie sind mit diesen zwei Beutelchen ausgezogen?»

«Es musste ja alles sehr schnell gehen.»

«Dann fahren wir jetzt zu Ihrer Wohnung und packen alles zusammen, was Ihnen gehört. Ich werde Karsten bitten dazuzukommen. Er war mal Polizist und Personenschützer und kann schwere Sachen tragen. Ich muss mit Belastungen extrem vorsichtig sein. Schauen Sie sich meine zierlichen Handgelenke an.»

«In der Wohnung ist nichts mehr, was mir gehört», sage ich trotzig.

«Versauen Sie sich Ihre Zukunft nicht durch falschen Stolz. Es ehrt Sie vielleicht, dass Sie alles Ihrem Mann überlassen wollen, aber Sie haben jetzt die einmalige Chance, reich zu werden.»

«Ich will nicht reich werden. Das war ich schon. Und es ist mir nicht bekommen.»

Am 6. Januar um 10 Uhr 30, ungeschminkt unter Frauen: «Wer sich die Schlupflider machen lässt, lässt sich irgendwann auch den Arsch liften.»

«Sie haben Schlupflider. Das ist aber kein Problem. Ich zeige Ihnen gleich, wie man die wegschminkt.»

Frau Rona van Dongen, unsere Farb-, Schmink-, Stil- und Imageberaterin, betrachtet mich nicht unfreundlich, obschon ich eine halbe Stunde zu spät gekommen bin.

Den Volkshochschulkurs *Das perfekte Make-up für jeden Anlass* hatte ich bereits vor Wochen gebucht und bezahlt, und ich war nicht willens, ihn aufgrund meiner derzeitigen Lebenskrise verfallen zu lassen.

Ein gutes Make-up kann einer Frau durch manches Tal helfen. Nur weil es dir scheiße geht, musst du nicht auch scheiße aussehen. Außerdem würde ich Tom in einer Woche wiedersehen und wollte zu diesem Anlass einen total entspannten, total verheirateten und total gut geschminkten Eindruck machen.

Ich bin nämlich, das muss ich offen zugeben, von jeher eine Niete, was das politisch korrekte Auftragen von Make-up, Rouge, Lippenstift und anderen Hilfsmitteln angeht, die der Verschönerung ihres Benutzers dienen sollen.

Entweder mühe ich mich eine Stunde lang mit dem unbefriedigenden Ergebnis, dass ich nach wie vor ungeschminkt aussehe, oder ich greife etwas zu beherzt in mein Schminktäschchen und sehe aus wie eine Dragqueen mit besonders viel Geltungsdrang.

Wimperntusche landet bei mir nur selten exakt dort, wo sie hingehört, also auf den Wimpern.

Ich verteile sie bevorzugt großzügig um das Auge herum, gerne auch im Auge.

Oder ich muss, wenn ausnahmsweise mal alles gutgegangen ist, im Anschluss an den hochsensiblen Tuschvorgang kräftig niesen und kann mich anschließend komplett abschminken und von vorne beginnen.

Meine Erfahrungen mit Eyelinern sind so negativ, dass ich komplett von ihrer Benutzung Abstand genommen habe, und wann immer ich einen Lippenkonturenstift eingesetzt habe, wurde ich von wohlmeinenden Frauen auf die Absurdität des Ergebnisses angesprochen und mit Feuchttüchern zum Entfernen der entstellenden Krakeleien versorgt.

Ich bin also guter Hoffnung, bei diesem Kurs eine Menge nützlicher Informationen bekommen zu können.

Der Hinweis auf meine Schlupflider gleich zu Beginn verstimmt mich jedoch sehr. Hat die Frau denn keine Augen im Kopf? Ich habe keine Schlupflider, zumindest nicht mehr.

Ich geriet ins Grübeln, nachdem ich von Lavinia mehrfach darauf angesprochen worden war, dass mein verschlafener, energieloser Blick kein Schicksal sei und sie es als ihre Freundinnenpflicht empfinde, mich darauf hinzuweisen, dass in der Praxis Zielinsky Schlupflider, Brüste und Jungfernhäutchen wie am Fließband operiert würden und sie mir sicher einen schnellen Termin verschaffen könne.

Birgit riet mir dringend von dem Eingriff ab, obschon ich versucht hatte, ihn ihr quasi als medizinische Notwendigkeit zu verkaufen. Es sei bloß noch eine Frage weniger Jahre, bis mir die Lider auf ihrem Weg nach unten komplett die Sicht versperren würden.

«Wer erzählt dir solchen Schwachsinn?», meckerte sie. «Deine neue Busenfreundin Lavinia Stern? Die schon lange nicht mehr so böse gucken kann, wie sie ist, weil sie sich ihre Zornesfalten mit Hyaluron zubetoniert hat, und die keinen BH mehr braucht, weil ihre Brüste zwanzig Jahre jünger aussehen als ihre Hände?»

Birgit, das deutet sich in diesen Äußerungen ja bereits an, war keine ausgesprochene Freundin von (a) schönheitschirurgischen Eingriffen, (b) Frauen mit künstlichen Brüsten, besonders, wenn sie die Titten nicht mal selbst finanzieren können, sondern vom Geld ihres Vaters oder Ehemannes bezahlen, und (c) dem Leben, das ich führte, den Leuten, mit denen ich verkehrte, und den Veränderungen, die sie an mir beobachtete.

«Wer sich die Schlupflider machen lässt, lässt sich irgendwann auch den Arsch liften», lautete ihre vehement vertretene Ansicht. Sie war nicht davon abzubringen, dass ich mit dem ersten Eingriff in einen unschönen Teufelskreis geraten würde: komplett gelähmte Gesichtsmimik, Betonarsch und Brüste wie Wellenbrecher.

Ich muss sagen, dass der Besuch von Birgit bei uns im letzten Jahr wirklich kein voller Erfolg war und ich ihre Vorbehalte teilweise nachvollziehen konnte. Sie hatte ihren vier Monate alten Sohn Karl mitgebracht und wollte ihn auf unserem weißen Sofa stillen. Als ich Olivers Gesicht sah, wusste ich, dass ich keine harmonische Zeit vor mir hatte.

Birgit und ich hatten uns zum letzten Mal vor gut einem Jahr bei der Beerdigung meiner Mutter gesehen. Sie war danach wieder schwanger geworden, hatte Karl bekommen und mich nie gedrängt, sie endlich zu besuchen. Sie hatte verstanden, dass es noch zu früh für mich war.

Ihr zu Ehren hatten wir abends ein paar Freunde aus dem Tennisclub und der Reederei eingeladen. Ich kochte selbstverständlich nicht selbst, sondern hatte auf Lavinias Empfehlung hin ein Catering-Team gebucht, das Tagliolini mit Hummer, Bistecca alla fiorentina und Bourbon-Vanilleeis mit frischen Walderdbeeren aus Italien servierte.

Der Abend ging schon blöde los, weil einige Gäste dachten, Birgit gehöre zum Personal, und ihr die Mäntel anvertrauten.

Bei der Vorspeise fragte Lavinia Birgit, warum sie sich die

Haare nicht färben würde. Für eine Frau um die vierzig sei es doch unnötig zu ergrauen. Mit ein wenig Farbe im Haar könne Birgit um Jahre jünger aussehen.

Nun ist Birgit keine Frau, die man leicht aus der Ruhe bringen kann. Freundlich fragte sie zurück: «Gibt es eine Verpflichtung, jünger auszusehen, als man ist?»

Ich sah, wie Lavinias lahmgelegte Zornesfalte zuckte.

«Aber wir wollen doch alle so gut aussehen wie irgend möglich. Ich nehme an, Sie putzen sich ja auch die Zähne und lassen sich die Fußnägel schneiden. Oder geht Ihnen das auch schon zu weit?»

Ein paar Damen kicherten beifällig. Ich lobte verzweifelt den Garungsgrad der Tagliolini, aber niemand achtete auf mich.

«Für mich hat dieses dauernde Gerenne zum Friseur etwas Verzweifeltes», sagte Birgit ruhig. «Wie ein Junkie machen sich Frauen zu Sklaven ihrer Haarwurzeln. Manche umklammern ihre Farbpackung noch auf dem Sterbebett. Ich bin froh, da nicht mehr mitspielen zu müssen.»

«Wie ich höre, haben Sie drei Kinder entbunden und leben auf dem Dorf. In diesem Milieu haben die Menschen natürlich geringere Ansprüche an ihr Äußeres.»

«Falsch. Auch dort, wo ich lebe, sind Sie als Ungefärbte eine aufsehenerregende Minderheit. Ich habe bloß etwas Besseres mit meiner Zeit vor, als sie beim Friseur zu verplempern. Es ist ein Akt der Emanzipation – und dadurch der Provokation.» Birgit lächelte liebenswürdig in die Runde.

«Auf die Emanzipation», sagte ich verspannt und erhob mein Glas.

«Ach, Sie sind also eine echte Feministin?», fragte Jens Hartmann, Personalchef der Reederei, Vater von drei Kindern und Ehemann von Kirsten Hartmann, die neben ihm saß und gerade eine mikroskopisch kleine Portion Nudeln zu sich nahm. «Das finde ich toll. Was macht denn Ihrer Meinung nach eine emanzipierte Frau aus?»

Das roch nach Ärger, und auch Oliver war nicht glücklich über den Verlauf des Tischgespräches und warf mir dringliche Blicke zu.

Aber Birgit war nicht mehr zu bremsen.

«Der Feminismus ist mir herzlich egal. Es geht um Emanzipation. Eine Frau sollte sich nur dann emanzipiert nennen, wenn sie finanziell unabhängig ist und fragwürdige Rollenerwartungen ignoriert. Ich kann Frauen nicht ernst nehmen, die sich in die Abhängigkeit von Männern begeben haben, die nicht wissen, wo die Waschmaschine steht, und keine Woche alleine mit den Kindern klarkommen. Umgekehrt gilt das Gleiche. Ein emanzipierter Mann erwartet von seiner Frau, dass sie einem Beruf nachgeht und mehr will als einen Wochenend-Papi, der zwischen Golfverabredung und *Sportschau* mal kurz die süßen Kleinen tätschelt. Ein Paar, bei dem immer und selbstverständlich die Frau zu Hause bleibt, wenn ein Kind krank ist, sollte sich nicht emanzipiert nennen.»

«Dann halten Sie mich wohl für total unemanzipiert, oder?», fragte Hartmanns Frau mit spöttischem Unterton. «Ich erziehe drei Kinder und einen Labrador, ärgere mich mit dem Au-pair und der Putzfrau rum, helfe meinen Kindern bei den Hausaufgaben und gebe regelmäßig große Abendgesellschaften. Glauben Sie mir, Frau …, ich habe leider Ihren Namen vergessen, wenn mein Mann abends aus der Reederei kommt, wissen er und ich ganz genau, was ich den ganzen Tag über geleistet habe. Ist es nicht so, Spatz?»

Ihr Mann beeilte sich, beflissen zu nicken: «Ich habe wirklich allerhöchsten Respekt davor, wie du das alles unter einen Hut bekommst, Schatz.»

«Warum das denn?», hakte Birgit unglückseligerweise nach. «Weil Ihre Frau den Kindern ein ranziges Rollenbild vorlebt: Vati schafft die Kohle ran, und Mutti geht mit dem Labrador Gassi und hilft den Kindern beim Deutschaufsatz? Haben Sie sich mal gefragt, wie aus Ihren Kindern emanzipierte Menschen werden sollen? Es geht nicht darum, Frauen einzureden, es sei toll, Karriere zu machen. Aber zur Emanzipation gehört, am gesellschaftlichen Leben teilzunehmen – und damit meine ich nicht, auf Spielplätzen rumzusitzen oder in Schönheitssalons Prosecco zu trinken.»

«Indem ich mich um meine Kinder kümmere, gebe ich der Gesellschaft vielleicht mehr zurück als Sie. Kinder sind doch unsere Zukunft! Ich habe es keinen Tag bereut, nicht mehr als Hautärztin zu arbeiten.»

In stiller Zustimmung legte Herr Hartmann die Hand auf den Unterarm seiner Frau. Birgits Ton wurde schärfer.

«Sie bereuen es noch nicht mal, jahrelang für nichts studiert zu haben? Finden Sie es nicht skandalös, dass unsere Gesellschaft Riesensummen in die Ausbildung von Frauen wie Ihnen investiert? Sie haben schließlich nicht für lau studiert, Frau Hartmann – ich habe Ihren Namen nicht vergessen. Steuerzahler, darunter auch ich, haben Ihnen dreizehn Jahre Schule und das Studium spendiert. Aber nicht, damit Sie heute als Vollzeitmutti Ihrem Herrn Gemahl auf der Tasche liegen, Ihren Beruf schwänzen und keinen Cent Steuern zahlen. Kommt Ihnen gar nicht in den Kopf, dass Sie der Gesellschaft etwas schuldig geblieben sind?»

«Kirsten bringt mein Geld unter die Leute», warf Herr Hartmann jovial ein. «Damit kurbelt sie die Wirtschaft an und schafft Arbeitsplätze. Wenn sie bei Jil Sander einkaufen geht, subventioniert sie über die Mehrwertsteuer das Studium junger, ambitionierter Frauen. Das nenne ich tätige Beihilfe zur Emanzipation.»

«Schade, dass Jil Sander aus der Firma ausgestiegen ist», sagte seine Frau. «Jetzt muss man wieder Prada kaufen.»

Außer Birgit waren alle froh, endlich das Thema wechseln zu können.

An diesem Abend schämte ich mich dafür, dass ich mich für meine beste Freundin schämte. Sie passte nicht an unseren handgefertigten Esstisch aus Mooreiche, zum Idealgewicht der übrigen Gäste und unserem empfindlichen Ledersofa.

Sie war ein Fremdkörper, wie ein Karpfen unter lauter Zierfischen. Zehn Kilo zu dick, was mich früher nie gestört hatte, seit zehn Jahren fast komplett ergraut, und selbst an diesem festlichen Abend trug sie die praktische Kleidung einer Mutter, die jede Sekunde damit rechnen muss, gleich vollgegöbelt zu werden oder eine Windel mit dünnflüssigem Kot wechseln zu müssen.

Am nächsten Tag fuhr Birgit nach Hause zurück. Angeblich hatte ihre Tochter Scharlach bekommen. Ich war ihr dankbar, dass sie uns den Abschied erleichterte, indem sie nicht aussprach, was wir beide wussten und sie mir erst Monate später sagte: «Ich habe mich bei euch nicht wohlgefühlt. Das ist nicht meine Welt. Und deine war es früher auch nicht.»

Die Schlupflider habe ich mir machen lassen. Erzählt habe ich es ihr nicht.

«Und warum bist du hier, Nicki?», fragt unsere Make-up-Expertin Frau Rona van Dongen.

Zehn Frauen zwischen siebzehn und siebzig schauen mich an. Mir schießt das Blut in den Kopf.

Ich bin nicht der Typ, der ruhig bleibt, wenn er plötzlich im Mittelpunkt der Aufmerksamkeit steht, und ich bedaure sehr, dass man uns aufgefordert hat, ungeschminkt zu erscheinen. Ich vermisse meine gutdeckende *Creme Foundation* und komme mir nackt vor.

Die anderen zehn sind ebenso nackt, und sobald Frauen ungeschminkt unter sich sind, ziehen sie, nach einer kurzen Beschnupperungsphase, in der Regel die Krallen ein und werden zu einer warmherzigen Runde voll Solidarität und innigstem Verständnis für die seltsamsten Probleme.

Frauen ohne Schminke sind Freundinnen.

Mein Eindruck ist, dass Frauen einander sowieso viel näherkommen als Männer, weil sie ihre Schwächen zeigen, ihre Zweifel zur Diskussion freigeben und untereinander Gespräche führen, in denen es nicht um etwas geht, sondern um sie selbst.

Männer hingegen versteinern irgendwann und sprechen nur noch über Beruf und Politik und Fußball. Das macht sie so unlebendig.

Frauen zeigen ihr wahres Selbst, wenn sie halbnackt oder sonst wie derangiert sind, wenn sie giggeln wie Zehntklässlerinnen im Bus, auf dem Damenklo, in der Sammelumkleide, im Großraum-Nagelstudio und bei fragwürdigen Unternehmungen wie Wichtelabenden oder Homepartys mit der Dildofee. Was für ein Erlebnis!

Wir Frauen sind wunderbar, dachte ich erst neulich, als ich bei einer Ausstellungseröffnung ein an und für sich vorteilhaft geschnittenes Kleid trug, das sich aber elektrisch aufgeladen hatte und wie eine zweite Haut an mir klebte.

Aus dem Alter für eine zweite Haut bin ich lange raus. Ich habe mit meiner ersten genug Ärger.

Auf der Toilette schilderte ich den sich nachpudernden Damen mein Problem. Nach lebhafter Diskussion zückte eine ihr Handy und schaute bei Frag-Mutti.de nach.

Haarspray! Das war die Lösung. Man sollte das widerwillige Kleid ausziehen und die Innenseite besprühen. Gleich zwei Frauen zückten hilfsbereit ihr Spray, und ich verließ das stille Örtchen weiblicher Solidarität mit perfekt sitzendem Kleid und dem warmen, beflügelnden Gefühl, wie schön es sein kann, eine Frau unter Frauen zu sein. Und mit der drängenden Frage, ob Männer wissen, was sie alles verpassen, bloß weil sie Männer sind und einen Abend, an dem sie gemeinsam Fußball gucken und keine drei Sätze wechseln, für einen besonders gelungenen halten.

Das fehlende Mitteilungsbedürfnis der Menschen mit dem Y-Chromosom hat von jeher bei mir Mitleid und Unverständnis ausgelöst.

Ich selbst bin mir manchmal gar nicht so sicher, was ich mehr genieße: guten Sex oder von gutem Sex zu erzählen.

Ich weiß noch, wie beschämt ich war, als eine Verlagskollegin zu mir sagte: «Ich rede nicht mehr über Sex. Das ist unreif, indiskret und einer erwachsenen Frau nicht würdig.»

Ich habe mich gleich enorm unerwachsen gefühlt und mit meiner mangelnden Würde gehadert. Heute bin ich alt genug, um gelegentlich bewusst auf meine Würde zu verzichten, denn ein Verhalten, das als erwachsen gilt, ist keineswegs immer ein Zeichen fürs Erwachsensein, ganz im Gegenteil. Ganz besonders erwachsen finde ich Frauen, die eine gelungene Mischung aus Mädchen, Göre, Weib, Diva, Muttertier und Emanze sind.

Wenn sie nicht gerade gebärt oder stillt, ist es für Birgit überhaupt nichts Besonderes, morgens vor Gericht einen inkompetenten Staatsanwalt dem Erdboden gleichzumachen, mir zwischendurch auf meine SMS zu antworten, in der ich sie panisch frage, wie ich die Wimperntusche *Kanebo Sensai Mascara 38 °C M1* eigentlich wieder abbekomme, ohne mir jede Wimper einzeln zu entfernen, über Mittag drei Plädoyers zu entwerfen, nachmittags einen Vortrag auf Englisch an der Uni zu halten und sich abends auf der Elternbeiratssitzung derart volllaufen zu lassen, dass sie mit dem attraktiven Deutschlehrer vor ihrer Haustür knutscht, während ihr Mann auf die Kinder aufpasst und dem Baby ein Fläschchen reicht.

Wir Frauen sind vielschichtig und überraschend, und je älter wir werden, desto mehr Spaß macht es uns, sich großartig danebenzubenehmen.

«Nicki?»

Frau Rona van Dongen holt mich in die Realität der Volkshochschule zurück.

«Ich bin neulich für ein Fest professionell geschminkt worden», sage ich. «Hinterher habe ich mich gefragt, wie ich mit meinem ursprünglichen Äußeren weiterleben soll. Ich sah fünf Jahre jünger aus, meine Augen strahlten, als trüge ich himmelblaue Kontaktlinsen, und mein Gesicht wirkte plötzlich schmal und edel – und das ganz ohne invasive Eingriffe! Wenn ich nur einen Bruchteil dieses Wunders hinkriege, bin ich schon zufrieden. Ich mache beim Make-up nämlich alles falsch, was man nur falsch machen kann.»

Die Teilnehmerinnen nicken mitfühlend. Die Älteste sagt, sie hoffe zu lernen, ihre Falten und Tränensäcke zu kaschieren. Das scheint mir bei genauerem Hinsehen eine eher unbegründete Hoffnung zu sein. Die Frau sieht aus wie die ältere Schwester von Ilja Rogoff, und ihre Tränensäcke hängen wie prähistorische Tabakbeutel unter ihren Augen.

Frau van Dongen, sie ist schätzungsweise Mitte fünfzig und spricht mit einem bezaubernden holländischen Akzent, betrachtet die alte Dame voller Zuneigung. «Das Alter spielt natürlich schon eine gewisse Rolle. Letztlich tut man gut daran, sich mit dem anzufreunden, was da ist. Aber Nicki hat uns ja berichtet, dass Profis ein kleines Wunder bewirken können. Die entscheidenden Kniffe werdet ihr hier lernen.»

Eine leichenblasse Frau meldet sich zu Wort, deren Augen so tief in ihrem Kopf liegen, dass man befürchten muss, sie würden gleich reinfallen und für immer darin verschwinden. «Ich schminke mich so gut wie nie. Ich bin mehr so der natürliche Typ.»

«Du kannst ungeschminkt aussehen und trotzdem deine Vorzüge unauffällig unterstreichen», sagt Rona.

Welche Vorzüge denn, bitte schön?, denke ich gehässig.

«Zum Beispiel könnten wir deine Augenbrauen etwas betonen und ihnen eine leicht andere Form geben. Zupfst du deine Brauen?»

«Nein, wenn nötig schneide ich sie mit der Nagelschere zurecht», sagt die Natürliche.

Eine Kursteilnehmerin zeigt uns stolz ihre dunkel lackierten Fußnägel, die bei geschlossenem Schuhwerk sicherlich einen ganz passablen Eindruck machen würden, so jedoch wirken, als seien sämtliche Nägel abgestorben und als könne es sich nur noch um Minuten handeln, bis Nagel für Nagel mit einem hässlichen Knirschen abfällt.

«Nicht immer ist das, was man mag, auch das Richtige für einen», sagt Rona diplomatisch, und mir fällt auf, wie sehr ich es gewohnt bin, sofort über Menschen zu urteilen, oft bösartig. Ich brauche nur wenige Sekunden, um Problemzonen zu erkennen, Schwachstellen zu benennen und wahre Gemeinheiten zu formulieren.

Wann ist mir bloß mein Wohlwollen abhandengekommen? Wann und vor allem warum habe ich angefangen, mich zu vergleichen? Fremdoberschenkel auf Dellen hin zu taxieren? In Gesichtern Hinweise auf schönheitschirurgische Eingriffe zu suchen?

Ich bin abschätzig und voreingenommen geworden, ich bewerte und werte ab. Schnell und gnadenlos sortiere ich Menschen ein und aus.

Ich beschließe, meine innere Häme zu kontrollieren und mich mit Urteilen zurückzuhalten, die mir ohnehin nicht zustehen.

Vier Stunden später kenne ich das Geheimnis des Lippenkonturenstiftes und weiß, wie man einem breiteren Gesicht durch klug verteiltes Rouge eine schmalere Wirkung verleiht. Ich begreife, dass ein champagnerfarbener Kajalstift fürs Innenlid ein absolut unverzichtbares Schminkutensil ist, weil er die Augen zum Leuchten bringt, und ich sehe zehn Frauen, von denen viele kaum wiederzuerkennen sind.

Die Natürliche sieht immer noch natürlich aus, aber mit Augen und nicht mehr wie tot. Die alte Dame sieht immer noch alt aus, aber der erste Blick fällt jetzt auf ihren famosen Mund.

Die Frau mit den faulenden Fußnägeln hat der Farbe

Lila abgeschworen und mit braun glänzendem Lidschatten Freundschaft geschlossen.

Wir haben uns gegenseitig die Wimpern getuscht, Lippenstiftfarben ausprobiert, die Wirkung eines bestimmten Rouge-Tones diskutiert, der alten Dame erfolgreich ihre unerwiderte Liebe zu hellblauem Lidschatten ausgeredet und Beifall geklatscht, als die Jüngste nach einem gewagten Experiment mit dem Eyeliner aussah wie eine Finalistin von *Germany's Next Topmodel*.

Wir sind uns ans Herz gewachsen.

Beseelt und betrübt gleichzeitig stehe ich auf der Straße, winke der Natürlichen noch mal zu, komme mir menschenfreundlich und geläutert vor und wahnsinnig verloren bei der Vorstellung, jetzt in meine Wohnung zu müssen.

«Kann ich dich mitnehmen?», fragt Frau van Dongen. «In welche Richtung musst du?»

«Sternschanze, seit gestern.»

«Steig ein. Da wohne ich auch.»

«Herzlich willkommen in meinem missglückten Doppelleben, liebe Maja!»

Herr Küppers brachte mein Gepäck in den ersten Stock eines viergeschossigen Mietshauses und schloss eine Wohnungstür auf.

«Wo bin ich hier?»

«Mitten im gescheiterten Versuch, meinem bürgerlichen Dasein eine geheimnisvolle und wilde Nuance zu verleihen. Ich habe dir ja schon angedeutet, dass ich ein äußerst sensibler und feinfühliger Mensch bin, besonders wenn es um mich und meine Bedürfnisse geht. Letztes Jahr habe ich nicht nur äußerlich sieben Kilo zugenommen, sondern bin auch innerlich verfettet. Es ist aber auch wirklich nicht leicht, das Gewicht zu halten, wenn du jede Woche auf Kindergeburtstagen bist, wo es nur Negerküsse und Wiener Würstchen gibt. Bei uns zu Hause duftet es dauernd nach Pfannekuchen und Pommes. Wie sollte ich da widerstehen können? Ich bin ja mehr so der begeisterungsfähige Typ und freue mich über jeden Kartoffelpuffer, der meinen Weg kreuzt, als sei es der allererste. Auch bei frischgebackenen Waffeln gibt es für mich kein Halten mehr. Beim Sommerfest der Vorschule hat mich tatsächlich die Rektorin beiseitegenommen und mir ins Gewissen geredet, ich möge mich bitte nicht noch ein fünftes Mal anstellen, denn damit würde ich ein schlechtes Beispiel abgeben. Dabei ist mein Hunger nur Ausdruck meiner Kreativität. Aber das verstehen die wenigsten. Man wird nicht so berühmt wie ich, wenn man sich jeden Wunsch des eigenen Körpers versagt.»

«Ich weiß, dass man Sie *Eventkönig* nennt. Aber was genau machen Sie eigentlich?»

«Das beste Catering der Stadt und die glamourösesten Events. Dazu gehören Phantasie und der Mut zur Maßlosigkeit. Mit Vernunft und Disziplin bringst du es nur zum Schichtleiter im Steakhouse. Aber wo sind die Wilden, die Unvernünftigen, die Sünder? Wenn ich mich umschaue, sehe ich personifizierte Harmlosigkeit, Jörg Pilawa, stilles Wasser und entkoffeinierten Kaffee, Luftbefeuchter, Zahnzwischenraumbürstchen und Frauen mit herabgezogenen Mundwinkeln und Idealgewicht, die gemischte Salate ohne Dressing und Croûtons mümmeln. Die Vernunft wuchert ungehindert wie Efeu an einer Friedhofsmauer. Sie kriecht in jede Ritze, sprengt Partys, macht sich in Beziehungen breit und verschandelt jedes Lebensschicksal zu einer untadeligen Abfolge moderater Daseinssituationen. Maja, das Leben könnte so ein schönes Abenteuer sein!»

Ich nickte inbrünstig und sagte: «Sie haben so recht! Ich komme mir oft scheintot vor, wenn ich im Supermarkt meinen Einkaufswagen schmallippig an so lustigen Dingen wie Hanuta und Heidesandplätzchen vorbeischiebe und nicht zugreife. Wenn ich dann an der Kasse die Biotomaten, den Ingwertee und die Putenbrust aufs Band lege, trällert mir die innere Stimme der Mäßigung ein Loblied ins Ohr – während mir meine Sehnsucht nach etwas mehr Sünde im Leben zuraunt, dass ein Abend mit Ingwertee und Putenbrust womöglich nicht zu den unvergesslichen in meinem Dasein zählen wird.»

«Ganz genau, meine Liebe, Sie sprechen mir aus der Seele! Ich würde am liebsten einen Verein zur Rettung der Maßlosigkeit ins Leben rufen. Wir grillen fette Rippchen, lassen uns volllaufen und singen, bis sich die Nachbarn beschweren. Sollen die anderen Drinks ohne Alkohol trinken, sich den Magen verkleinern lassen und öde Ratgeberbücher lesen über den Weg zu Schlankheit und persönlichem Glück.»

«Mein Bücherregal ist voll von dem Schund», gab ich kleinlaut zu, wobei ich die schlimmsten Werke wie *Schlank im Schlaf: Der 4-Wochen-Power-Plan*, *Lass los, was dich dick macht: Schlank mit der Kraft der Emotionen* sowie *Die hCG-Diät: Das geheime Wissen der Reichen, Schönen & Prominenten* und *Schatz, meine Hose rutscht!* von Dr. Andreas Schweinbenz in der zweiten Reihe hinter den Klassikern der Weltliteratur versteckt habe.

Ich bin selbst eine Matadorin der Mäßigung geworden.

Schorle, Magerquark und viel Schlaf vor Mitternacht.

Wann bin ich zum letzten Mal auf einer tollen Party gewesen? Jedes gelungene Fest braucht Frauen, die auf der Tanzfläche nahezu fremden Typen in den Schritt greifen, und Männer, die fröhlich einen Stehtisch über den Haufen rennen oder sich in die Bowle setzen. Es müssen Leute da sein, die bis drei Uhr bleiben, obschon sie am nächsten Tag nicht ausschlafen können.

«Früher gehörte ich zu den Lustigen», sagte ich mehr zu mir als zu Herrn Küppers. «Dann bin ich zu einer Frau geworden, die nie viel trinken kann, weil sie so wenig gegessen hat, die niemals raucht, weil die Haut dadurch schneller altert. Den trostlosen Kampf um ewige Jugend und Schönheit hast du mit einer Fluppe im Maul natürlich schon verloren. Immer Hunger, immer Sehnsucht, immer Haltung bewahren: Mit Spaß hat das nichts mehr zu tun. Das Leben soll doch nach Leben riechen.»

«Maja, Sie sind meine Seelenverwandte! Ich habe mir auch die Frage gestellt, ob ich mich an meiner Sehnsucht oder an meiner Vorsicht orientieren soll. Aber wie leidenschaftlich kann ein Leben sein, wenn man zwei Kinder, einen Ehemann und eine Kindsmutter hat? Immer muss man gerade zu irgendeiner Vor- oder Nachsorge. Wann ist da Zeit, aus der Normalität auszubrechen? Ich will es ja krachen lassen, aber meistens fallen mir vorher die Augen zu. Dabei ist es nie zu spät, unvernünftig zu werden.»

«Meinen Sie? Schauen Sie mich an: Ich war unvernünftig, und jetzt stehe ich vor einem Trümmerhaufen. Man geht immer ein Risiko ein, wenn man seinen Sehnsüchten folgt.»

«Um dieses Risiko so klein wie möglich zu halten, habe ich heimlich diese Wohnung angemietet. Nur meine Therapeutin hat mich mental begleitet. Am ersten Mai letzten

Jahres sollte hier der aufregende Teil meines Lebens beginnen. Leider stellte ich bereits in der ersten Nacht fest, dass mir allzu viel Aufregung gar nicht so gut bekommt.»

«Was ist passiert?»

«Das Schanzenviertel ist eine wilde, gefährliche Gegend.» Herr Küppers bemühte sich, seinem Stimmchen einen Hauch von Thriller zu verleihen. «Ich will dir ja keine Angst machen, aber ich hatte gleich in der ersten Nacht ein traumatisches Erlebnis. Bedauerlicherweise hatte ich nicht daran gedacht, dass es am ersten Mai in der Schanze gerne mal zu Krawallen zwischen Autonomen und der Polizei kommt. Ich bin zwar eher kräftig gebaut, aber kein Freund körperlicher Auseinandersetzungen. Ich hatte gerade den Champagner geöffnet und die Langustenschwänze aus dem Kühlschrank geholt, als direkt vor meinem Fenster ein flammendes Inferno losbrach, ein Tsunami unmenschlicher Brutalität.»

Herr Küppers machte eine Kunstpause. Ich schaute alarmiert aus dem Fenster, aber im Moment schien alles ruhig zu sein.

«Es war wie im Krieg!», fuhr Herr Küppers mit Quietscheentchenstimme fort. «Und ich hatte einen Logenplatz über dem Schlachtfeld. Gruselig vermummte Gestalten rotteten sich zusammen und bauten Barrikaden. Pflastersteine und Gullydeckel flogen in Schaufenster! Autos gingen in Flammen auf! Dann heulten Sirenen, und Wasserwerfer fuhren auf. Berittene Polizisten kesselten die Chaoten ein. Ich war gefangen!»

«Aber Sie saßen doch bei Champagner und Langustenschwänzen in Ihrer Wohnung. Was hätte Ihnen passieren können?» Mein Eindruck war, dass Herr Küppers das Erlebte noch nicht ordentlich verarbeitet hatte.

«Aber ich habe doch Klaustrophobie! Ich war in dieser Wohnung eingesperrt wie in einem Aufzug, der zwischen zwei Stockwerken festhängt. Beim Versuch, in ein sicheres Stadtviertel zu fliehen, hätte mich der entfesselte Mob zerrissen. Und wie sollte ich in Schlangenlederanzug und Ozelotmantel über die Barrikaden klettern? Wenn dieser Pöbel am Tag der Arbeit eines nicht ausstehen kann, dann Leute, die arbeiten. Ich hatte nie ein Problem zu zeigen, dass ich reich bin. Ich liebe Geld, und das Geld liebt mich. Es macht mich freundlich und großzügig. Ich verachte Leute, die sich für ihr Geld schämen und vor lauter Understatement einen Buckel kriegen. Für mich sind Millionärsgattinnen peinlich, die sich penetrant in H&M kleiden, weil billig der neue Schick ist. Ich kaufe teuer und beschäftige überbezahlte Gärtner und Therapeuten. Ich kann dir übrigens eine ganz hervorragende Inneneinrichterin empfehlen – falls du jemals wieder in die Verlegenheit kommen solltest, viel Geld für die Gestaltung einer Wohnung ausgeben zu können. Bärbel hat einen unverwechselbaren Stil, der …»

«Wie ging es am ersten Mai denn nun weiter?», unterbrach ich Herrn Küppers schonungslos. Das Leben, in dem ich mich für Inneneinrichter interessieren durfte, war vorbei, und die Nummer der sagenhaften Bärbel hatte ich bereits schweren Herzens gelöscht, ebenso wie die von meinem Friseur Marcello und meinem Personal Trainer Marco.

«Ich tat in dieser verzweifelten Situation das einzig Vernünftige und rief Karsten an. Es ist nicht immer leicht für mich, mit einem Mann liiert zu sein, der Polizist und Bodyguard war. Oftmals kommt da das Feinstoffliche deutlich zu kurz. Aber an diesem Abend hat mir Karsten das Leben gerettet. Er stand zehn Minuten später vor der Tür, legte mir zur Tarnung einen mitgebrachten Regenmantel um und eskortierte mich zum Auto. Ich sah einen Mülleimer brennen! Maja, glauben Sie mir, so etwas vergisst man nie! Was ich leider vergessen habe, waren die Langustenschwänze. Vier Wochen später bekam ich einen Anruf von der Hausverwaltung. Man befürchtete, ich würde in ihrer Wohnung verwesen.»

Die Vorstellung von der gammelnden Languste beunruhigte mich wesentlich mehr als die Krawalle auf der Straße. Aber Herr Küppers versicherte mir, dass die Wohnung sachgerecht grundgereinigt und die Stelle auf dem Tisch, an dem die Langustenleiche gefunden worden war, weiträumig desinfiziert worden sei.

Herr Küppers ist seit diesem Abend vor acht Monaten nie wieder ins Schanzenviertel zurückgekehrt. Gestern konnte ihn seine Therapeutin bewegen, bei IKEA nach Wohnaccessoires zu schauen, um sich so die eigenen vier Wände zurückzuerobern – und ganz nebenbei die Abhängigkeit von seiner Inneneinrichterin loszuwerden.

«Das Schicksal hat uns zusammengebracht, Maja, darauf müssen wir was trinken.»

Ich folgte ihm in eine schmale Abseite, in der ein Kühlschrank und ein Staubsauger standen.

«Gibt es hier keine Küche?», fragte ich irritiert.

«Nein, die habe ich rausreißen lassen. Ich wollte hier nicht satt sein, sondern hungrig. Keine Ahnung, wie lange es her ist, dass ich mit einem maßvoll befüllten Magen ins Bett gegangen bin. Selbst mit übelstem Brechdurchfall geht bei mir immer noch was rein. Wenn ich mir morgens vornehme, abends wenig zu essen, habe ich den ganzen Tag lang schlechte Laune. Und spätestens wenn die Kinder abends schlafen, falle ich über ihre Schoko-Weihnachtsmänner her, auch wenn sie aus dem frühen Mittelalter stammen. Wenn ich Hunger habe, hält mich weder ein Jahre zurückliegendes Verfallsdatum ab noch die Tatsache, dass mein Sohn Joseph jeden Morgen den Abfalleimer durchsucht, um herauszufinden, ob ich wieder an seinen Süßwarenvorräten war. Ich entsorge die leeren Verpackungen inzwischen nachts in den Mülltonnen der Nachbarn.»

Herr Küppers holte eine Flasche Champagner aus dem Kühlschrank und gab sie mir. «Würden Sie die bitte öffnen, Liebes? Ich halte mich von Korken fern. Vom Ploppen kriege ich Tinnitus. Mein Unternehmen schenkt nur Wein aus Flaschen aus, die einen Schraubverschluss haben. Aber lassen Sie uns über Ihre Zukunft reden. Ich habe da ein paar wunderbare Ideen.»

Nach drei Glas Champagner fiel Herrn Küppers auf, dass wir uns immer noch siezten.

«Liebe Maja, ich heiße übrigens Erdal, prost!»

«Lieber Erdal, ich heiße übrigens Nicki, prost!»

«Nicki? Quatsch, neues Leben, neuer Name! Maja passt perfekt zu dir. Nicki klingt viel zu hart, da denke ich immer gleich an Niki Lauda und verschmorte Öhrchen. Stell dir mal bitte vor, wie das gerochen haben muss, widerlich!»

Erdal war der Ansicht, ich täte gut daran, mich klagend vor Oliver auf den Boden zu schmeißen und um Vergebung zu flehen.

«Lauere ihm auf der Straße auf und beeindrucke ihn mit orchestralen Liebesschwüren. Lass keine Gelegenheit aus, dich lächerlich zu machen. Er muss glauben, du tust alles, um ihn zurückzugewinnen. Lass es dir gesagt sein, Männer wie dein Oliver sind heiß begehrt, weil sie so selten auf den Markt kommen wie Häuser, deren Garten an die Alster grenzt. Beide gehen innerhalb von Tagen unter der Hand weg. Wenn du das mit den Liebesschwüren nicht hinkriegst, empfehle ich eine andere Strategie. Lege ihm in Sachen Scheidung so viele Steine wie möglich in den Weg. Männer mögen keine Schwierigkeiten, und wenn dein Oliver merkt, dass die Scheidung ein unfassbar mühsamer Weg ist, bleibt er vielleicht aus Bequemlichkeit bei dir. Wie lange hast du dich nicht mehr bei ihm gemeldet?»

«Sechs Tage.»

«Hoffentlich ist es nicht bereits zu spät.»

Ich schenkte mir großzügig nach. Vor meinem inneren Auge formierte sich eine Horde gieriger, spärlich bekleideter Frauen in Jeansgröße vierundzwanzig, die sich, ausgerüstet mit sämtlichen legalen und illegalen Waffen der Frauen, auf den Weg machten, meinen Mann zu erlegen.

«Ich will dich ja nicht nervös machen, Liebchen, aber ich hatte am Silvesterabend den Eindruck, dass Fräulein Lavinia nicht ganz uninteressiert an deinem Mann ist.»

«Das ist rein beruflich, Lavinia gehört nun mal zur Eignerfamilie», hörte ich mich sagen.

Und wäre das hier ein Film, würden sich jetzt alle Zuschauer synchron an die Stirn tippen und stöhnen, dass kein Mensch so naiv sein könne. Ganz schwerer Drehbuchfehler!

Aber das Leben ist eben kein Film, und die Wirklichkeit kann einem sehr unwahrscheinlich vorkommen. Das Leben, meines zumindest, ist eine einzige Aneinanderreihung von Drehbuchfehlern.

Lavinia und Oliver? Noch vor einem Jahr wäre das eine lächerliche Vorstellung gewesen. Der Mann, den ich geheiratet hatte, hätte nicht eine Sekunde länger als nötig mit einer

Frau verbracht, in deren Handy die Nummer ihres Friseurs an erster Stelle in der Favoritenliste gespeichert ist, gefolgt von Adam & Eve und Bärbel von Wilamovitz.

Oliver hätte nichts übriggehabt für eine Schickse, die immer Bürste und Haarspray dabeihat, sich beim Niesen die Nase zuhält und dabei dieses kleine, hässlich gepresste Quietschgeräusch macht, als würde man einem Meerschweinchen auf den Schwanz treten. Er hätte eine Frau indiskutabel gefunden, die ihren Vornamen ändert, ihr Alter nach unten korrigiert, Beziehungen per SMS beendet und im Restaurant eine Szene macht, wenn die besten Tische besetzt sind.

Mein Oliver war ein Freund von IKEA-Möbeln, Aldi-Schokolade und sättigenden Mahlzeiten. Wir fuhren mit dem Nachtbus und teilten uns einen Kleiderschrank. Ankleidezimmer und Dachterrassen kannten wir nur aus Filmen, und unsere Wochenendtrips führten uns nicht nach Saint-Tropez, sondern nach Münster oder an die Kieler Förde.

Ich wog konstant siebeneinhalb Kilo zu viel, und Oliver behauptete konstant, das sei ihm völlig egal. Wer so viel Spaß am Essen habe, könne eben keine Modelfigur haben, und sobald ich anfangen würde, Diäten zu machen, würde er sich nach einer Moppeligeren umsehen.

Oliver und Lavinia?

«*Rein beruflich?* Wie süß!» Erdal kicherte. «Du hast nicht lange genug zur Hamburger Gesellschaft gehört. Da wird zwischen beruflich und privat nicht unterschieden. Kontaktpflege, Eheanbahnung, außereheliche Affären, Immobiliendeals, Internatsplätze für die Blagen, lukrative Investmentbeteiligungen: Das geht alles fließend ineinander über. Und dein Mann ist nun mal ein Sahneschnittchen. Du wirst ganz schön rudern müssen, um diesen Fehler wiedergutzumachen.»

«Welchen Fehler?» Ich gab mich ahnungslos.

«Also Liebchen, ich bitte dich!» Erdal schenkte sich erregt nach. «Welchen Fehler!!?? Du hast deinen Mann betrogen!»

«Na und?»

«Gut, das ist heutzutage nicht unüblich und an sich keine große Sache. Aber du warst zu ungeschickt, es diskret zu machen. Du hast deinen Mann bei Stern und Konsorten zum Narren gemacht, und das ist laut Elbchaussee-Kodex nahezu unverzeihlich. Selbst von Zugezogenen erwartet der Hanseat, dass die außereheliche Triebabfuhr mit der gebotenen Noblesse erfolgt. Du wirst erbärmlich betteln und jämmerlich jaulen müssen, um noch eine Chance zu bekommen. Dabei bin ich gerne behilflich. Wenn's peinlich wird, bin ich immer ganz vorne mit dabei.»

«Ich wollte Oliver erst mal etwas Zeit geben, sich zu beruhigen.»

«Die hatte er ja jetzt.»

«Ich habe mich wieder und wieder gefragt, wie ich meinen Mann zurückgewinnen kann. Glaub mir, Erdal, dabei sind mir ein paar höchst entwürdigende Ideen gekommen, und ich habe zwei absurde Nachrichten auf seiner Mailbox hinterlassen.»

Erdal nickte zufrieden.

«Und dann, in der vierten schlaflosen Nacht, bin ich zu unserer Wohnung gegangen, um ihn zu einem Gespräch zu zwingen. Es war drei Uhr morgens, es nieselte, ich hatte keinen Regenschirm, ich heulte ohne Unterlass – es war genauso traurig und dramatisch, wie man es aus Vorabendserien kennt.»

«Und dann?», hauchte Erdal und nahm einen Hub Asthmaspray.

«Und dann habe ich mir zehn Minuten lang den Nacken verrenkt, um zu unserem Penthouse hochzuschauen. Ich fragte mich zum ersten Mal, ob ich Oliver überhaupt zurückgewinnen will. Und die Antwort war: Nein. Ich ging zurück zum Motel und heulte bis zum nächsten Vormittag. Mir war klargeworden, dass meine Ehe nicht mehr zu retten ist, weil ich sie gar nicht retten will.»

Erdal starrte mich an, als sei ich eine sprechende Ananas.

«Du willst deinen Mann nicht zurückhaben?»

«Nein, ich liebe ihn nicht mehr. Er schreibt beim Abendessen SMS und trägt Krawattennadeln. Ich mag das Leben nicht, das er führt, ich mag die Leute nicht, die er für wichtig hält, und das Wichtigste: Ich mag mich nicht mehr. Das ist nicht mein Leben, und ich muss da raus, ehe ich verhungere.»

Erdal nahm ergriffen meine Hand.

«Hast du dir das auch wirklich gut überlegt? Du bist auf dem Partnermarkt nicht gerade leicht vermittelbar.»

Ich schluckte und sagte heroisch: «Lieber keinen Mann als den falschen.»

«Das kann man auch anders sehen. Als verheiratete Frau würdest du deutlich weniger bedürftig wirken und dadurch deine Chancen beträchtlich steigern. Geschieden kommt man wie Secondhandware rüber, und mir sind Leute suspekt, die Gebrauchtes kaufen. Aber gut, wenn du deinen Mann nicht mehr zurückhaben willst, müssen wir für deine Zukunft eine neue Strategie finden. Du brauchst selbstverständlich so schnell wie möglich einen neuen Mann und einen neuen Job. Letzteres kann ich dir anbieten. Wenn du willst, kannst du am Montag bei mir anfangen.»

«Ich soll für dich arbeiten? Als was denn?»

«Als Mädchen für alles. Leonie managt bei uns die Events, Karsten ist Geschäftsführer, und ich bin das Gesicht der Firma. Wir brauchen jede Menge Hilfe. Ich bekomme ständig Einladungen zu Talkshows und Preisverleihungen, zu denen ich mich alleine nicht hintraue, und die wichtigen Kunden wollen mich kennenlernen, bevor sie buchen. Das ist wie im Krankenhaus: Die Privatpatienten wollen vom Chef operiert werden, aber sobald die Narkose wirkt, dürfen die Praktikanten nach dem Blinddarm suchen. Wirklich, Maja, dich hat mir der Himmel geschickt. Und wenn wir ehrlich sind, mich dir doch auch.»

Am 7. Januar um 7 Uhr 10, kein guter Start im neuen Zuhause: «Die Schonzeit ist vorbei.»

Ich wache auf, und der graue Tag springt mich an wie ein Raubtier. Mein Kopf wird zwischen den Kiefern eines schlecht dressierten Löwen zermalmt. Ein handfester Kater gesellt sich zu meinem handfesten Kummer, und zusammen sind die beiden nicht zu schlagen. Ich hätte nicht gedacht, dass es so furchtbar für mich sein würde, ein neues Zuhause zu bekommen.

Erdals Idee war perfekt, zweifellos, aber jetzt bin ich hier und vermisse die Raufasertapete, die Topfpflanzen, die Stehlampe und die Autos auf der Hoheluftchaussee, diesen beständigen, beruhigenden Geräuschpegel, der dir immer sagt, das Leben geht weiter und außer dir ist immer auch noch ein anderer wach.

Mein Motel war eine Station gewesen. Eine Atempause. Luftschnappen in bewegter Zeit. Zwischenstopp im Frühstücksraum. Ein letzter Druckausgleich vor dem Auftauchen.

Da war ich nur vorübergehend.

Übergangsstationen haben es leichter zu gefallen, genauso wie Übergangsmänner und Übergangsklamotten. Die müssen nicht passen. Bloß warm halten, bis das Wetter wieder besser wird.

Ich bin erreichbar. Ich bin wieder da. Die Schonzeit ist vorbei.

Ich habe eine Klingel und einen Briefkasten. Da steht zwar «Küppers» drauf. Aber ich habe wieder ein Leben.

Und das geht jetzt weiter.

Muss ja.

Vom Bett aus betrachte ich skeptisch mein neues Zuhause. Zwei Zimmer, fünfundvierzig Quadratmeter, Dielenfußboden, Stuck an den Decken. Die barocke Blumentapete im Schlafzimmer ist wahrscheinlich irgendwie ironisch gemeint, gefällt mir aber ausnehmend gut. Neben dem Bett steht ein antiker Servierwagen, der als Nachttisch dient. Auf der abgewetzten Tagesdecke steht *Eigentum Justizvollzugsanstalt Fuhlsbüttel.*

Im Wohnzimmer stehen ein rosa lackierter Arbeitstisch und vier Empire-Sessel, die mit nachtblauem Samt bezogen sind. An den Wänden hängen alte Schwarzweißfotos von Barbra Streisand und riesige Poster, die Arnold Schwarzenegger als *Conan der Barbar* und *Terminator* zeigen.

Die Wohnung ist wie Erdal selbst: irgendwie großartig und ziemlich anstrengend. Zwischendurch möchte man immer mal wieder kurz rausgehen und tief durchatmen.

Die Wohnung ist eine Bühne. Hier lebt man nicht, hier inszeniert man sich. Die Stehlampe neben dem Tisch sieht aus wie ein Scheinwerfer an einem Filmset, und die schweren Vorhänge in dunklem Lila wirken schuldig und so, als sollten sie nicht vor Licht, sondern vor Blicken schützen.

Mein Zuhause.

Ich koche mir einen Tee und schaue in die Schubladen einer kleinen Anrichte, die wahrscheinlich mal in Erdals Haus gestanden hat und vor dem Umzug in die Schanze nicht geleert worden ist, denn sie enthält merkwürdig praktische, alltägliche Dinge, wie man sie nicht braucht, wenn man das Abenteuer sucht: einen Taschenrechner, Büroklammern, Buntstifte, Geschenkpapier, Tesafilm, Briefpapier, Umschläge in verschiedenen Größen und jede Menge Briefmarken.

Ich nehme mir einen Bogen Papier und gehe zurück ins Bett.

Der Brief ist kurz. Hauptsache, schnell vorbei.

Lieber Oliver,

ich habe eine neue Adresse: Schulterblatt 79
(bei Küppers).
Bitte lass uns die Trennung vordatieren, damit wir
das Trennungsjahr nicht abwarten müssen.
Du willst eine schnelle Scheidung, und die will ich
auch.
Ich verzichte auf Unterhalt und nehme mir keinen
Anwalt.
Was in der Silvesternacht geschehen ist, tut mir
unendlich leid.
Und dass wir beide es nicht geschafft haben,
auch.

Alles Gute für dich.
Nicki

Meine Hand zittert. Ich atme, als sei ich gerade mit schmerzenden Lungen aus einem brennenden Haus geflohen.

Das soll es jetzt also gewesen sein?

Silvester. Babyphon. Scheidung.

Kein klärendes Gespräch. Keine gemeinsam geweinten Tränen. Jeder bleibt allein mit seinem Kummer, seinen Fragen, seinem Zweifel, seiner Wut.

Emotionen ohne Gegenüber sind wie Schläge in die Luft. Sie wirken nicht, und wenn du nicht aufpasst, reißen sie dich selbst von den Füßen. Verdammt, ich bleibe auf all meinen Gefühlen sitzen!

Kann ihm nicht mehr sagen, warum passiert ist, was passiert ist. Kann ihn nicht mehr fragen, warum passiert ist, was passiert ist. Kann ihn nicht beschimpfen, ihm nicht die Schuld geben, ihm kein schlechtes Gewissen machen, um mein eigenes wenigstens etwas zu erleichtern.

Fremdheit von jetzt auf gleich.

Gerade hast du noch über das Essen geredet, und jetzt redest du nie wieder. Eben wusstest du noch, wann er heute Abend nach Hause kommt, und auf einmal hast du keine Ahnung, mit wem er in Urlaub fährt.

Wenn er heiratet, stirbt oder Präsident des Bundesrechnungshofes wird, werde ich es, wenn überhaupt, aus der Zeitung erfahren.

Das ist kein Abschied. Das ist eine Sprengung.

Wie bei einem Hochhaus. Platziere die nötige Menge Sprengstoff an den richtigen Stellen, und es liegt nach einem Wimpernschlag in Trümmern.

So leicht, dass man sich nicht mehr vorstellen kann, dass in den Wohnungen Kinder in den Schlaf gesungen wurden und Menschen ihre Zukunft geplant haben.

Ich heule die Blumentapete an.

Mir ist schlecht von dem Klumpen Verzweiflung in meiner Kehle, und ich habe das dringende Bedürfnis, irgendwas zu zerstören. Bloß nicht alleine so kaputt sein.

Es ist bedauerlicherweise mein Telefon, das mir als Erstes in die Hände fällt.

Keine Anrufe, keine Nachrichten.

Sieben Tage sind seit Silvester vergangen, und mein Mann, dieses kaltherzige Arschloch, hat es nicht für nötig gehalten, mich ein einziges Mal anzurufen!

Wir waren fast zehn Jahre zusammen, und dann: kein Wort, Schluss.

Da geht einer, ohne sich noch einmal umzudrehen.

Eine Trennung wie ein Sekundentod.

Das habe ich schon einmal erlebt, aber das macht es nicht leichter. Im Gegenteil, ich weiß, was auf mich zukommt. Und ich weiß, dass ich das schon einmal nicht ertragen habe.

Mit aller Kraft schmeiße ich das Handy gegen die Wand.

Es zerschellt mit einem interessanten Geräusch. Als würde man auf eine besonders dicke Weinbergschnecke treten.

Ich renne ins Bad, trete auf die Splitter und kotze mit zerschnittenen Füßen und blutendem Herzen ins Klo.

Ein recht gelungener Ablenkungsversuch um 10 Uhr 10

«Liefje, wie schön, dich hier zu sehen!»

Ich blicke von meinem dritten Latte macchiato auf und schaue in das rosige Gesicht von Rona van Dongen. Dank ihrer offenherzigen holländischen Art ist sie leider nicht gewillt, mein Aussehen unkommentiert zu lassen.

«Meine Güte, was ist denn mit dir passiert? Hast du eine Allergie?»

Ich sitze im Café unter den Linden bei mir um die Ecke, und da mich hier niemand kennt, habe ich mir wenig Mühe mit meinem Erscheinungsbild gegeben.

Meine verpflasterten Füße habe ich in Ugg Boots verstaut. Ich kenne eigentlich niemanden, der diese Stiefel auf Nachfrage hin wirklich schön findet. Du siehst darin aus wie Fossibär bei einem Spaziergang auf dem Mond, und du solltest sie nur dann tragen, wenn du garantiert keine sexuellen Kontakte wünschst. Im Grunde genommen sind Ugg Boots ein ebenso sicheres Verhütungsmittel wie die Pille.

Aber sie sind lieb zu deinen Füßen, praktisch und bequem – wie der filzige Fleece-Pullover und die ausgeleierte Jogginghose, die ich anhabe.

Mein Gesicht wage ich mir kaum vorzustellen. Als ich nach der Zerstörung meines Handys die Wohnung verließ, um den Brief an Oliver einzuwerfen, sah ich aus, als hätte ich zwei Tage lang heulend durchgesoffen und wäre zu guter Letzt auch noch verprügelt worden. Daran hat sich offensichtlich noch nicht viel geändert.

«Keine Allergie», sage ich mit immer noch stetig vor sich hin tropfender Nase, «Scheidung.»

«Na, da komme ich doch wie gerufen.» Rona legt ihre Hand auf meinen Unterarm. Der verfilzte Fleece-Stoff scheint sie nicht abzuschrecken.

«Arbeitest du denn auch am Wochenende?»

Rona erzählte mir auf unserer Heimfahrt nach dem Schminkkurs, dass sie sich vor zwei Jahren als Paar- und Sexualtherapeutin selbständig gemacht und gerade einen Beziehungsberater geschrieben habe.

«Ja, ich bin auf dem Weg zur Boutique Bizarre auf der Reeperbahn, um neue Sexspielzeuge für meine Praxis zu kaufen. Es wirkt oft Wunder, wenn ich sexlosen Paaren Hausaufgaben mitgebe. Den Demutsgürtel und das Lust-Ei mit Powervibrationen und stufenlos regulierbarem Reizregler sollte es auf Krankenschein geben. Komm doch mit, Nicki, manchmal ist Ablenkung die beste Therapie, und vielleicht findest du ja dort einen neuen Freund für den Übergang.»

Am 8. Januar um 6 Uhr 30, Erinnerung an einen ungewöhnlichen Tod: «Er kam nicht zurück, und sie fanden ihn nicht.»

Ich lebe jetzt vorübergehend mit *James* und *Big Boss* zusammen. Die beiden stehen einträchtig nebeneinander auf dem Servierwagen.

James ist laut Verpackung ein «klassischer schwarzer Vollgummi-Dildo mit ausgeprägter Eichel und stabilem Standhoden», während es sich bei *Big Boss* um einen «modernen Vibrator der Generation G4 mit vier Vibrationsprogrammen handelt, die sich über das beleuchtete Bedienteil direkt anwählen lassen».

Rona hat recht gehabt, die Boutique Bizarre brachte mich auf andere Gedanken.

Als eher dörflich geprägter Mensch mit sehr, sehr übersichtlichen Erfahrungen im Bereich der Sexspielzeuge bin ich ihr mit einer Mischung aus Faszination und Scham mal rot und mal blass werdend durch den zweistöckigen Laden gefolgt.

Mein Outfit, ich steckte nach wie vor in Ugg Boots und Fleece-Pullover, war mir jetzt noch unangenehmer, hatte ich doch den Eindruck, dass mich die mitleidigen Blicke der Verkäufer verfolgten, als würden sie denken, dass sich die Alte bei einer derart reizfreien Aufmachung nicht wundern muss, dass sie keinen echten Mann abbekommt und einen Dildo braucht.

Als Rona nach einer Stunde ihren Einkaufskorb mit Bondage-Sets, Gummipenissen, Analkugeln und Sexvideos selbstbewusst zur Kasse brachte, stand ich immer noch mit leeren Händen und geröteten Ohren zwischen monströsen Schwänzen, angsteinflößenden Vaginen und Vibratoren, die aussahen wie schillernde Außerirdische, die in *Star Wars* mitspielen könnten.

«Komm, Liefje, ich habe alles, was ich brauche», sagte Rona munter und schob mir zwei Penisse zu. «Ich leih dir die beiden Jungs zum Ausprobieren. Und den, der dir besser gefällt, schenk ich dir.»

Ich spürte, wie ich hochrot anlief, als der Kassierer mich fragte: «Hast du einen Laptop bei dir zu Hause?»

«Ich?», kiekste ich erschrocken. «Ja, wieso?»

«Für den *Big Boss*, zum Aufladen. Ein USB-Kabel liegt bei.»

Ich nickte benommen.

Meinen ersten und letzten Vibrator hatte ich vor sechzehn Jahren gekauft. Da waren die Dinger noch batteriebetrieben.

Ich mache mir einen Tee, setze mich zu meinen beiden männlichen Mitbewohnern und blättere in einem alten Magazin.

Darin ein altes Gesicht. Ein faszinierendes Gesicht. Die Modeschöpferin Diane von Fürstenberg. Meine Güte, was für eine Gnade, wenn man so alt werden und so schön bleiben darf.

Gute Gene, kombiniert mit der richtigen, kostspieligen Hautpflege, dürften da eine nicht untergeordnete Rolle gespielt haben.

Zum Glück habe ich, kurz bevor ich aus meinem finanziell sorglosen Leben herausflog wie eine Achterbahn aus der Kurve, noch die komplette *Skin Biology Therapie*-Pflegeserie aus den *Research Laboratories* des Hamburger Hautpapstes Professor Volker Steinkraus gekauft, inklusive *Cell Culture Balance Care, Cell Culture Age Care Firming Serum* und *Age Care Eye Redefiner.*

Damit könnte ich schätzungsweise zwei Monate auskommen, vielleicht sogar drei, wenn ich, was ich bisher nie getan habe, sorgfältig haushalte.

Und dann?

Wird dann die Natur das Kommando in meinem Gesicht übernehmen? Werde ich bald schon aussehen wie eine ehemals blühende Landschaft? Werden sich Falten im Zeitraffer ausbreiten, wenn sich ihnen keine hochentwickelte Hauttherapie mehr kampferprobt entgegenstellt?

Und mein Haaransatz? Da ich mir einen Friseur wie Marcello nicht mehr leisten kann, wird er von mir in dilettantischer Heimarbeit nachgefärbt werden müssen.

Ich habe sehr unschöne Erinnerungen an meine Experimente mit Färbeprodukten für den Hausgebrauch. Zielsicher bin ich in alle Färbefallen getappt, die das Leben für Frauen bereithält, die glauben, einmal blond sein zu müssen, sommerliche Lichtreflexe ins Haar zaubern wollen oder meinen, mit einem geheimnisvollen Schimmer von Aubergine das eigene stumpfe Braun aufpimpen zu müssen.

Statt blond wurde ich orange. Nach der Behandlung mit Lichtreflexen sah ich nicht etwa aus, als hätte ich den Sommer auf einer Yacht vor Monte Carlo verbracht, sondern erinnerte fatal an Limahl von der Band Kajagoogoo. Die Aubergine-Tönung endete in einem dauerhaften Grünstich, der sich nicht überfärben ließ und rauswachsen musste.

Nach diesem *Bad Hair Year* schwor ich mir, nur noch Profis an mein Haar zu lassen.

Von meiner natürlichen Haarfarbe habe ich eigentlich von jeher nicht viel gehalten. Wie sagt Donatella Versace? «Ich glaube nicht an eine natürliche Haarfarbe. Für mich hat Natürlichkeit etwas mit Gemüse zu tun.»

Ich glaube ja auch, wie die meisten mir bekannten Frauen, nicht an natürliche Wimpern. Die stummeligen Borsten werden getuscht, gefärbt, mit einer Zange in Form gebracht – und bleiben letztlich doch immer das, was sie sind: zu kurz und zu spärlich.

Erst neulich habe ich mir deshalb wieder einen kompletten Satz neuer Nerzwimpern gegönnt, eine unerhört teure Angelegenheit. Jede einzelne Wimper ist so unfassbar wertvoll, dass ich mir angewöhnt habe, nur noch mit Taucherbrille zu duschen, um keine von ihnen im Abfluss verschwinden zu sehen.

Ohne meinen Trainer Marco werden meine Muskeln innerhalb kürzester Zeit wieder butterweich werden, und der Abstieg meines Pos wird unaufgehalten voranschreiten.

Bald werde ich genauso aussehen, wie ich von der Natur gemeint bin: eine dreiundvierzigjährige Frau mit Hängebäckchen, runzligen Knien und überschüssiger Hornhaut an den Fersen.

Ich könnte diese unglückselige Phase meines Lebens natürlich auch als einmalige Gelegenheit sehen, dem Schönheitsterror ein für alle Mal zu entfliehen.

Endlich diesen eitlen, unnützen, irren Wettbewerb um Jugendlichkeit und Faltenfreiheit ganz lässig hinter mir lassen? Einfach nicht mehr auf die Selbstoptimierungseinpeitscher hören, sich mit Buch und Cognacschwenker zurücklehnen und sich ganz der geistigen Reifung widmen?

Ich könnte so tun, als seien mir Äußerlichkeiten nicht so wichtig, jetzt, wo ich sie mir nicht mehr leisten kann.

Ich hätte alles haben können. Mann, Liebhaber, Personal Trainer und das regelmäßige und professionelle Auffüllen meiner Nerzwimpern!

Aber ist alles genug?

Auf die Frage, warum ihre Beziehung zu dem italienischen Schriftsteller Alain Elkann scheiterte, erzählt Diane von Fürstenberg, wie sie versucht habe, sich zu verändern, um ihm besser zu gefallen. Sie sagt: «Als ich endlich so war, wie Alain mich haben wollte, fand er mich nicht mehr begehrenswert und begann eine Affäre mit einer meiner Freundinnen. Ich hatte die Quittung verdient. Ich erlebte, was alle Frauen erleben, die ihre Persönlichkeit zugunsten eines Mannes aufgeben: Sie werden als unsexy beiseitegeschoben.»

Wäre ich bloß so geblieben, wie ich war. Ich war mal ohne falsche Wimpern glücklich. Jetzt muss ich es mühsam wieder werden.

Es ist wie mit dem Rauchen. Wenn du einmal damit anfängst, musst du dein Leben lang ein Bedürfnis stillen, das Nichtraucher nie kennengelernt haben.

Ich rauche eine Zigarette, obschon ich mir fest vorgenommen habe, niemals tagsüber und niemals in der eigenen Wohnung zu rauchen. Aber für einen Ausnahmezustand, finde ich, müssen Ausnahmeregeln gelten dürfen.

«Und was sagst du dazu, *James*?», frage ich den Penis mit Standhoden.

O Gott, ich bin zu einer Frau geworden, die sich sonntags morgens mit ihrem Dildo unterhält! So kann es nicht weitergehen.

Ich schaue aus dem Fenster. Unten liegt ein vertrockneter Weihnachtsbaum am Straßenrand, im Licht der Straßenlaterne glitzern Lamettareste. Auch das noch.

Ich finde, es gibt nichts Deprimierenderes als Weihnachtsbäume nach Weihnachten. Der unter meinem Fenster kommt mir vor wie ein Mahnmal meines jetzigen Daseins: schmucklos, verdorrt, ein paar Lamettafäden erinnern noch an den Glanz vergangener Tage.

Na, na, jetzt nicht allzu sentimental werden, versuche ich mich innerlich zur Ordnung zu rufen, erfolglos selbstverständlich.

Wenn sie einmal anfängt, sich breitzumachen, ist Sentimentalität nicht mehr zu stoppen. Mir persönlich ist keine Frau bekannt, die ihre Gefühle, ganz besonders die negativen und schwermütigen, unter Kontrolle hätte. Was nicht daran liegt, dass wir unsere Gefühle nicht kontrollieren können. Wir wollen es nicht!

Wir wollen sie haben und nicht nicht haben. Wir wollen sie auskosten.

«Weinend amüsiert sich der Ungar», heißt es. Frauen sind wie Ungarn. Wir genießen unsere Tränen, und es wäre jammerschade um jede, die wir nicht weinen, sondern verdrängen oder wegrationalisieren würden.

Also weine ich ein bisschen wegen des toten Baumes und denke an Weihnachten und an die kalte Platte mit ausgesuchten Variationen von Meeresfrüchten, die ich meinem Mann an Heiligabend vorgesetzt habe.

Ich wollte auf Nummer sicher gehen – denn in einer Zeit, in der sich Rezepte für Weihnachtskekse und gefüllte Truthähne wie Doktorarbeiten lesen, werde ich zunehmend zum Außenseiter.

Bereits Mitte November beginne ich üblicherweise zu grübeln, wie ich ein Desaster am Weihnachtsabend vermeiden könnte. Oliver kocht ausgezeichnet, aber ich folge grimmig einer langen, unglückseligen Tradition, nach der in unserer Familie die Frauen den Heiligen Abend kulinarisch ruinieren. Meine Mutter ist mir da stets mit leuchtendem Beispiel vorangegangen.

Jedes Weihnachten aufs Neue hatte sie versucht, etwas ganz Besonderes auf den Tisch zu bringen, und dabei jemandem geähnelt, der noch nie als Schauspieler auf einer Bühne gestanden hat, am Heiligen Abend aber unbedingt den Hamlet geben will.

Ich erinnere mich an Enten, die als solche nicht mehr zu erkennen waren, und an gefüllte Gänse, die komplett entsorgt werden mussten, weil sie vergessen hatte, den Plastikbeutel mit den Innereien zu entfernen. Für unseren Hund waren das Festessen gewesen.

Gerichte, die in mehr als zwei Töpfen zubereitet werden müssen, versetzen mich in Panik, und ich sehe dem weihnachtlichen Schlemmen regelmäßig mit Sorge entgegen.

An diesem Weihnachten geriet ich unter ganz besonderen Druck, weil ich im Tennisclub ständig von Frauen umzingelt war, die mit mir raffinierte Tricks austauschen wollten. Frischem Rotkohl, hieß es, könnte ich ein besonders pfiffiges Aroma verleihen, indem ich ihn über Nacht in eine Orangenmarinade einlege, die mit dreißig Jahre altem Sherry abgeschmeckt wird.

Ich entschied mich lieber für Fertigwaren. Die Meeresfrüchte – Garnelen, Hummer, Jakobsmuscheln und Austern im Wert von zweihundertfünfzig Euro – musste ich nur noch hübsch arrangieren, was mir auch leidlich gelungen ist.

Oliver und ich haben an unserem riesigen Esstisch gesessen, unseren riesigen Christbaum bewundert und mit einer Magnumflasche Champagner auf Weihnachten angestoßen.

Ich habe so getan, als sei ich glücklich. Heimlich aber fragte ich mich wie schon in den vergangenen Jahren, wann genau eigentlich meinem Weihnachten der Zauber verlorengegangen war.

Ob es eine der unerwünschten Nebenwirkungen des Älterwerdens ist, dass einem die Fähigkeit zur Vorfreude verlorengeht? Dass man Weihnachten nicht mehr genießt, sondern bloß noch daran denkt, wie schön es früher war? Und warum war es früher schöner? Kann man nur eine begrenzte Anzahl an Weihnachtszeiten glücklich feiern?

Oliver lobte meine Entscheidung, nicht selbst gekocht zu haben, tunkte seine Langustenschwänze in die Cocktailsauce, verschickte ein paar Weihnachtsgrüße per SMS, und letztlich waren wir beide froh, als das Essen vorbei war, wir keine Konversation mehr machen mussten und endlich anfangen konnten, die neue Staffel von *Downton Abbey* auf DVD zu gucken.

Gegen Mitternacht war meine Laune auf dem Nullpunkt angelangt, weil ich immer noch keine SMS von Tom bekommen hatte und ich mir zum wiederholten Male vornahm, gelassener und selbstbewusster im Umgang mit meinem Geliebten zu werden. Genauso gut, das war mir klar, hätte ich beschließen können, ab morgen fließend Chinesisch zu sprechen. Außerdem hatte der Hummer einen fiesen Nachgeschmack in meinem Mund hinterlassen.

Um eins fing Oliver an zu kotzen.

Ich fuhr ihn in die Notaufnahme des nächsten Krankenhauses, wo er sich den Magen auspumpen lassen musste. Die Meeresfrüchte hatten ihm eine handfeste Eiweißvergiftung beschert.

Das war also, ohne dass wir es wussten, unser letztes gemeinsames Weihnachten gewesen. Es hätte schlechter nicht sein können.

Ich löse meinen Blick von dem Weihnachtsbaum auf der Straße. Was für ein trister Tag. Ich muss etwas gegen das Gefühl tun, nichts tun zu können.

Als sich das Tor mit leisem Summen öffnet, schaue ich mich vorsichtig um. Der Tennisclub ist um diese Zeit, sonntagmorgens um halb acht, noch so gut wie leer. Dasselbe gilt für das Schwimmbad.

Der Bademeister begrüßt mich mit einem kurzen, freundlichen Nicken.

Mein Vater brachte mir das Schwimmen bei, als ich vier war. Ich erinnere noch den Moment, als er stolz und begeistert rief: «Mein Schätzelein kann schwimmen!» In der kleinen Schwimmhalle unseres Ferienhotels im Sauerland hallte seine Stimme wie Donner, und die Damen mit ihren blumigen Badehauben fuhren erschrocken zusammen.

Andere Eltern gehen mit ihren Kindern spazieren. Mein Vater und ich gingen miteinander schwimmen.

Wir schwammen nebeneinanderher, im gleichen Rhythmus, schweigend. Einatmen, gleiten, ausatmen. Einatmen, gleiten, ausatmen.

Im Meer und in Seen schwammen wir immer weit raus. Ich hatte nie Angst. Meine Mutter schon, aber das gestand sie mir erst Jahre später.

Bis heute gehe ich schwimmen, wenn ich mich beruhigen, nachdenken oder nicht alleine fühlen will. Im Wasser kann ich mir vorstellen, mein Vater sei nicht tot, sondern wir würden nur zusammen schweigen.

Obwohl das Außenbecken im Tennisclub ganzjährig beheizt ist, wird es im Winter kaum benutzt. Ich mag es, wenn Nebel über dem dunklen Wasser liegt. Dann wirkt das Becken groß wie ein See bei Nacht.

Einatmen, gleiten, ausatmen. Einatmen, gleiten, ausatmen.

Das Schwimmen zwingt mich zur Ruhe.

Ich sehe den breiten Rücken meines Vaters. Er hebt und senkt sich im Wasser wie der Rücken eines alten Wals, voller Kraft und ohne Eile.

Ich fühle mich in Sicherheit an seiner Seite.

Er hat mich immer geliebt, daran gab es nie den geringsten Zweifel.

Ob er das immer noch tun würde?

An dem Tag schwamm er ohne mich los.

Ich lag am Strand und las. Ich sah kurz zu ihm hoch, als er aufstand. Ich hatte nur noch vierzig Seiten vor mir.

«Bis gleich.»

Ich hätte gern ein gewichtigeres Buch gelesen, während er starb. Aber es war nun mal *September* von Rosamunde Pilcher. Ich las den Roman schon zum zweiten Mal, weil ich mich darin sicher fühlte. Anders als zu jener Zeit in meinem eigenen Leben, in dem ich vor einem halben Jahr nach München gezogen war und dort begonnen hatte, Germanistik zu studieren.

Ich war zwanzig und hatte Heimweh und Liebeskummer und Angst. Mir fehlte alles, wovon ich gedacht hatte, ich würde froh sein, es endlich los zu sein, sogar mein winziges Zimmer mit der Dachschräge und dem Flokati.

Seit ich in München die winzige Wohnung an der Schleißheimer Straße bezogen hatte – gleich an der Ampel Ecke Schellingstraße, wo die Laster besonders in den frühesten Morgenstunden direkt neben meinem Kopfkissen prustend und quietschend zum Stehen kamen, um gleich darauf röhrend wieder anzufahren –, glaubte ich, es könne kein schöneres Geräusch auf der Welt geben als das Klappern von Kochtöpfen, in denen meine Mutter liebevoll eine wenig schmackhafte Mahlzeit zubereitet.

Ich fuhr jedes Wochenende nach Hause. Sechshundertsechzig Kilometer. Und wann immer ich zu Hause eintraf, meist freitagabends gegen zehn, war ich erstaunt und auch ein wenig verstimmt, meinen Vater und meine Mutter nicht wehmütig über Fotoalben aus meiner Kindheit gebeugt vorzufinden.

Ich hatte das Gefühl, dass ich sie mehr vermisste als sie mich.

Andere klagten über Klammereltern. Ich fragte mich, ob es außer mir noch andere Klammerkinder gab, die Probleme mit der Abnabelung vom Elternhaus hatten.

Ich war mit meinen Eltern fünfzehn Jahre lang jeden Sommer nach Ungarn gefahren, immer in dasselbe Dorf, immer auf denselben Bauernhof.

Mein Vater hatte ein paar Semester in Budapest studiert

und liebte das Land. Er sprach ein wenig Ungarisch und blühte auf, wenn er Csárdás hörte, Gulyássuppe aß und in den Balaton hinausschwamm.

Seit ich denken konnte, hing über unserem Esstisch ein Ölgemälde, das eine ungarische Landschaft zeigte. Ein düsterer Himmel über der Puszta und ein Hirte, der an einem Ziehbrunnen zwei Kühe tränkt.

Ob das Bild schön ist, habe ich mich nie gefragt. Es war einfach immer da. Es gehörte zu meinem Zuhause wie die knarrende Treppe, das quietschende Gartentor, der Hund, der oft und laut furzte, der Brockhaus aus dem Jahr 1983 und der Kirschbaum vor meinem Fenster, der in meiner Erinnerung immer blühte.

Das Gemälde ist das Einzige, was ich nach dem Tod meiner Mutter behalten habe. In unserem Hamburger Penthouse wirkte es zum ersten Mal hässlich.

Ich habe es unserer Wohnung übelgenommen, dass sie nicht zu meinem geliebten Bild passte, und ich habe es Oliver sehr hoch angerechnet, dass ich das fragwürdige Gemälde trotzdem über den Esstisch hängen durfte – gegen den entschiedenen Einspruch von Bärbel von Wilamovitz.

Ich freute mich jeden Tag aufs Neue, dass das Bild – gemeinsam mit mir – den Gesamteindruck der Wohnung zerstörte.

Ich mag es nicht, wenn alles passt. Perfektion und gewollt Unperfektes lösen in mir eine ungute Mischung aus Langeweile und Neid aus.

Ich liebe Schandflecke, Unvollkommenheiten und Schweißflecken unter den Armen anderer Leute. Nichts entspannt mich so sehr wie ein Fleck auf einem edlen Sofa, eine

Delle in einem teuren Auto oder eine krumme Nase in einem schönen Gesicht. Wenn ich nicht ab und zu das Scheitern anderer miterleben dürfte, würde mich der oft vergebliche Kampf gegen meine eigenen Unzulänglichkeiten allzu sehr zermürben.

Es war Ende August, und es roch nach Spätsommer und gemähten Wiesen. Dass ich mit zwanzig noch einmal mit meinen Eltern am Balaton Urlaub machte, rechtfertigte ich vor mir selbst mit dem fünfzigsten Geburtstag meiner Mutter, den wir dort feiern wollten. In Wahrheit genoss ich es, mich wieder wie ein Kind zu fühlen, das sich noch nicht überlegen muss, was es mal werden will, und von seiner Mutter regelmäßig gefragt wird, ob es sich auch gut eingecremt hat.

Ich hasste es, auf einmal als erwachsen zu gelten und ein Ziel haben zu müssen. Ich hatte von jeher diejenigen aus meiner Klasse beneidet, die seit der achten Klasse wussten, dass sie Maschinenbauer, Arzt oder Grundschullehrerin werden wollten.

Auf die nervtötende Frage, was ich nach dem Abi machen wolle, gab ich bis zum letzten Schultag Antworten wie: «Irgendwas mit Sprache. Oder vielleicht Tiermedizin. Oder erst mal ins Hotelfach.»

Ich hatte keine Idee für meine Zukunft, kein eindeutiges Talent, das mir den Weg wies, und ich verbrachte immer wieder zermürbende Stunden in Berufsinformationszentren mit der Hoffnung, in den Regalen einen Hinweis auf meine Bestimmung zu finden.

Mit Germanistik hatte ich angefangen, weil ich dachte, damit am wenigsten falsch zu machen. Das Gefühl, das Richtige zu tun, hatte ich allerdings auch nicht. Und mir graute schon vor der Frage: «Und was willst du nach dem Studium machen?»

Ich sehnte mich in die Schule zurück, nach Stundenplänen, nach geregelten Mahlzeiten, nach klaren Aufgaben wie Matheklausur und Englischreferat.

Ich wollte nichts werden müssen.

Ich lag am winzigen Strand von Gyenesdiás, unserem Ferienort am Nordufer des Balaton. Ein Steg führte ins Wasser, und erst nach etwa hundert Metern, die man durch einen Schilfkorridor schwimmen musste, öffnete sich der See zu seiner atemberaubenden Größe.

Es war schon nach sieben, Abendstimmung. Die Mücken tanzten in den letzten Strahlen der Sonne. Der Strand war leer, die ersten Angler kamen und begannen, ihre Ausrüstung und ihre Holzruderboote vorzubereiten.

Als ich mein Buch zuklappte, wusste ich nicht, wie lange ich gelesen hatte. Es dämmerte, und die Angler waren bereits weit auf den See hinausgefahren. Meinen Vater sah ich nicht.

Sein Handtuch und seine Sachen lagen noch da.

Ich wartete.

Ob das ein Fehler war?

Es wurde schnell dunkel. Ich hatte mir in meinem Leben noch nie Sorgen um meinen Vater gemacht.

Ich fing zu spät damit an.

Könnte er noch leben, wenn ich ihn nicht für so verdammt unsterblich gehalten hätte?

Irgendwann fing ich an zu rufen.

Irgendwann fing ich an zu schreien.

Ich schwamm los. Ich schrie weiter und spuckte schwarzes Wasser. Zwei Angler zogen mich in ihr Boot und ruderten mich ans Ufer zurück. Sie machten mir in gebrochenem Deutsch und mit rollendem R klar, sie würden die Polizei alarmieren. Ich sollte am Strand warten für den Fall, dass mein Vater zurückkäme.

Er kam nicht zurück.

Er wurde nie gefunden.

Ich saß drei Tage und drei Nächte am Ufer. Scheinwerfer, Motorboote, Suchhunde, die schnüffelnd den Schilfgürtel entlangliefen.

Die Feriengäste mieden den Strand. Sie hatten Angst vor meinem Vater. Sein Verschwinden hatte dem See seine Unschuld geraubt.

Mein Gefühl war, dass die Urlauber neben Mitleid, Neugier und der Vorfreude, zu Hause eine tragische Geschichte erzählen zu können, auch einen gewissen Ärger empfanden, wie es einer hatte wagen können, ausgerechnet während ihrer Ferien zu ersaufen und das Wasser zu verunreinigen.

Nach drei Tagen wurde die Suche eingestellt.

Wir fuhren nach Deutschland zurück.

Meine Mutter und ich wechselten uns alle drei Stunden am Steuer ab und übernachteten in der Nähe von Würzburg.

Mein Vater war immer durchgefahren.

So richtig übel reingelegt um 8 Uhr 30

Die Stunde im Wasser hat mir gutgetan. Der Morgen wirkt jetzt weniger grau. Ich ziehe mich eilig an, um möglichst niemandem zu begegnen, und denke über Erdals Angebot nach. Gegen den Job spricht eigentlich nur, dass ich mir ganz gerne noch ein wenig in Ruhe leidtun würde.

Und dann passiert genau das, was nicht passieren sollte. Zwei verschwitzte Frauen im Tennis-Outfit betreten die Umkleidekabine.

«Hallo Nicki! Ich habe dich vorhin schon schwimmen sehen. Hätte ich ja nicht gedacht, dich hier noch mal zu treffen.»

Mein schmallippiges Lächeln trifft auf das noch schmallippigere Lächeln von Claudia, Lavinias Adam & Eve-Freundin.

«Hallo Claudia, schon so früh auf dem Platz?»

«Tja, man tut, was man kann. Ich habe gehört, dass Oliver die Scheidung will. Du Ärmste, wie geht es dir denn jetzt?»

«Sehr gut. Oliver und ich sind uns ja vollkommen einig. Wir wollen beide die Scheidung.»

«Ach, das freut mich aber. Diese Silvesternummer von dir fand ich ja ziemlich hässlich. Als deine Freundin kann ich dir das ja so offen sagen. Aber wie schön, dass sich jetzt alles zum Guten wendet.»

«Stimmt. Meine neue Wohnung ist toll, und morgen früh um neun fange ich als rechte Hand von Erdal Küppers an.»

«Ach, sieh mal an, eben noch Hausfrau und jetzt Event-Lady. Du hast aber schnell wieder Oberwasser. Aber das mit Wohnung und Job meinte ich eigentlich gar nicht.»

«Was denn?»

Ich Volltrottel! Mir ist sofort klar, dass ich, statt zu fragen, besser in aller Eile das Weite gesucht hätte.

«Ich meine das mit Lavinia und Oliver. Du hast ja sicher mitbekommen, dass die beiden für ein paar Tage nach Kitzbühel gefahren sind. Sie passen perfekt zueinander, das musst du zugeben. Ich habe mich schon länger gewundert, warum ihr bei so wenig Gemeinsamkeiten überhaupt noch verheiratet seid. Bist du jetzt mit deiner Affäre zusammen?»

Mir wird schlecht.

Ich nicke, und weil ich Claudia nicht vor die Füße kotzen möchte, obschon sie es wirklich verdient hätte, greife ich eilig meine Tasche und gehe zur Tür.

Ich habe schon die Klinke in der Hand, als Claudia mit schneidender Stimme sagt: «Nicki, meine Liebe, es macht dir doch nichts aus, wenn ich mal kurz in deine Tasche schaue, oder?»

«Wie bitte?»

«Ich bin mir ziemlich sicher, dass ich vor meinem Tennismatch mein Handy in die Tasche meines Mantels gesteckt habe. Und jetzt ist es nicht mehr da. Nimm es bitte nicht persönlich. Du weißt ja, wie viel hier wegkommt.»

«Sag mal, spinnst du? Du glaubst, ich würde dein Handy klauen?»

«Süße, natürlich glaube ich das nicht. Nur ein kurzer Blick zur Sicherheit. Vielleicht habe ich das Handy ja zu Hause vergessen.»

Glaubt diese vermaledeite Pissnelke wirklich, dass ich mich auf ihr entwürdigendes Machtspielchen einlasse?

Ich öffne die Tür. «Wenn du mich jetzt bitte entschuldigen würdest.»

«Steffi, holst du bitte den Platzwart? Ich möchte nicht, dass Nicola diesen Raum ohne Taschenkontrolle verlässt.»

Claudia lächelt mich an.

Ihre Tennispartnerin eilt davon.

Ich könnte heulen vor Wut und Hilflosigkeit. Das hier ist selbst mir etwas zu viel Emotion. Jahrelang geschah in meinem Leben so gut wie nichts, warum muss jetzt alles gleichzeitig passieren?

Draußen sind Schritte zu hören.

«Du musst das verstehen», sagt Claudia leise, «Lavinia ist meine Freundin, und deine Nummer an Silvester war wirklich unterste Schublade. Wir alle im Club wollen dich hier nie wieder sehen.»

Ich verstehe noch immer nichts.

«Darf ich ausnahmsweise?»

Der gutartige Herr Kruse betritt die Damenumkleide.

Was für eine kranke Situation!

Ich reiche dem betreten dreinschauenden Platzwart meine Tasche. Er wirft einen kurzen Blick hinein. Offenbar will er das Ganze so schnell wie möglich hinter sich bringen.

Als er ein Handy aus meiner Tasche zieht, ist er mindestens so entsetzt wie ich.

«Hab ich's mir doch gedacht!», keift Claudia und greift nach ihrem Telefon. «Ich möchte gar nicht wissen, was du dir in den letzten Monaten sonst noch alles unter den Nagel gerissen hast.»

Ich bringe keinen Ton heraus. Herr Kruse auch nicht. Die Frau namens Steffi schüttelt angewidert ihren Kopf, als hätte sie es immer schon geahnt, dass ich kleptomanisch bin.

Mir ist jetzt völlig klar, was geschehen ist. Aber mir ist auch völlig klar, dass mir das niemand glauben würde.

Claudia hat ihr Handy in meine Tasche gelegt, während ich schwimmen war – der schnellste und sicherste Weg, mich loszuwerden und ganz nebenbei noch bei Lavinia zu punkten.

Ich kriege kaum noch Luft. Die beschämte Bestürzung im

Gesicht von Herrn Kruse, die schlecht geschauspielerte Entrüstung von Claudia: nicht auszuhalten.

Ich weiß, dass ich mich jetzt nur falsch verhalten kann. Ich starre auf den Boden und spüre, dass ich schuldig aussehe.

«Ich verzichte auf eine Anzeige», sagt Claudia, «aber wenn Sie, Herr Kruse, so freundlich wären, der Dame ihre Clubkarte abzunehmen. Das dient unser aller Sicherheit. Der Vorstand wird ihr morgen die fristlose Kündigung schicken.»

«Man sieht sich im Leben immer zweimal», höre ich mich ton- und phantasielos hervorpressen.

«Das halte ich für sehr unwahrscheinlich», sagt Claudia und lacht, als sich die Tür hinter mir schließt.

**Am 25. Januar um 9 Uhr 15,
relativ stabil am Kaffeeautomaten: «Er hätte mich ja auch sofort erschießen können. Insofern habe ich sogar richtig Glück gehabt.»**

«Guten Morgen, Leonie! Magst du einen Muffin?»

«Geh mir weg damit. Ich muss bis morgen schlank sein.»

«Aber du bist doch schon schlank», sage ich ein wenig spitz und schiebe mir einen Muffin in den Mund.

Wenn ich eines nicht leiden kann, dann dünne Frauen, die mit ihrem Gewicht kokettieren. Das ist pietätlos den Frauen gegenüber, die tatsächlich und unübersehbar ein Gewichtsproblem haben.

Schlimm sind die Klappergestelle in Größe vierunddreißig, die bei gesetzten Essen die Kartoffeln unberührt liegen lassen und seufzen, sie würden ja normalerweise essen wie die Scheunendrescher, müssten aber zwischendurch einfach mal die Reißleine ziehen und zwei, drei Kilo abnehmen.

Und dann streichen sie sich vielsagend über den nicht vorhandenen Bauch und behaupten, das Kleid würde bereits ein wenig spannen.

Wahr ist, dass bei denen noch nie irgendwas gespannt hat, dass sie seit mindestens fünfzehn Jahren nicht mehr satt waren und dass sie Frauen ab Kleidergröße achtunddreißig für Walrosse halten.

Ich hatte einmal das Pech, dass bei einer Wasserschlacht zweier Halbstarker die Hosen von Lavinia und mir völlig durchnässt wurden. Der Bademeister unseres Clubs war so freundlich gewesen, sie auf der Leine neben seinem Kabuff zum Trocknen aufzuhängen.

Zu der Zeit trug ich noch die sehr reale Größe zweiundvierzig, und im direkten Vergleich wirkte meine Hose neben Lavinias wie ein Bettlaken neben einem Taschentuch.

Für alle sichtbar wogten die ungleichen Kleidungsstücke im Wind, eine beschämende Ermahnung an alle, die ihre Kartoffeln nicht am Tellerrand liegen lassen.

Ich habe nicht gewartet, bis meine Hose trocken war. Am selben Tag fing ich an, auf alles zu verzichten, was lecker ist.

«Du müsstest mich mal nackt sehen», sagt Leonie und schaut vorwurfsvoll an sich herunter. «Zwei Kinder gehen an keinem Körper spurlos vorüber. Ich sehe aus wie ein Hängebauchschwein. Jeder Muffin, den ich esse, fällt direkt in diese unansehnliche Fettschürze hinein.»

Ich bleibe skeptisch und muss leider sagen, dass mein Bauch auch aussieht, als hätte ich zwei Kinder bekommen, was ich als extrem ungerecht empfinde – ich weiß bloß nicht, bei wem ich mich darüber beschweren soll.

«Und warum musst du ab morgen schlank sein?»

«Ich glaube, ich habe gestern mit dem holländischen Außenminister geschlafen, und falls er sich noch mal meldet, möchte ich ansehnlich und zu allem bereit sein.»

Ich mag Geschlechtsverkehrsscherze am Morgen. «Wie nett, ich liebe Holländer. Sie sind fröhlich und unkompliziert und haben immer so lustige Vornamen.»

«Stimmt. Meiner heißt Henk.»

«Leonie? Bist du betrunken?»

«Vielleicht noch ein ganz kleines bisschen. Du glaubst doch nicht, dass ich nüchtern mit einem wildfremden Ausländer, noch dazu Politiker ...»

«Das ist ja unglaublich! Warte, ich hole uns erst mal einen Kaffee!»

Auf dem Weg zur Maschine genieße ich die Vorfreude, endlich eine wirklich ungewöhnliche Geschichte erzählt zu bekommen, die nichts mit der fortschreitenden Verkorksung meines Lebens zu tun hat.

Ich arbeite jetzt die dritte Woche bei Food & Dance, und es geht mir viel besser, als ich gedacht hätte.

Aus dem Tennisclub bin ich rausgeflogen, Feinkost Lindner kann ich mir nicht mehr leisten, gestern habe ich mir meine Fußnägel selber geschnitten, und in der «Bunten» fand ich letzte Woche ein kleines Foto von Lavinia und Oliver bei einer Shop-Eröffnung. Darunter stand: «Reeder-Tochter Lavinia Stern mit ihrem Begleiter Oliver Kubit.»

Sie haben auch noch unseren Namen falsch geschrieben. Es fehlte ein t.

Ich frage mich, warum ich nicht alle paar Meter schreiend zusammenbreche, mein schweres Schicksal beklage, Claudia, Lavinia und Oliver verfluche und kleine Voodoopuppen mit ihren Gesichtern bastele, um sie abends vor dem Einschlafen mit glühenden Nadeln zu durchbohren.

Es ist, als würde mein Kummer eine kleine Auszeit nehmen, weil er sich selbst zu viel geworden ist. Hoffentlich kehrt er nicht bald frisch gestärkt zurück.

Mein relativ stabiler Zustand hat natürlich nicht unwesentlich mit Tom zu tun und seinem Vorschlag, demnächst ein ganzes Wochenende gemeinsam zu verbringen.

Der Direktor vom Hotel Stadt Hamburg in Westerland ist ein Freund von ihm, und seine Frau wird mit den Kindern bei einer Freundin in Nürnberg sein. Die Gelegenheit ist günstig.

Als Tom vergangene Woche für einen Tag und eine Nacht in Hamburg war, habe ich unter Aufbietung mörderischer Selbstdisziplin und in enger Absprache mit Leonie und Birgit etwas Ungeheuerliches getan. Ich habe ihm abgesagt!

Ich war mit meinen beiden Beraterinnen übereingekommen, dass es sich dabei um einen außerordentlich vorausschauenden und cleveren Schachzug handelte.

Erstens würde ich Zeit gewinnen, mir zu überlegen, ob ich es wirklich verantworten kann, meinen Liebhaber zu belügen. Zweitens würde Toms Interesse an mir selbstverständlich um etliche Prozentpunkte nach oben schnellen, wenn ich mich als nicht ständig verfügbar präsentierte. Drittens würde ich Tom in Sicherheit wiegen, dass mit meiner Ehe so weit alles unverändert sei. Und viertens ist das besonders Schöne an einem Liebhaber, dass man ihn gar nicht sehen muss, um dennoch seine Vorzüge genießen zu können.

Vorfreude, Sehnsucht und das wiederholte Sichausmalen sündhaftester Begegnungen reichen ja eine ziemlich lange Zeit aus, die Leidenschaft in Gang zu halten. Aktuelle Präsenz ist da gar nicht unbedingt erforderlich.

Die gemeinsam formulierte SMS lautete:

«Mein Liebster, es tut mir so leid! Wir können uns heute nicht sehen. Oliver hat ein wichtiges Geschäftsessen, zu dem ich ihn unbedingt begleiten soll. Bin untröstlich! Küsse dich – überall …»

Auf das *überall* und die drei verwegenen Pünktchen dahinter hatte Leonie besonderen Wert gelegt. Sie war der Meinung, es wäre höchste Zeit, meinen Nachrichten einen

erotischen Unterton zu verleihen. Die sexuelle Konnotation sei absolut wichtig, um mich positiv von seinem Eheleben und der darin sicherlich dahinsiechenden Leidenschaft abzuheben.

Wenige Sekunden später ist eine für Toms Verhältnisse ungewöhnlich emotionale SMS zurückgekommen, und einen Tag später hat er den Vorschlag mit Sylt gemacht.

«Männer sind so was von schlicht gestrickt», lautete

Leonies Kommentar. «Es ist wie bei pawlowschen Hunden. Mach sie an und dann mach dich rar. Und schon geht's los mit Speichelfluss, Winseln und Schwanzwedeln.»

Dass das genau so ist, hatte ich bereits aus Versehen festgestellt, als ich Tom die schlichte SMS geschickt hatte:

«Bist du heil angekommen?»

Ich hatte mich über seine erstaunlich lüsterne Antwort gefreut – bis ich den Fehler schließlich bemerkte. Mein Rechtschreibprogramm hatte eigenmächtig ein Wort korrigiert. Aus *heil* war *geil* geworden. Ich erwähnte die Sache Tom gegenüber selbstverständlich nicht.

Leonie und ich teilen uns ein Büro. Ihre Gesellschaft und die Arbeit sind Bepanthen für die Schürfwunden auf meiner Seele, für mein zerkratztes Herz, für mein geschundenes Ego.

Erdals Familie kommt mir vor wie eine Werft, in der man versucht, mich wieder seetüchtig zu machen.

Leonie ist die lässigste Mutter, die ich kenne. Sie liebt Fußball, hat eine Dauerkarte für Spiele des FC St. Pauli, bestellt auch in Sterne-Restaurants am liebsten Bier und flucht oft und laut. Ihre Schwiegermutter, Oma Hildegard, wird ihr die Erzeugung der Enkelsöhne zwar nie vergessen, ist aber dennoch sehr in Sorge, dass die Kinder nach Leonie kommen könnten.

Leonie ist achtunddreißig, sieht aus wie Mitte zwanzig, hat streichholzkurze wasserstoffblonde Haare und eine knabenhafte Figur, für die ich sie sehr gern hassen würde. Aber Leonie zählt zu den wenigen Frauen, die nichts dafür können, dass sie dünn sind. Und ich finde, da darf man dann auch nicht kleinlich sein. So viel Toleranz muss sein.

Auf meine Frage, warum sich Leonie für dieses Leben als Mutter mit zwei schwulen Vätern entschieden habe, hatte sie mir recht überzeugend geantwortet. «Ich möchte kein Kind von einem Mann, den ich liebe. Kinder machen die Leidenschaft kaputt. Man wird zu Eltern, zu Partnern, zu einer Interessengemeinschaft, in der du dir mühsam Auszeiten nehmen musst, um mal ungestört zu vögeln und so zu tun, als wäret ihr auch noch ein Liebespaar. Kinder sind wunderbar, aber sie killen die Lust. Erdal und Karsten sind die besten Väter, die ich mir vorstellen kann, wir sind eine phantastische Familie, und ich will es nicht anders haben. Wenn ich noch mal ein Kind bekomme, dann nur von Karsten.»

Das kann ich verstehen, denn Karsten ist sehr beeindruckend und beruhigend und nach meinem Vater der erste Mann, der mir das Gefühl gibt, an seiner Seite könne mir nichts passieren.

Joseph und Hans sind herrliche Nervensägen, immer laut, oft lustig und durchweg verfressen. Einer von beiden jammert ständig, weil er gerade irgendwas für total ungerecht hält.

Oma Hildegard hasst Männer, schenkt ihren Enkeln Puppen statt Laserschwerter und zwingt sie, mit ihr zusammen *Shopping Queen* auf VOX zu gucken. Den Moderator Guido Maria Kretschmer hält sie für «die süßeste Zuckerstange der Welt».

Und Erdal ist eben Erdal: sentimentale Tränensuse, prätentiöse Diva, hysterische Schreckschraube, grandiose Gewitterziege, herzerweichendes Teddybärchen, Brausekopf, sehnsuchtswildes Genie, unerträglicher Hypochonder, Irrer, Muttertier, beste Freundin.

Alle sechs leben gemeinsam auf vier Etagen in einer fliederblauen Gründerzeitvilla mit Blick auf ein riesiges Trampolin und den Feenteich. Im Haus gegenüber ist die Zentrale von Erdals Catering- und Event-Imperium. Dreißig Angestellte arbeiten dort für ihn.

Ich soll mich vor allem um Hochzeiten kümmern. Nach ein paar bösen Anfängerfehlern habe ich inzwischen die Grundregeln verstanden.

Der absolut zentrale Punkt ist: Es gibt nie ein Problem! Tu immer so, als hättest du alles im Griff, und wenn du es nicht hast, sieh bloß zu, dass die Braut davon nichts mitbekommt. Es gibt nichts Schlimmeres als eine Braut, die in Panik gerät. Denn das ist sie im Zweifelsfall sowieso schon.

Bräute sind bei Hochzeitsfeierlichkeiten der am schwersten zu kalkulierende Risikofaktor. Mit verzweifelter Verbissenheit wollen sie sicherstellen, dass es verflucht noch mal der verdammt schönste Tag ihres Lebens wird.

Als Hochzeitsplanerin muss demnach deine unbedingte Devise lauten: *You always have to be friend of the bride.* Sie ist das Herzstück der ganzen Angelegenheit. Geht es der Braut gut, geht es allen gut. Geht es der Braut schlecht, geht es allen schlecht. Und ganz besonders dir.

Du bist die beste Freundin, der Blitzableiter, die Therapeutin, die Sklavin und der Fußabtreter.

Wenn die Braut nachts um drei Gesprächsbedarf hat, musst du parat stehen. Wenn sie kalte Füße bekommt, musst du sie wieder aufwärmen. Wenn sie sich als blasser Typ für ein hautfarbenes Kleid interessiert, in dem sie aussieht wie ein dickes Bockwürstchen, musst du versuchen, es ihr behutsam auszureden. Und wenn sie auf ihrem Willen besteht, eine Neigung, die unglücklicherweise fast alle Bräute haben, musst du dafür sorgen, dass ihr niemand die Wahrheit sagt.

Am besten, du hältst stets Tampons in verschiedenen Größen, Taschentücher, etwas Valium, Traubenzucker und Nähzeug bereit. Auf deinem Gesicht musst du ein zuversichtliches Lächeln festtackern. Gelassenheit gehört zur Grundausstattung fürs Überleben, egal ob die weißen Tauben Dünnpfiff haben und die Brautjungfern vollkacken oder der welke Brautvater sich an dir schubbert und dir lüstern ins Ohr raunt: «Kleines, auf alten Booten lernt man gut segeln.»

Leonie erinnert sich mit Grauen an die Braut, die nicht davon abzubringen war, zu glauben, dass die Familie ihres zukünftigen Mannes von den Habsburgern abstammt.

Mit Hilfe eines aus Wien eingeflogenen Heraldikers wurde ein Familienwappen entworfen und mit dem Monogramm aus den Initialen der Brautleute auf das Meißner Porzellan gebrannt, das man eigens für das Hochzeitsessen angeschafft hatte.

Dummerweise hatte niemand bedacht, welche Buchstabenkombination herauskommt, wenn sich Nadine Susanne Drucks mit Arne Plönsmann verheiratet.

Die halbe Belegschaft von Food & Dance verbrachte die Nacht vor der Hochzeit damit, das Monogramm *NSDAP* mit Blattgold zu überpinseln.

Bräute sind reizbar, übellaunig und unterzuckert, da sie in der Regel sieben Tage vor der Hochzeit die Nahrungsaufnahme einstellen – vor Aufregung und um in ihr Kleid zu passen und so die bösartige Schwiegermutter Lügen zu strafen, die in konspirativer Runde vorgeschlagen hat, man solle doch zusammenlegen und der Braut eine Magenverkleinerung schenken.

Das einzig Gute an einer Hochzeit ist, dass es im Nachhinein immer der schönste Tag des Lebens gewesen ist, völlig egal, ob es gehagelt hat oder die Braut unter Brechdurchfall litt. In diesen Dingen setzt zuverlässig Verklärung ein.

«Hier ist dein Kaffee, Leonie, und jetzt erzähl mir alles über deine Nacht mit dem Außenminister der Niederlande. Wo lernt man so ein hohes Tier kennen?»

«Direkt vor deiner Haustür. Ich wollte dich spontan besuchen, aber du warst nicht da. Wahrscheinlich bist du mal wieder bei Budnikowsky rumgeschlichen.»

Es stimmt, dass ich meine Schanzen-Abende am liebsten im Drogeriemarkt meines Vertrauens verbringe. Da fühle ich mich mehr zu Hause als in meiner Wohnung.

Der Geruch nach Abendessen, Kinderlachen im Treppenhaus, Musik und Stimmen, die durch die hellhörigen Wände dringen – all das lässt mich spüren, dass andere hier wirklich leben, während ich mit meinem Dildo spreche und immer noch darauf warte, dass mein Leben wieder losgeht und etwas passiert, was mich aus meiner Warteschleife befreit.

Bei Budnikowsky fühle ich mich heimisch und geborgen. Drogeriemärkte flößen mir von jeher ein eigentümliches Vertrauen ein und geben mir das Gefühl, auch mein Leben sei ein Ort, an dem alles seinen Platz hat.

Und um bloß nicht in meine Wohnung gehen zu müssen, studiere ich bei Budni oft bis zum Ladenschluss das Sortiment und manchmal sogar die Inhaltsangaben auf den Gläschen mit Babynahrung.

Dann denke ich, dass die anderen denken, ich hätte Kinder und ein richtiges Zuhause.

Und dann denke ich, dass ich nicht ganz sauber ticke und in einem Psychothriller die irre Alte wäre, die einer Mutter ihr Baby aus dem Kinderwagen klaut.

Und dann gehe ich meistens nach Hause.

«Gestern war ich ausnahmsweise nicht bei Budni. Die gucken schon komisch, weil ich mich da immer so lange rumtreibe. Ich war bei MAC und habe mir die Wirkungsweise einer mattierenden *Pro Longwear Foundation* erklären lassen. Nach einer halben Stunde bot mir die Verkäuferin an, mich zu schminken. Ich habe begeistert ja gesagt. Besser, als vor dem Fernseher eine Flasche Wein zu leeren. Um kurz nach acht war ich perfekt geschminkt zu Hause, habe mich abgeschminkt, noch ein wenig mit *James* geplaudert und bin früh ins Bett.»

«Da lag ich schon halb unter dem Außenminister. Ich hatte um halb acht bei dir geklingelt, weil ich dir die Knarre vorbeibringen wollte.»

«Was für eine Knarre?»

«Erdal hält die Schanze für gefährlicher als die Favelas in Rio. Deshalb hat er eine Pistole für dich gekauft. Eine Attrappe, sieht aber täuschend echt aus. Am liebsten würde er dich zwingen, einen Peilsender zu tragen.»

«Aber wieso liegt auf einmal ein Außenminister auf dir drauf?»

«Vor deinem Haus hielt ein schwarzer Angeberschlitten mit zwei Typen drin. Als der Penner am Steuer versuchte, rückwärts einzuparken, wurde ich fast über den Haufen genietet. Ich hab mit der Faust aufs Dach gehauen und den Kerl als Vollpfosten beschimpft.»

Ich wäre auch gerne eine Frau, die laut flucht und auf feindliche Autos draufhaut. Aber ich bin sowohl im Straßenverkehr als auch sonst im Leben eine Frau, die nach innen die unflätigsten Beschimpfungen ausstößt, sich nach außen hin aber nicht mal traut, allzu böse zu gucken.

Frauen machen sich ungern unbeliebt, das ist unser Dilemma. Maggie Thatcher und Leonie seien da als löbliche Gegenbeispiele ausgenommen.

Wir sind ein Geschlecht von Dauergrinserinnen. Wir entschuldigen uns ständig, gerne auch für die Fehler von anderen, wir wollen niemandem auf die Nerven fallen, und wenn uns einer anbrüllt, fangen wir an zu weinen. Ich zumindest.

Deswegen geht es mit der Emanzipation auch streckenweise nur so schleppend voran, und deswegen brauchen wir die Quote. Um Frauen zu ihrer eigenen Emanzipation zu zwingen.

«Blöderweise», erzählt Leonie weiter, «hatte ich noch die Knarre in der Hand. Der Typ am Steuer hechtete aus dem Auto, nahm mich von hinten in den Würgegriff und drückte meinen Kopf auf die Motorhaube. Dann nahm er mir seelenruhig die Waffe ab. Ein Vollprofi.»

«Und der zweite Mann?»

«Der Typ stieg aus, stellte sich vor und fragte sehr höflich, was ich mit der Pistole vorhätte.»

«Zwei klitzekleine Fragen: Was macht ein holländischer Außenminister abends um acht in der Schanze? Und ist er mir dir ins Bett gegangen, weil sein Bodyguard dich beinahe umgebracht hätte und er um die deutsch-holländische Freundschaft besorgt war?»

«Henks Cousine wohnt bei dir gegenüber. Er sollte ein

Redemanuskript aus der Wohnung holen und per Eilkurier in ihr Tagungshotel nach Frankfurt schicken. Na ja, und dann kam halt eins zum anderen. Du weißt ja, wie das ist.»

«Könntest du an dieser Stelle bitte etwas mehr ins Detail gehen? Und mit Detail meine ich jedes verdammte Detail!»

«Henk war sehr besorgt um mich und fragte immer wieder, ob ich nicht doch verletzt sei. Ich tat so, als würde ich schlimme Schmerzen im Nacken haben. Er wollte mir bei seiner Cousine einen Tee machen, aber daraus wurden ein paar Gin Tonic. Dann sagte ich den Zaubersatz, und zwei Minuten später lagen wir im Bett.»

«Welchen Zaubersatz?»

«*Ich finde dich unheimlich sexy …* Den Satz glauben einem Männer kurioserweise immer sofort, und üblicherweise gibt es dann kein Halten mehr. Du kannst jeden Mann haben, wenn du ihm das Gefühl gibst, er sei ein Sexgott.»

Ich nicke mitgenommen und nehme mir vor, das bei nächstbester Gelegenheit auszuprobieren. Ich war lange genug brav und schüchtern. Dreiundvierzig Jahre Zurückhaltung müssen reichen.

Ich habe so viele gute Männer, gute Gelegenheiten und Inhalte für erzählenswerte Geschichten vorüberziehen lassen, nur weil ich mich viel zu selten getraut habe zu sagen, was ich eigentlich wollte oder auch nicht wollte.

«Diesen niedlichen Außenminister aus dem Land der Tulpen und Grachten wollte ich mir natürlich nicht durch die Lappen gehen lassen», sagt Leonie. «Ich redete wenig und nickte viel. Nach dem dritten Gin Tonic fragte ich, ob er sich seiner unwiderstehlichen Ausstrahlung bewusst sei. Nach dem vierten fingen wir an zu knutschen. Nach dem fünften verlässt mich leider jegliche Erinnerung.»

«Ist es zum Äußersten gekommen?»

«Ich bin nicht ganz sicher. Als ich heute Morgen aufwachte, hatte ich nur einen Slip an.»

«Und er?»

«War weg. Er musste die Frühmaschine nach Amsterdam nehmen, Termine.»

«Irgendwelche körperlichen Symptome, die auf Beischlaf hindeuten?»

«Mein BH hing über der Stehlampe.»

«Nicht aussagekräftig.»

«Auf dem BH lag ein Zettel mit seiner Telefonnummer.»

«Immerhin hat er sich nicht sang- und klanglos aus dem Staub gemacht. Echt ein Jammer, du hast Sex, gibst dir aber so die Kante, dass du null Erinnerung hast. Irgendwie unbefriedigend, auch für mich. Hast du Henk schon gegoogelt?»

«Nein, wollte ich gerade machen.»

«Los, mach schon!»

«Also, Außenminister ist er schon mal nicht. Der Mann heißt anders. Aber ich bin ganz sicher, dass vom Außenminister die Rede war. Er fuhr ja auch so eine Bonzenschüssel mit getönten Scheiben und Diplomatenkennzeichen. Warte mal, hier habe ich ihn: ‹Henk van Dongen, neuer Generalkonsul in Bremen, war gestern mit dem Außenminister der Niederlande zu Besuch beim Hamburger Senat.› Da hab ich wohl was missverstanden.»

«Henk van Dongen, sagst du? Und seine Cousine wohnt bei mir gegenüber? Die kenne ich! Erinnerst du dich, dass ich dir von Rona van Dongen erzählt habe, der Schminkberaterin und Sexualtherapeutin?»

«Die mit den Dildos? Das gibt's ja gar nicht! Hast du dich eigentlich für einen von beiden entschieden?»

«Ja, *Big Boss* habe ich Rona zurückgegeben. Zwischen uns stimmte die Chemie nicht. Aber mit *James* und mir, das ist was ganz Besonderes.»

«Verstehe. Schau mal, hier ist ein Foto von Henk.»

Ich sehe einen langen Mann mit einem langen Gesicht und sehr wenigen Haaren.

«Eine Schönheit ist Henk aber nicht gerade. Oder ist er nur schlecht getroffen?»

«Soweit ich mich erinnern kann, entspricht das Foto leider in etwa den Tatsachen. Aber wenn ich mir den richtigen Außenminister so anschaue, habe ich eindeutig das kleinere Übel erwischt. Der sieht ja aus wie Bernd das Brot.» Leonie lacht vergnügt. Ihr Hang zu ehrlicher Wiedergabe ihrer Gedanken ist für manch einen, wie zum Beispiel mich, gewöhnungsbedürftig.

Erdal zum Beispiel hat aufgehört, Leonie nach ihrer Meinung zu fragen. Ihre Unverblümtheit empfindet er als Zumutung und grobe Taktlosigkeit. Besonders was seinen Kleidungsstil, seine Fernsehauftritte und sein Körpergewicht angeht, legt er Wert auf freundliche Antworten. Ehrlichkeit bei diesen Fragen sei etwas fürs Sterbebett, findet er.

Er selbst ist jedoch durchaus ein Freund klarer Worte. Als Leonie ein entzückend geblümtes Kleidchen trug, meinte er, das einzig Gute an Streublümchenkleidern sei ja, dass man darin garantiert nicht vergewaltigt würde.

«Henk hat Ausstrahlung», sagt Leonie. «Wobei ich zugeben muss, dass er mit seiner Degradierung vom Außenminister zum Generalkonsul deutlich an Ausstrahlung verloren hat. Ich sah mich schon als Hollands First Lady huldvoll Fähnchen schwenken neben König Willem und Königin Maxima. Die beiden sind meine Lieblingsmonarchen. Sie sehen aus, als würden sie nach Dienstschluss Jogginghosen tragen, *The Voice* gucken und kichern, wenn einer von ihnen versehentlich laut pupst.»

Der Willem Alexander, das will ich an dieser Stelle mal loswerden, war ja, schon lange bevor er König wurde, genau mein Typ. Und das hat für mich überhaupt nichts mit dem Titel oder der Krone zu tun. Ehrlich, der Willem würde mir auch gefallen, wenn er Fahrlehrer wäre oder Gerüstbauer. Glaube ich zumindest. Vielleicht jedenfalls.

Ich meine, Männer sind ja wirklich Geschmackssache. Und ich bin immer wieder verblüfft, zu was für eigenartigen Paarungen es kommen kann.

Die Liebe, das muss man sagen, führt so manche vernunftbegabte Frau an die Seite von Männern, die mit Rucksack ins Büro gehen und sich die Zehennägel in der Küche schneiden.

Ich hätte zum Beispiel dem Albert von Monaco nicht mein Jawort gegeben. Mich hat das überhaupt nicht gewundert, dass der so lange nicht unter die Haube zu kriegen war. Für meinen Geschmack hat der Mann zu viel Bauch, zu viel Glatze und zu wenig gleiche Interessen. Ich hätte überhaupt keine Lust, bei den ganzen Staatsbanketten auf den Nachtisch zu verzichten, bloß um neben dem Monarchen-Moppel auf dem roten Teppich eine gute Figur zu machen. Und dann wirst du auch noch ständig mit Gracia Patricia verglichen. Da würde ich womöglich auch gar nicht so gut abschneiden.

Wenn es um das heikle Thema Partnerwahl geht, verstehen Menschen oft nur wenig Spaß, und so manche Freundschaft hat nur Bestand, weil die besten Freundinnen sich nie gesagt haben, was sie wirklich von ihren jeweiligen Ehemännern halten.

Ich bin sicher, auch im Bekanntenkreis von Elizabeth Taylor hat sich der ein oder andere mächtig auf die Zunge beißen müssen, als sie mit dem struppigen Bauarbeiter Larry Fortensky um die Ecke kam. Und wenn mein Sohn Paris Hilton, Daniela Katzenberger oder, Gott bewahre, Lavinia Stern anschleppen würde, fiele mir eine gemäßigte Reaktion sicherlich schwer.

Meine Theorie ist ja, dass Paare, die einander ähnlich sehen, besonders gute Chancen auf eine lange und zufriedene Ehe haben, so wie Prinz Charles und Camilla beispielsweise mit ihren lustigen Pferdegesichtern. Oder Victoria von Schweden und Daniel, die beiden freundlichen Bratpfannen.

Prince William und Kate Middleton ergänzen sich hervorragend in ihrer Fadheit. Zwei treue Seelen mit repräsentablen Gesichtern, die untadelige Hobbys und handelsübliche Sexualpraktiken ausüben. Eine Katastrophe für den Klatschjournalismus.

Deswegen verfolge ich auch Prince Harrys Werdegang mit zugewandter Anteilnahme. Der Junge gefällt mir. Ich mag die, die sich immer wieder danebenbenehmen, deren Haar nie richtig sitzt, deren Gesichter auf Fotos glänzen, die ein gefundenes Fressen für Paparazzi und fragwürdige Gazetten sind.

Verkrachte Existenzen mit Schweißflecken und ungeraden, von Skandalen gepflasterten Lebenswegen sind mir lieber als Unmenschen wie Claudia Schiffer, Kai Pflaume oder Frauke Ludowig, von denen man sich nicht vorstellen kann, dass sie auch mal breiigen Stuhlgang haben oder sauer aufstoßen müssen.

Eine enttäuschende SMS um 10 Uhr 20

«Hast du dich bei Henk schon gemeldet?»

«Bist du bescheuert?»

«Hat er denn deine Nummer?»

«Ich glaube mich daran zu erinnern, dass ich ihm spätnachts eine Visitenkarte von Food & Dance gegeben habe. Da steht meine Handynummer drauf.»

«Und?»

«Nichts. Ich bin mir aber sicher, dass er sich meldet. Vielleicht liegt es nur an seinem putzigen Akzent, aber ich kann mir nicht vorstellen, dass Henk zu der schlecht erzogenen Sorte Mann gehört, die nach einem Sexualkontakt nie wieder von sich hören lässt.»

«Ist Männern eigentlich klar, was sie damit anrichten? Ich hoffe, es gibt in der Hölle einen ganz besonders scheußlichen Ort extra für die Arschlöcher, die sich nachher nicht mehr gemeldet haben. Ich habe schon mal angerufen bei einem Mann, um ihn zu fragen, ob ich womöglich seinen Anruf verpasst hätte. So weit ist eine Frau zu gehen bereit, bloß um nicht als eine dazustehen, die nachher nicht angerufen wird.»

«Durch die fehlende Resonanz wird man um das Beste gebracht: die schöne, vaginal verbrämte Erinnerung, das ozeanische Grinsen, wenn man an einen Akt zurückdenkt, der oftmals, seien wir ehrlich, so berauschend gar nicht war. Meistens setzt der Rausch ein, wenn's vorbei ist und man sich ganz in Ruhe die Sache schöndenken kann. In der Nachbetrachtung wird die Angelegenheit von der eigenen Phantasie geschickt retuschiert, ein vibrierender Rückblick, der mit der Realität nicht mehr sonderlich viel gemein hat. Aber das geht natürlich nur, wenn der Kerl sich noch mal meldet.

So hart ist keine Frau drauf, sich einen Miesling schönzuphantasieren, der offensichtlich nur mit ihr geschlafen hat, weil es immer noch etwas besser ist, als sich einen runterzuholen. Henk, tu mir das nicht an! Einen Nichtmelder kann mein Katerschädel jetzt wirklich nicht verkraften.»

«So ein Generalkonsul hat sicherlich viel zu tun. Vielleicht solltest du dich dann doch bei ihm melden. In Zeiten der Emanzipation …»

«Geht's noch? In diesem Fall käme Emanzipation einer Kastration gleich. So weit sind wir noch lange nicht, dass Frauen beim Anruf danach die Initiative übernehmen sollten. Glaub mir, Schwester, wenn ich Henk jetzt anrufe, kriegt der bei mir nie wieder einen hoch.»

Ich schweige betroffen. So gesehen steckt der Feminismus ja wirklich noch in den Kinderschuhen.

Die Nachricht von Henk kommt eine halbe Stunde später:

«Hast du gut geschlafen?»

Leonie macht aus ihrer Enttäuschung keinen Hehl. «Na, der geht aber ran. Es gibt nichts Mühsameres als Affären mit schüchternen Männern. Die musst du zu ihrem Glück zwingen, und wenn sie verheiratet sind, ist es besonders anstrengend, weil du ihnen dann ständig ihr schlechtes Gewissen ausreden musst. Dabei haben die meisten gar kein schlechtes Gewissen. Sie glauben bloß, als anständiger Mann eines haben zu müssen.»

«Ist Henk verheiratet?»

«Gute Frage. Solange ich noch halbwegs nüchtern war, hat er über holländische Innenpolitik gesprochen. Und dann haben wir nicht mehr gesprochen.»

«Was hat dir eigentlich an ihm gefallen? Kannst du dich daran wenigstens noch erinnern?»

«Er sieht aus wie mein Lieblingscousin Sebastian.»

«Das spricht natürlich sehr für ihn. Willst du ihn überhaupt wiedersehen?»

«Ja, zumindest würde ich gerne meine Erinnerungslücken auffüllen.»

«Hallo ihr Schnuppelbäckchen! Ich habe phantastische Neuigkeiten!» Erdal stürmt ins Büro in einer Kombination aus Apricot und Mauve, die unheimlich eigenwillig ist, um es freundlich zu sagen.

«Ihr glaubt nicht, wer am achtundzwanzigsten Mai heiratet.» Er strahlt und greift entzückt den für Leonie gedachten Muffin. «Köstlich! Einen Moment bitte, ihr Lieben.» Er tippt auf das Display seines Handys und spricht hinein: «Um zehn nach zehn ein Blaubeer-Muffin. Anlass: Er war gerade da, und keiner wollte ihn haben.»

Erdal steckt sein Handy wieder in die Tasche und erklärt sein absonderliches Verhalten, nachdem er unsere verwunderten Blicke bemerkt hat: «Das ist die neue *Dein Bewusstsein bestimmt deinen Körper*-Methode, nach der man bis zu zehn Kilo in einem Monat abnehmen kann. Meine Ernährungsberaterin hat mir befohlen, genau zu notieren, was ich jeden Tag esse und warum ich es esse. Sobald ich ein Gefühl für meine Ernährungsgewohnheiten habe, würde ich ganz von alleine weniger essen, sagt sie. Die Liste soll ich jeden Abend an eine Person meines Vertrauens schicken. Ich habe mich für Bärbel von Wilamovitz entschieden. Apropos, Maja, kann es sein, dass du einen Hauch zugelegt hast? Nicht, dass es dir nicht stehen würde, aber ich will dich darauf aufmerksam machen, bevor es einer tut, der weniger wohlmeinend ist als ich. Schließ dich mir doch an. Dann können wir unsere Listen gemeinsam an Bärbel schicken.»

Die Vorstellung ist mir nicht sonderlich angenehm.

«Erdal, du bis schrecklich», sagt Leonie. «Sobald du eine neue Diät anfängst, wirst du zum Kalorien-Faschisten und unausstehlichen Missionar. Nimm doch erst mal zehn Gramm ab, ehe du anderen erklärst, wie sie zehn Kilo abnehmen. Erinnere dich bitte daran, dass wir letzten Monat deinetwegen auf Weizen, Käse, Milch und Zucker verzichtet haben. Karsten nahm vier Kilo ab und sah absolut mangelernährt aus. Ich verlor drei Kilo und hatte durchgehend so schlechte Laune, dass deine Mutter in ein Hotel gezogen ist. Der Einzige, der es geschafft hat, sein Gewicht konstant zu halten, warst du.»

«Körper reagieren eben unterschiedlich», versuche ich den Konflikt zu beschwichtigen.

«Nix da! Drei Wochen später hat Erdal uns gestanden – nachdem seine Therapeutin ihn dazu gezwungen hatte –, dass er im Keller heimlich riesige Mengen Schoko-Crossies und Marzipan-Nougat-Riegel gehortet hatte.»

Erdal sieht aus wie ein bedröppelter Dackelwelpe, der von Frauchen mit der Nase in sein eigenes Pipi gestupst wird, damit er endlich lernt, stubenrein zu sein.

«Wer heiratet denn nun am achtundzwanzigsten Mai?», frage ich versöhnlich.

«Anuschka Zielinsky und Johann Haupt! Und wir haben vor fünf Minuten den Auftrag bekommen, diese Elefantenhochzeit auszurichten.»

«Zielinsky? Doch nicht etwa die Tochter des Schönheitschirurgen?» Ich denke an meine Augenlider und die Brüste von Lavinia, beides recht gelungene Arbeiten, wobei meine

Augendeckel natürlich nicht vom Chef persönlich entschlupft wurden.

«Genau die, Maja. Sie kommt sehr nach dem Vater – besonders ihre Brüste. Der künftige Gatte ist der Alleinerbe von Haupt & Venske. Die Firma verkauft in ganz Europa Tiefkühlgemüse, hauptsächlich Erbsen und Bohnen. Deswegen sein Spitzname *Mr. Bean.*»

«Warum heiratet der so plötzlich?», fragt Leonie. «Hochzeiten dieser Größenordnung plant man doch ein Jahr im Voraus.»

«Ich wette, die Braut ist schwanger», sagt Erdal. «Nächste Woche treffe ich die beiden zum ersten Vorgespräch. Dann wissen wir mehr.»

Am 29. Januar um 3 Uhr 47, Alarm im Nachthemd: «An Schlaf ist jetzt natürlich nicht mehr zu denken.»

Ich stehe im Nachthemd meiner Mutter um vier Uhr morgens barfuß vor der Haustür im Schnee und verabschiede mich von vier Polizisten, sieben Feuerwehrmännern und zwei Rettungssanitätern.

Es gab schon angenehmere Situationen in meinem Leben.

Beim Reingehen muss ich noch mit anhören, wie ein aus meiner Sicht blutjunger Polizist sagt: «Ich frage mich, wozu diese Leute eine Alarmanlage brauchen. Sollen die doch einfach die Alte in ihrem Nachthemd rausstellen. Das reicht zur Abschreckung.»

Ich blicke betrübt an mir herab. Natürlich hat der schlechte Geschmack meiner Mutter auch vor ihrer Nachtwäsche nicht haltgemacht. Aber ich liebe dieses bodenlange bordeauxfarbene Ungetüm mit den eigenwilligen Troddeln am Saum und trage es mit Liebe und Stolz.

Mir ist bewusst, dass ich nicht nur entfernt an eine Stehlampe aus den fünfziger Jahren erinnere und auf das Rettungskommando sicherlich nicht den besten Eindruck gemacht habe. Aber wer rechnet schon damit, in den frühen Morgenstunden plötzlich einem Haufen junger Männer gegenüberzustehen?

Ich weiß, als Singlefrau sollte man zu jeder Tages- und Nachtzeit darauf vorbereitet sein, einem potenziellen Partner zu begegnen, aber als ich gegen Mitternacht ins Bett gegangen war, habe ich höchstens damit gerechnet, von einem der Kinder geweckt zu werden, nicht aber von einem kompletten Löschzug.

Erdal hatte mich gebeten, bei ihm zu übernachten und auf die Kinder aufzupassen, denn Oma Hildegard lag zur Beobachtung im Krankenhaus. Sie hatte es sich am Nachmittag vor dem Kamin gemütlich machen wollen, dabei jedoch versäumt, die Kaminklappe zu öffnen, und sich und das Wohnzimmer komplett eingeräuchert.

Als bekennende Hypochonderin, sie kommt sehr nach ihrem Sohn, war sie der Ansicht gewesen, dem Tod nur knapp von der Schippe gesprungen zu sein, und sie hatte darauf bestanden, unter einer schweren Rauchvergiftung zu leiden und unverzüglich in die Klinik gebracht zu werden.

Von dort aus rief sie alle zehn Minuten mit Schnappatmung an, um sich wahlweise über die Bilder an der Wand, die Fliesenfarbe im Nassbereich oder ihre Bettnachbarin zu beschweren. Die Anrufe landeten bei mir, da Erdal mit Karsten und Leonie bei einer Filmgala in Berlin war. Erdal hoffte, dort Maria Furtwängler zu treffen, die er noch inbrünstiger verehrte als Tom Selleck.

Erdal hatte mich in die Geheimnisse des Hauses und die Kunst des Kinder-Zubettbringens eingeweiht. Ich wusste, dass Joseph nur mit Nachtlicht einschlafen konnte, dass Karl drei Schnuller in seiner unmittelbaren Umgebung brauchte und dass ich die Alarmanlage scharfschalten musste, bevor ich ins Bett ging. Was ich ärgerlicherweise nicht bedachte, als ich um halb vier Uhr morgens zum Kühlschrank tapste, mir ein Glas Milch holte und dabei einen stillen Alarm auslöste.

Sieben Minuten später klingelte es Sturm, und als ich vorsichtig die Tür öffnete, wurde ich beiseitegedrängt, und dreizehn Männer durchkämmten das Haus. Anschließend nahm man meine Personalien auf, und ich wurde belehrt, dass ich die Kosten des Einsatzes zahlen müsste.

Und das alles, nur zur Erinnerung, im Nachthemd meiner Mutter. Erschwerte Bedingungen also, um seine Würde zu be- und Respekt zu erhalten.

Als wäre sie noch da, um 4 Uhr 40

Ich schaue nach Hans und Joseph, aber zum Glück haben die beiden den Alarm verschlafen. Dann gehe ich mit meiner Milch zurück ins Bett.

Erdal hat mich im rosa tapezierten Gästezimmer einquartiert, dem einzigen Raum im Haus, den er ohne Hilfe von Bärbel von Wilamovitz eingerichtet hat. Hier fühlt man sich, als sei man bei Prinzessin Lillifee eingezogen, als lebe man mitten in einem riesigen Baiser auf einer buttercremigen Kindergeburtstagstorte.

Der Anblick der schlafenden Kinder hat mich sehr gerührt. Joseph, der sich im Wachzustand für eine Mischung aus Darth Vader und Luke Skywalker hält, hielt seinen Schlafteddy fest umschlungen. Hans lag sanft schnarchend quer im Bett und hatte einen Schnuller im Mund, die beiden anderen in den zu Fäusten geballten Händchen.

Kinder riechen nach Kindheit, süß und sauber, nach Milch und Zwieback, nach Apfelpfannkuchen, Brausebonbons und Butterkeksen.

Ich wäre so gerne Mutter geworden.

Mütter riechen wunderbar für ihre Kinder. Du beugst dich über sie, gibst ihnen einen Gutenachtkuss, ziehst die

Bettdecke zurecht, und dann geleitet dein Geruch sie in den Schlaf. Eigentlich geleitet dein Geruch sie durchs ganze Leben.

Meine Mutter roch großartig, nach Arnica-Massageöl von Weleda, mit dem sie sich und mich manchmal auch vor dem Schlafengehen einrieb. Jeden Abend.

Auch an ihrem letzten.

Zwei Wochen nach ihrem Tod roch das bordeauxfarbene Nachthemd mit den eigenartigen Troddeln am Saum noch immer nach ihr.

Ich legte mich zum Schlafen mit dem Kopf darauf, weil ich hoffte, sie käme mir dann weniger tot vor. Das stimmte aber nicht.

Einen Menschen zu riechen, der nicht mehr lebt, ist unheimlich. Wie eine Halluzination, die sich in dem Moment, in dem du sie für wirklich hältst, in Luft auflöst und den Schmerz und die Sehnsucht nur verstärkt.

Mit ihrem tröstlichen Geruch aufzuwachen, war das Schlimmste, was ich mir antun konnte. Ich brachte es aber nicht übers Herz, das Nachthemd in den Schrank zu legen. Solange es noch roch, wollte ich es riechen. Als ich es schließlich leergerochen in die Waschmaschine steckte, war ich erleichtert. Seither trage ich es gern.

Meine Mutter war eine vorbildliche Sterbende.

Sie hielt sich genau an die Prognose der Ärzte, dass sie den Juni wohl nicht mehr erleben würde. Den Pfarrer, der sie zweimal besuchte, erfreute sie bei der Letzten Ölung mit mildem Lächeln und gelassener Ruhe.

Es schien sie nicht weiter zu bekümmern, dass ihre Zeit

zu Ende ging. Vielleicht lag es an ihrem Glauben. Vielleicht aber auch an dem Kind, das ich erwartete. Heute denke ich manchmal, dass ich nur schwanger geworden bin, um uns beiden den Abschied zu erleichtern.

Ich versuchte, ihr die letzten Wochen so schön wie möglich zu machen. Aber ich merkte, dass sie es nicht so schön wie möglich haben wollte, sondern so normal wie möglich.

Sie löste ihr Kreuzworträtsel, so wie immer. Sie las in dem Buch weiter, das auf ihrem Nachttisch gelegen hatte, als sie zum Arzt gegangen war und die Diagnose bekommen hatte, und die Gespräche zwischen uns waren nicht gewichtig und getragen, sondern drehten sich um Alltägliches.

Während ich krampfhaft versuchte, ihr *famous last words* zu entlocken, wollte sie wissen, ob in ihrem Garten die Stiefmütterchen aufgegangen waren und ob der Sohn unserer Nachbarn endlich einen Studienplatz bekommen hatte.

Sie wollte kein letztes Festmahl und keinen letzten Ausflug ans Meer, und fast war ich ein wenig enttäuscht, dass sie augenscheinlich diese Welt ohne Pomp und Orchester verlassen und ihrem eigenen Tod nicht die Bedeutung verleihen wollte, die ihm meiner Ansicht nach zustand.

Aber letztlich musste ich wohl oder übel akzeptieren, dass meine Mutter für sich einen Tod vorgesehen hatte, der zu ihrem Leben passte: ungeschminkt, unprätentiös, leise, unauffällig.

Der Tod meines Vaters war ein Paukenschlag gewesen, eine unübersehbare, unerträgliche Tragödie, eine Geschichte, die man sich immer wieder erzählt. Ein leeres Grab, ein ständiger Zweifel, ein ewiger Schmerz.

Durch seinen Tod ist mein Vater unsterblich geworden,

und das hätte ihm gut gefallen. Er hatte schon immer viel Aufmerksamkeit gebraucht.

Meine Mutter bevorzugte die leise Variante, sie war die Kittelschürze im Hintergrund, und sie wollte, letztlich auch verständlicherweise, auf ihrem Totenbett nicht anfangen, Markenklamotten und Lippenstift zu tragen.

Manchmal hatte mich ihre Bescheidenheit verärgert, weil ich meine Mutter großartig fand. Ich liebte ihren feinen Humor, ihre unaufdringliche Klugheit und wollte, dass alle diese Eigenschaften wertschätzten. Aber neben meinem intensiven Vater verblasste sie, und daran hatte auch sein Tod wenig geändert.

Ich habe mir oft gewünscht, sie würde sich selbst wichtiger nehmen. Eines ihrer Lieblingsgedichte, *Strophen* von Hans Sahl, hat mich immer aufgebracht.

Ich gehe langsam aus der Zeit heraus
in eine Zukunft jenseits aller Sterne,
und was ich war und bin und immer bleiben werde,
geht mit mir ohne Ungeduld und Eile,
als wär ich nie gewesen oder kaum.

Zu viel Zurückhaltung. Zu wenig Egoismus. Zu wenig Zorn, das Leben hergeben zu müssen. Und zu wenig Ehrgeiz, unvergessen zu bleiben.

Wenn ich das schon höre: *Als wär ich nie gewesen oder kaum.*

Da bin ich dann doch zu sehr Tochter meines Vaters, um mir zu wünschen, *nie* oder *kaum* gewesen zu sein.

Das *kaum* macht es ja nun auch nicht wirklich besser.

Ich will so was von gewesen sein!

Meine Mutter ging langsam aus der Zeit heraus. Ohne Ungeduld und Eile. Ihr Interesse am Leben begann zu erlöschen, sie hörte auf, zu essen und zu lesen, sie stellte mir keine Fragen mehr, sprach wenig, und ihre Augen sahen immer öfter nach innen.

Manchmal lächelte sie noch, aber ich glaube, nur mir zuliebe. Ihr schien sehr daran gelegen, mir ein weiteres Trauma zu ersparen.

Des Nachts rief sie nach ihrer Mutter. Aber es war keine Verzweiflung in diesem Rufen und keine Angst, sondern Sehnsucht und die kindliche Bitte, ihr beizustehen, bei diesen letzten Schritten genauso liebevoll und geduldig wie bei den ersten.

Es war Mai, und nach einem langen und ungewöhnlich kalten Winter blühten die Kirschbäume. Ich schob meine Mutter in ihrem Bett in den Innenhof des Pflegeheimes. Der Wind wehte die weißen Blüten auf ihre Decke.

Sie sagte: «Liebchen, schau mal, es schneit.»

Mir fiel eine Gedichtzeile ein: «Die Blätter fallen, fallen wie von weit, als welkten in den Himmeln ferne Gärten.»

Ich sagte: «Mama, das sind Kirschblüten. Es wird endlich Frühling.»

Aber das hat sie schon nicht mehr gehört.

Am 3. Februar um 8 Uhr 30, jetzt offiziell und mit Aktenzeichen: «In guten wie in schlechten Zeiten.»

Nun also schwarz auf weiß.

Kubitt gegen Kubitt.

Am Morgen sind mir die Scheidungspapiere zugestellt worden, und ich dachte, das sei der Tiefpunkt des Tages.

Ich sollte mich irren.

Unser Scheitern hatte jetzt einen offiziellen Termin:

> 31. Mai, elf Uhr, mündliche Verhandlung wegen Ehescheidung Oliver Kubitt und Nicola Kubitt.

Fast zehn Jahre nach unserer Hochzeit.

Als ich ja sagte, habe ich auch ja gemeint.

Wir haben als gutes Paar angefangen, leidenschaftlich, verliebt. Wir waren verschieden genug, um uns nicht miteinander zu langweilen, und ähnlich genug, um im Alltag nicht ständig aneinanderzugeraten.

Wir sind richtig füreinander gewesen.

Aber so ist es nicht geblieben. Aus einem guten Paar kann ein schlechtes Paar werden. Vielleicht ist es zu einfach, die Umstände dafür verantwortlich zu machen. Es gibt Paare, die sind von Beginn an zum Scheitern verurteilt. Andere sagen irgendwann mit einem Achselzucken: «Wir haben uns halt auseinanderentwickelt.» So, als hätte man daran nichts ändern können, als sei *Entwicklung* etwas Schicksalhaftes, woran man keinen Anteil hat, was man nicht steuern und nicht teilen kann.

Was die meisten für *Entwicklung* halten, ist lediglich der schleichende Verlust von Wohlwollen und Interesse, und dann tun sie so, als hätten sie sich auseinandergelebt. Dabei haben sie einfach nur nicht mehr miteinander gelebt. So wie wir.

Neulich erzählte mir die Mutter eines sechzehnjährigen Jungen, sie glaube, die Pubertät sei nur erfunden worden, um der Mutter den Abschied vom Kind leichter zu machen.

Ihr Sohn rede nahezu kein Wort mehr mit ihr, in seinem Zimmer würde es immer nach Schweiß und meistens auch nach Sperma stinken, und seine Freundin sei dumm wie eine Scheibe helles Toastbrot.

Der Tag, an dem ihr Sohn ausziehen wird, sei sechzehn Jahre lang der Tag gewesen, den sie als Mutter am meisten gefürchtet habe. Mittlerweile freue sie sich darauf und ermuntere ihren Sohn, gleich nach der Schule erst mal eine Zeitlang ins Ausland zu gehen, ruhig auch für mehrere Jahre.

Ich glaube, so ähnlich ist es bei mir auch.

Der Abschied fällt mir nicht ganz so schwer, weil sich mir mein Leben und mein Mann in den letzten Monaten von ihrer schlechtesten Seite gezeigt haben. Und weil mich die Affäre mit Tom scharfsichtiger und mutiger gemacht hat und ich mich zum ersten Mal getraut habe, richtig hinzuschauen.

Und was ich sah, hat mir gar nicht mehr gefallen.

Oliver und ich waren das Paar geworden, das wir nie hatten werden wollen. Mann und Frau am Nebentisch, die zwei Stunden lang nicht reden, und zwar nicht, weil sie harmonisch zusammen schweigen, sondern weil sie keine Lust mehr haben, dem anderen zuzuhören, ihm Fragen zu stellen, sich mitzuteilen, Komplizen zu sein.

Versiegte Neugier.

Und zum Schluss macht der Mann eine launige Bemerkung zum Kellner, und die Frau verzieht dabei ihr Gesicht, als hätte sie sich versehentlich etwas Ekeliges in den Mund gesteckt.

Oliver hat mir den Abschied erleichtert. Er ist zu einem Mann geworden, der auch im Bett online war, der mir einen flüchtigen Kuss auf die Stirn gab, wenn er zu einer mehrtägigen Dienstreise aufbrach, und der beim Sex die Augen schloss, um durch meine Anwesenheit nicht allzu sehr gestört zu werden.

Und trotzdem, selbst als mein Mann zu diesem glattrasierten Zahlenfuzzi mit Manschettenknöpfen und gewienerten Schuhen wurde und ich ihn mit Tom hinterging, dem Haare aus den Ohren wuchsen und der, wenn er sich mal richtig schick machen wollte, ein sehr nachlässig gebügeltes Hemd anzog, hatte ich nicht vor, an meinem Eheversprechen etwas zu ändern.

Mittlerweile war ich Birgits Ansicht, dass man Untreue nicht überbewerten solle und sie keinesfalls automatisch mit dem Verlust von Liebe gleichsetzen müsse.

In guten wie in schlechten Zeiten. Daran hatte ich mich halten wollen, auch wenn ich mir erlaubte, mir die schlechten Zeiten mit einem struppigen Liebhaber zu vertreiben.

Das ist natürlich nicht der klassische Weg, eine Ehe zu retten, das ist mir durchaus klar, aber ich hatte mir für mich selbst eine plausible Erklärung zurechtgezimmert, mit der ich mir den Ehebruch als hocheffektive Problemlösungsstrategie und im Grunde unerlässliche Maßnahme für den Fortbestand meiner Ehe verkaufte.

Ich belehrte mich selbst immer wieder altklug mit dem Botho-Strauß-Zitat: «Die Getreuen der Liebe sind nicht ganz dasselbe wie die in der Liebe Treuen», und beim Friseur riss ich eine Seite aus einer Frauenzeitschrift heraus mit dem Text:

Liebe ist, sich beim Sex jemand anderen vorzustellen. Liebe ist, fremdzugehen. Liebe ist, treu zu bleiben. Liebe ist, an der Liebe zu zweifeln. Liebe ist Loyalität. Liebe ist Angst und Langeweile und Aushalten. Liebe ist heute anders als morgen. Starre Regeln und gnadenlose Ideale werden der Liebe nicht gerecht und verurteilen sie zum Scheitern.

Die Toleranz und die Bereitschaft, sich in sein Schicksal zu fügen, die Tugend des Durchhaltens haben sich dramatisch reduziert. Jedem Zauber wohnt ein Ende inne – das ist das Dilemma der Monogamie. Und das Ende des Zaubers halten viele für das Ende der Liebe. Was für ein Quatsch.

Ich fühlte mich dadurch in meinem neuen Lebensstil wunderbar bestätigt, ja, ich kam mir geradezu modern vor. Ich hatte mich als Frau, die mit der Zeit geht, für die Tugend des Durchhaltens entschieden.

Und statt meinem armen Mann die nachlassende Leidenschaft in unserer Beziehung anzukreiden und ihm mit ständigem Genöle auf den Wecker zu fallen, hatte ich die Sache selbst in die Hand genommen und unsere Ehe auf vorbildliche Weise entlastet.

Das, und da waren sich ja anscheinend alle Experten mit mir einig, ist Liebe.

Ich wollte das sehr gerne glauben. Ich wollte meine wunderbare, leichte Affäre nicht durch eine beschissene Ehe belasten. Wenn du frisch verliebt bist, betrachtest du selbst deinen eigenen Mann durch eine rosarote Brille.

Zum erfolgreichen Seitensprung brauchst du jedoch letztlich den Liebhaber genauso dringend wie den Ehemann.

Aber natürlich war ich nicht modern, sondern bloß zu feige, mir die Wahrheit einzugestehen. Die Affäre lenkte mich vortrefflich von der bitteren Einsicht ab, dass meine Ehe nicht mehr zu retten war. Wie Herzmassage bei einem Toten. Wäre ich ehrlich gewesen und mutig, hätte ich Oliver verlassen müssen. Aber das hat er jetzt für mich übernommen, auch nicht ganz freiwillig. Wir sind Feiglinge.

Und der Abschied von mir, das wird mir schmerzlich bewusst, kann für ihn nicht allzu hart sein. Was hat er schon verloren?

Ich bin ja auch schon lange nicht mehr die Frau, mit der er mal den Rest seines Lebens verbringen wollte: unzufrieden, unterzuckert, unausgelastet. Mürrisch hadernd mit dem Schicksal, das mir das Leben, so wie ich es mir mal gewünscht hatte, verweigerte, aber zu apathisch und zu verwöhnt, um mein Leben nicht länger dem Schicksal zu überlassen. Ich hatte meinen auf Idealmaße geschrumpften Arsch nicht hochbekommen und sediert vom Luxus meine Ziele aus den Augen verloren.

Oliver und ich werden uns *unstrittig* trennen, wie es juristisch heißt. Gemeinsamer Anwalt, kein Rosenkrieg, kein Streit um Unterhalt und Vermögen.

«Euer Scheidungstermin wird keine zehn Minuten dauern», hatte Birgit mir erklärt. «Ihr werdet euch danach die Hand geben, und du verlässt das Gericht als freie Frau.»

Frei? Na ja.

Kein Krieg? Warum auch? Es gibt ja nichts mehr zu gewinnen. Irgendwie auch bitter, wenn man sich nur in einem einig ist: dass man sich nichts mehr bedeutet. Es reicht nicht mal mehr zum Streiten.

Ehescheidung Kubitt. Aktenzeichen X2345BZ2. Bitte bringen Sie dieses Schreiben und Ihren Personalausweis mit.

Ich trage mir das Datum in den Kalender ein.

Jedem Zauber wohnt ein Ende inne.

Ein überraschender Besichtigungstermin um 9 Uhr 15

Es klingelt, und ich liege, noch wie erschlagen von den Trümmern meiner Ehe, mit *James* im Bett.

Ich öffne die Tür nur einen Spaltbreit, denn ich trage ein ausgeleiertes T-Shirt mit Rolling-Stones-Zunge aus dem Jahre 1998, bei dem andere womöglich Hemmungen hätten, es zum Schuhepolieren zu benutzen.

Ich blinzele in den Hausflur, die Kontaktlinsen habe ich auch noch nicht eingesetzt, und glaube, eine recht ansehnliche Menschenmenge vor meiner Tür wahrzunehmen.

Ich bin geneigt, das Ganze unter frühmorgendlichen Wahnvorstellungen abzubuchen, als eine unschöne Stimme sagt: «Würden Sie uns bitte hereinlassen? Die Wohnungsbesichtigung wurde ordnungsgemäß angekündigt und ist vom Mieter Küppers schriftlich bestätigt worden.»

Eine kleine, drahtige Frau mit straff zurückgekämmten Haaren schiebt sich an mir vorbei und winkt der Menschenmenge – ich habe sie mir leider nicht eingebildet –, ihr zu folgen.

Ich husche ins Bad, ziehe meinen Bademantel an und setze meine Kontaktlinsen ein, um etwas mehr von der Situation zu erkennen.

Das macht es aber nicht besser.

Ich sehe etwa zwanzig junge Menschen. Die meisten tragen Beanies, Mützen, die am Kopf festgewachsen zu sein scheinen und die, wenn überhaupt, nur abgenommen werden, wenn es darunter zu jucken oder zu leben beginnt. Kopfbedeckungen scheinen im Leben junger Menschen eine sehr wichtige Rolle zu spielen.

Die Ansammlung von Beanies schlendert durch die Wohnung und wundert sich über das Fehlen einer Küche, das Vorhandensein einer lilafarbenen Klosockel-Umpuschelung und über *James*, meinen tapferen Penis-Freund mit dem eindrucksvollen Standhoden.

Die Maklerin, eine Person, bei der mein mittlerweile hochsensibler Pissnelken-Sensor in den dunkelroten Bereich ausschlägt, versorgt die Beanies unfreundlich mit Informationen über Quadratmeterzahl und Nebenkosten. Sie tritt mit der verächtlichen Überheblichkeit auf, die Makler immer dann entwickeln, wenn es nicht um den Verkauf von Luxusvillen mit Elbblick geht, sondern um bezahlbare Mietwohnungen, bei denen Schufa-Auskünfte und Bürgschaften eingeholt werden müssen.

Ich fühle mich so bescheuert, wie ich aussehe, und würde gerne auf der Stelle auf einem anderen Planeten ganz neu anfangen. Nur ich und *James*.

Ich flüchte in die Abseite und rufe Erdal an.

«Ich werde gerade von zwanzig Mützenträgern überfallen, und eine eklige Maklerin behauptet, du hättest mit ihr einen Besichtigungstermin in meiner Wohnung vereinbart. Kannst du mir das bitte erklären!»

Erdal, gänzlich untypisch für ihn, schweigt.

Ein Beanie kommt in die Abstellkammer und fragt, ob der Kühlschrank in der Wohnung bleibt.

«Sorry, Liebes», sagt Erdal, «ich habe total verdrängt, dass ich die Wohnung gekündigt habe. Nicht mal meine Therapeutin weiß davon. Sie wäre sicherlich nicht einverstanden, deshalb die Abspaltung ins Unterbewusstsein. Der Mietvertrag läuft aber noch bis ersten Juni. Soll ich dich der Maklerin als Nachmieterin vorschlagen?»

«Ich halte meine Chancen für mehr als begrenzt. Ich bin nur mit einem knielangen Rolling-Stones-T-Shirt bekleidet und teile meine Wohnung mit einem schwarzen Pimmel. Und ich denke, die Decke aus dem Fuhlsbüttler Knast auf meinem Bett schadet meinem Ansehen auch eher.»

«Die Decke hat Bärbel von Wilamovitz verordnet, als Kontrast zu der Kinderbettwäsche mit Arielle, der Meerjungfrau, die ich von zu Hause mitbringen durfte. Meine Mutter hatte zwei Sets für ihre Enkel gekauft, aber Joseph hat Angst, dass ihm auf der Stelle der Penis abfällt, wenn er darin einschläft. Schade wär's um den Pimmel ja nicht, wenn du mich fragst. Und warum du dir so ein Ding freiwillig ins Haus holst, ist mir ein absolutes Rätsel. Ich weiß wirklich nicht, warum der Herrgott ausgerechnet mich mit zwei Jungs gestraft hat, von denen keiner auch nur ansatzweise schwul ist.»

Die Maklerin bedeutet mir mit einer degradierenden Geste, dass sie sich zu verabschieden wünscht.

«Ich muss jetzt auflegen, Erdal. Wir sehen uns später im Büro.»

Zeit für einen langen Brief um 9 Uhr 45

Ich öffne ein Fenster, um den Parfümgeruch der Maklerin loszuwerden. Die Sternschanze erwacht nur widerwillig zum Leben. Die Leute stehen hier später auf als in anderen Stadtteilen, wahrscheinlich weil sie schlechter schlafen.

Unter meinem Fenster hat die halbe Nacht ein Betrunkener mit Sendungsbewusstsein und Megaphon gestanden und seine unverständliche Message in die Dunkelheit hinausgetrötet. Und als er endlich Ruhe gab, hatte ich mich schon so lange über ihn geärgert, dass ich nicht mehr einschlafen konnte.

Ich schlurfe ungeschminkt, ungeduscht und unsäglich gekleidet ins gegenüberliegende Transmontana, um einen Kaffee zu trinken und ein warmes Croissant mit Schinken zu essen. Mein Schanzen-Morgenritual, von dem ich jetzt feststelle, dass ich es liebgewonnen habe und vermissen werde, wenn ich aus der Wohnung ausziehen muss.

Ein Vorteil der Schanze ist, dass hier nicht alle perfekt aussehen wollen und ich nicht wie bei Feinkost Lindner mit meinem Erscheinen den Body-Mass-Index in schwindelerregende Höhen treibe.

Wann habe ich mich in meiner alten Gegend zum letzten Mal in Jogginghose auf die Straße gewagt? Wann ist es mir zuletzt egal gewesen, wie ich aussehe? Manchmal hatte ich mir zum Brötchenholen in Harvestehude extra eine dunkle Brille zusammen mit einer undurchdringlichen Miene aufgesetzt in der Hoffnung, für einen getarnten Promi gehalten und dementsprechend freundlicher behandelt zu werden.

In der Schanze sind alle gleich. Und im Transmontana wird jeder unfreundlich behandelt, ob mit oder ohne Sonnenbrille.

Achim-Joh
Platz

«Wer auf der Straße Jogginghosen trägt, hat die Kontrolle über sein Leben verloren», hat Lavinia immer gesagt und so getan, als sei das Zitat von ihr, dabei weiß ich zufällig genau, dass es von Karl Lagerfeld ist.

Habe ich die Kontrolle verloren? Oder gewinne ich sie gerade zurück?

Nüchtern betrachtet sieht die Bilanz auf den ersten Blick eher unvorteilhaft aus. In knapp vier Monaten werde ich geschieden und wohnungslos sein, noch dazu in einem Alter, in dem du als Frau als nahezu nicht mehr vermittelbar giltst.

Verdammt, ich hatte nicht alleine alt werden wollen, bloß das nicht. Haben wir nicht alle die Sehnsucht nach einem von Kindern und Enkelkindern umringten Sterbebett, wo dir die Mitglieder deiner harmonischen Großfamilie liebevoll die welke Hand halten?

Und ich? Keine Kinder, kein Mann, dafür ein bindungsscheuer Liebhaber, der nicht wissen darf, dass ich nichts mehr zu verlieren habe.

Mir sinkt der Mut.

Ich schnorre eine Zigarette vom Beanie am Nebentisch und setze mich raus. Temperaturen ab drei Grad plus gelten in der Schanze als sommerlich, und Tische und Stühle werden draußen aufgestellt.

Ich schreibe den Brief an Oliver auf die rechteckigen Pappteller, mit denen ich normalerweise meine vier Vanilletörtchen transportiere, die ich in letzter Zeit öfter mal im Bett vor dem Einschlafen esse, ohne mir danach erneut die Zähne zu putzen.

Wild und gefährlich komme ich mir dann vor und nicke entschuldigend meiner Mutter in Richtung Himmel zu, der gegenüber ich deswegen ein schlechtes Gewissen habe.

Lieber Oliver,
heute habe ich die Scheidungspapiere bekommen.
Ich werde dir keine Schwierigkeiten machen. Unsere Ehe ist zu Ende, und mir fallen zu wenig Gründe ein, warum sie es nicht sein sollte.
Was in der Silvesternacht geschehen ist, tut mir entsetzlich leid. Das habe ich nicht gewollt. Nicht so.
Mir ist klar, dass es nichts mehr zu sagen gibt, trotzdem leide ich darunter. Du weißt, wie schlecht ich mit einem plötzlichen, unangekündigten Verlust umgehen kann. Ich fühle mich, als würde ich wieder am See stehen und auf eine letzte Gelegenheit warten, wozu auch immer.
Zu pathetisch? Egal.
Trauer ist heimatlos gewordene Liebe, und heimatlos fühle ich mich. Nicht erst seit Silvester.
Du warst schon lange nicht mehr meine Heimat.
Was ist bloß mit uns passiert?
Ich habe wieder angefangen zu rauchen. Das erinnert mich an die Zeit, als wir uns abends vor dem Schlafengehen auf unserem winzigen Balkon manchmal noch eine Zigarette geteilt haben. Und es erinnert mich an Zeiten, in denen ich jünger war und weder Angst noch Hoffnung kannte. Mit zwanzig hast du keine Hoffnung, sondern Gewissheit. Die Gewissheit, dass sich das Leben dir zu Füßen legen wird und dir jeden deiner Wünsche von den Augen abliest und erfüllt.
Mein größter Wunsch, ein Kind, hat sich nicht erfüllt.
Aber wie gibt man die Hoffnung auf? Das habe ich nie verstanden.
Den hundertmal gehörten Ratschlag, ich müsse ein-

fach lockerlassen, fand ich immer dümmlich und vermessen. Meist habe ich ihn von Müttern gehört, die schon schwanger werden, wenn der Wind aus der richtigen Richtung kommt.
Es gab keine biologische Ursache, dass wir kein Kind bekamen. Dennoch hatte ich immer das Gefühl, schuld zu sein und die Last der monatlichen Enttäuschung allein tragen zu müssen.
Ein Kind.
Es war mein Thema. Ich maß Temperatur wie ein zwangsneurotischer Bademeister, rannte zu Akupunkteuren und Osteopathen, zu chinesischen, orientalischen und schwäbischen Heilern und zu kuriosen Eigenblutbehandlungen. Ich entblödete mich auch nicht, nach dem Sex im Klo an der Wand einen Handstand zu machen, weil ich das in einem Film gesehen hatte und es mir, wenn man die Gesetze der Schwerkraft bedenkt, die doch sicher auch für Spermien gelten, absolut plausibel vorkam.
«Du musst aufhören, es so dringend zu wollen», bekam ich von Menschen zu hören, die schrecklich wohlmeinend waren, und ich fragte mich, wie man aufhört, etwas dringend zu wollen, was man dringend will.
Ich habe mir ein Leben ohne Kinder nie vorgestellt. Seit ich an meine Zukunft dachte, kam darin selbstverständlich mindestens ein Kind vor. Wenn man so an seiner Kindheit hängt wie ich und oftmals das Gefühl hat, es habe sich dabei um die schönste Zeit des Lebens gehandelt, möchte man diese Zeit noch mal so nah wie möglich an sich heranholen.

Ich freute mich auf Seilchenspringen und Schultüten, ich wollte Plätzchen ausstechen und Männchen aus Kastanien basteln, ich wollte gestreifte Frotteeschlafanzüge zusammenfalten, Schwimmflügel aufblasen, Gutenachtgeschichten vorlesen, Schlaflieder singen und gut riechen für meine Kinder.
Ich sehnte mich nach all den Reglementierungen und Einschränkungen, die ein Leben mit Kindern mit sich bringen würden. Ich sehnte mich nach Verantwortung, nach Ordnung und Sinn.
Ich lebte in ständiger Erwartung. Kein Alkohol, keine Zigaretten, viel Schlaf vor Mitternacht, gesunde Ernährung, moderater Sport. Ich hatte eine Fruchtbarkeits-App auf mein Handy geladen und kontrollierte meinen Body-Mass-Index aufs schärfste mit einer Digitalwaage, da ich irgendwo gelesen hatte, dass er für höchstmögliche Empfängnisbereitschaft einen bestimmten Wert nicht über- oder unterschreiten dürfe.
Mit jedem Kind, das ich Monat für Monat nicht bekam, schärfte sich mein Blick und richtete sich selbstquälerisch und zielgenau auf alles, was mir weh tat.
Ich fühlte mich umzingelt von Schwangeren und selig lächelnden Säuglingsmüttern. Überall Bäuche, Kinderwagen, Babys und Väter mit kleinen Söhnen auf den Schultern.
Mir kam es vor, als hätten sie sich absichtlich zusammengerottet, um mich auf mein Versagen hinzuweisen und mich ständig daran zu erinnern, was ich alles niemals haben würde.
Ich schluckte Hormontabletten, die nichts brachten

außer Stimmungsschwankungen und fünf zusätzlichen, sehr ungünstig verteilten Kilos.
Ich hasste auch dich.
Dafür, dass du anscheinend weniger Leid spürtest. Dafür, dass du mir immer wieder Mut zusprachst, Hoffnung machtest, versuchtest, positiv zu sein. Scheiß-Hoffnung. Beschissenes, pseudooptimistisches Gequatsche. Du erschienst mir nicht positiv, sondern einfach nur oberflächlich und unwissend und nicht so verletzt wie ich.
Womöglich habe ich dir unrecht getan, aber der Gedanke kam mir damals nicht.
Mich hasste ich ganz besonders für all die negativen Gefühle in mir, hatte ich doch in sämtlichen Fachpublikationen zum Thema Kinderwunsch gelesen, dass eine heitere und gelassene Grundeinstellung die weibliche Fruchtbarkeit maßgeblich beeinflusse. Heiter und gelassen? Sehr witzig. Ich war eine Zyklus-Buchhalterin geworden, eine Eisprung-Fanatikerin, und meine Hoffnung wurde immer verzweifelter, aber leider nicht schwächer.
Es schien hoffnungslos. Und irgendwann gab die Hoffnung mich auf.
Sie entließ mich endlich aus ihrem Würgegriff, mein Weltbild ruckelte sich wieder zurecht, und ich begann vorsichtig, mir eine Zukunft ohne Kinder vorzustellen. Es tat weh, aber es war möglich.
Mein Leben ohne Hoffnung hatte unbestreitbare Vorzüge.
Ich trank wieder mehrere Gläser Wein zügig hintereinander weg, ohne die Angst, einer potenziell

befruchtungsfähigen Eizelle damit das kleine Lebenslichtlein auszupusten.
Ich schlief mit dir, weil ich Lust hatte, und nicht, weil da ein Kreuzchen im Kalender war.
Ich habe gespürt, wie meine Mutter mit mir litt und auf ein Kind für ihre Tochter hoffte. Wie sehr, wurde mir erst klar, als ich endlich schwanger wurde und sich ihr Gesicht in Sekunden um Jahre verjüngte und ein entspanntes Strahlen zeigte.
«Ach, mein Kind», sagte sie glücklich. Und es klang, als wolle sie eigentlich sagen: «Jetzt kann ich endlich gehen.»
Und das tat sie dann ja auch bald.

Keine Pappteller mehr. Ich gehe rein, bestelle beim Beanie hinterm Tresen noch einen doppelten Espresso und bitte ihn um einen neuen Stapel.

Vielleicht erinnerst du dich noch, Oliver. Ich war in der sechsten Woche schwanger. Mein Arzt hatte mir beim Ultraschall das schlagende Herzchen gezeigt. Zur gleichen Zeit ging meine Mutter wegen Bauchschmerzen zum Arzt und kam nie wieder nach Hause.
Sie wurde sofort operiert, aber der Krebs war bereits so weit fortgeschritten, dass sie meine Mutter unverrichteter Dinge wieder zumachten und mir empfahlen, einen Platz zum Sterben für sie zu suchen.
Meine Mutter verschwand nicht unerwartet und ohne Abschied wie mein Vater. Ich konnte bei ihr sein, beobachten, wie sie langsam aus der uns bekannten Welt hinausging, wie ihr Gesicht schmal und beinahe

durchsichtig wurde und wie ihre Hände innerhalb weniger Tage auszusehen begannen, als wäre sie schon tot.

Der abschiedslose Tod meines Vaters hat mich in meinen Grundfesten erschüttert, aber ich spürte die Verpflichtung, etwas aus der Tragödie zu machen, indem ich mein eigenes Leben überprüfe und verändere.

Ich wollte irgendwann einmal sagen können: Dazu war es gut.

Ob mir das gelungen ist?

An seinem leeren Grab war ich nur zweimal. Bei der Trauerfeier für meinen Vater und, mehr als zwanzig Jahre später, bei der Beerdigung meiner Mutter.

In Ungarn war ich nie wieder, obschon mich manchmal die Sehnsucht überkommt, noch einmal am Ufer des Balaton zu stehen. Diesmal ohne die Hoffnung, dass er zurückkommt.

Eigentlich ist es jammerschade, dass die Hoffnung zuletzt stirbt. Solange du hoffst, kannst du nicht neu anfangen. Hoffnung ist eine schreckliche Klette, ein wucherndes Unkraut, nicht totzukriegen und immer allem im Weg, was nachwachsen könnte.

Ich stehe immer noch am See und warte.

Ob es mir gelungen ist, etwas Großes aus dem Tod meines Vaters zu machen?

Nein. Ich habe ja noch nicht einmal meinen Frieden damit gemacht.

Ich fühlte mich verlassen, und ich frage mich, wie verlassen er sich wohl gefühlt haben muss, als er im warmen, weichen Wasser in sommermilder Abendluft um sein Leben kämpfte.

Ob er noch versucht hat zurückzuschwimmen? Ob er mich am Ufer gesehen hat, lesend? Ob er mich gerufen hat, bevor sich seine Lungen mit Wasser füllten, bevor sein Herz aussetzte und er auf den Grund des Sees sank, um dort für immer zu verschwinden?
Bis heute verfolgen mich Bilder, die ich nie gesehen habe, und quälen mich Fragen, auf die es keine Antwort gibt.
Ich höre einfach nicht auf, mich verlassen zu fühlen. Von meinem Kind fühlte ich mich ähnlich verlassen wie von meinem Vater. Einfach grußlos verschwunden. Versunken in der Dunkelheit. Du weißt nicht, wann und wo genau. Du schaust irgendwann auf, und du bist allein, und du hast keine Ahnung, wie lange schon.
Gut möglich, dass dieser verdammte Embryo längst nur noch totes, faulendes Gewebe in den Tiefen meines Unterleibes war, als er meiner Mutter und mir die Kraft gab, voneinander in Würde und Ruhe Abschied zu nehmen.
Manchmal fühle ich mich verarscht. Vom Schicksal, von Gott, von diesem gummibärchengroßen Zellhaufen, der unser Kind hatte werden sollen, mit dem ich Kartenhäuser bauen und Vokabeln lernen wollte, dem ich ein Leben schenken wollte, an dessen Ende es vielleicht nach seiner Mutter rufen würde.
Und diese Mutter wäre ich gewesen. Unsterblich dadurch, unvergessen.
Wie meine eigene Mutter und wie ihre und wie alle Mütter davor.
Drei Tage nach dem Tod meiner Mutter ging ich zur

Vorsorgeuntersuchung. Ich war in der dreizehnten Schwangerschaftswoche. Das glaubte ich wenigstens. Ich saß im Wartezimmer und dachte daran, wie tröstlich der Gedanke war, dass ein Leben gehen musste, während ein anderes kommen durfte.
Mein Frauenarzt untersuchte mich ungewöhnlich lange. Dann sagte er, es tue ihm sehr leid, aber es gebe keinen Herzschlag mehr, mein Kind würde nicht mehr leben.
Ich hatte nichts gemerkt und fragte, wann das Herz denn zu schlagen aufgehört habe. Irgendwann in den letzten vier bis fünf Tagen, hieß es, vielleicht aber auch erst vor ein paar Stunden.
Der Arzt fragte dann noch, ob er jemanden anrufen könne, der mich abholt. Ich gab ihm deine Nummer, reichte ihm die Hand, ging zurück ins Wartezimmer und setzte mich auf denselben Stuhl, auf dem ich vor zwanzig Minuten gesessen hatte, nicht ahnend, dass es längst keinen Grund mehr gab für Dankbarkeit und Vorfreude.
Am nächsten Tag sollte ich zur Ausschabung wiederkommen. Den Begriff hatte ich zum ersten Mal gehört. Der Eingriff sei harmlos, sagte der Gynäkologe, ich würde nichts spüren und anschließend keine Schmerzen haben.
Harmlos. Keine Schmerzen.
Ich hatte einen Leichnam im Bauch.
Die Überreste meines Kindes verwesten in meinem Unterleib.
Ich konnte nicht mehr weiteratmen.
Als du kamst, lag ich zufrieden in einem Behand-

lungsraum. Der Arzt hatte mir ein Beruhigungsmittel gespritzt, und ich verstand eigentlich nicht wirklich, warum du weintest und weintest und weintest.
Warum schreibe ich dir das alles, Oliver?
Vielleicht weil ich Angst habe, dass du zu einem weiteren Untoten in meinem Leben werden könntest, mich zurücklassend ohne Antworten und ohne Abschied.
Wie mein Vater, wie unser Kindchen, das sich so heimlich aus unserem Leben schlich, dass ich es noch nicht mal gemerkt habe. Heute weiß ich, dass du alles getan hast, um mir darüber hinwegzuhelfen. Aber mir war wohl nicht zu helfen.
Der Umzug nach Hamburg, das Leben unter den Reichen und Dünnen, der plötzliche Luxus, das alles sollte mir den Verlust erleichtern. Bewirkt hat es letztlich nur, dass wir uns auch noch verloren haben.
Irgendwann hast du das e weggelassen. Ist dir das eigentlich aufgefallen? Statt «Ich liebe dich» sagtest du «Ich lieb dich».
Aber auf dieses e kommt es an.
Alles Gute
Nicki

Zu Hause stecke ich die sechsundzwanzig Pappteller in einen großen Umschlag, beschrifte ihn mit meiner alten Adresse, klebe mechanisch sogar die vorgeschriebene Menge Marken darauf und lege ihn aufs Fensterbrett.

Abschicken werde ich ihn nie.

Letzte Worte.

Mal wieder so ein unnützer Versuch zu reden, wenn es

längst zu spät ist. Zu schreiben in der Hoffnung, so die Seele zu entlasten und die Träume.

Ich denke an die vielen Tagebuchseiten, die ich gefüllt habe, und die Briefe an meinen Vater, einige verwischt und weich geheult, andere zornig hingekritzelt. Ich wollte mir den Kummer vom Herzen schreiben, aber ich wache immer noch viel zu oft mitten in der Nacht auf, weil ich im Schlaf den Spätsommer und das Heu auf den Wiesen rieche, während ich im warmen, weichen Wasser ertrinke.

Die Zeit heilt alle Wunden.

Aber meine nicht.

Am 8. Februar um 15 Uhr 45, tabulos auf Nachfrage: «Ja, ich habe oft und lange gewartet.»

«Was sind denn deine sexuellen Tabus?»

Seit ich mich ab und zu an Leonies Anweisungen halte und meine SMS an Tom einen Hauch lasziver formuliere, schreibt er mir deutlich öfter und deutlich, nun ja, biologischer als zuvor.

Ich schaue Leonie pikiert an, schließlich trägt sie einen Gutteil der Verantwortung für diese frappierend erotischen Kurznachrichten, denen ich mich nicht gewachsen fühle.

Ich meine, ganz ehrlich, als ich meine letzte Affäre hatte, gab es noch ausschließlich Festnetz.

Da hockte man Stunde um Stunde, Tag um Tag vor dem weinroten Telefonapparat mit den schwarzen Tasten und wagte kaum, auf die Toilette zu gehen, bloß um seinen Anruf nicht zu verpassen.

Und ja, ich habe oft und lange gewartet!

So gesehen ist die Erfindung des Mobiltelefons ein Meilenstein auf dem Wege zur Emanzipation der Frau. Denn meines Wissens waren es immer nur die Mädchen, die auf Anrufe gewartet haben, während die Jungs empörend gedankenlos im Freibad rumhingen, sich in Physik-AGs trafen oder sonst wie die Grundsteine für ihre zukünftigen Karrieren legten.

Nicht umsonst sind damals ganze Bücher über das Warten von Frauen vor Telefonen verfasst worden.

Es wundert mich nicht, dass Frauen meines Alters so selten in Führungspositionen anzutreffen sind. Wir haben unsere wertvollsten Jahre damit verbracht, in den zugigen Fluren unserer Elternhäuser zu sitzen, das Telefon anzustarren und ab und an einen Drei-Sekunden-Kontrollanruf bei der besten Freundin zu tätigen, um sicherzugehen, dass der Apparat funktionstüchtig ist. Den Rest des Tages fragten wir uns, ob er womöglich in genau diesen drei Sekunden versucht hatte, uns zu erreichen, um dann enttäuscht bei Tine aus der Parallelklasse anzurufen, die mit den langen dunklen Haaren und den haselnussbraunen Augen.

Die ständige Erreichbarkeit hat uns Frauen aus der Geiselhaft des Festnetzanschlusses befreit. Jetzt können wir ständig und überall auf seine Anrufe, Kurznachrichten und Mails warten und derweil unser Diplom in Teilchenphysik machen oder eine Aufsichtsratssitzung leiten.

Das bedeutet einerseits eine enorme Entlastung und Zeitersparnis, bringt andererseits natürlich eine beunruhigende neue Form der Kommunikation ins Spiel, an die sich Menschen meiner Generation nur notdürftig gewöhnen können.

Zwei über Vierzigjährige wie Tom und ich, die hauptsächlich per SMS und Mail kommunizieren, wirken doch gerne mal wie zwei Rentner beim Zirkeltraining. Da knirscht es gewaltig in den Knochen.

Und besonders für die Mobil-Erotik komme ich mir etwas zu immobil vor. Aber man möchte ja mit der Zeit gehen, sich flexibel zeigen und aufgeschlossen gegenüber den Möglichkeiten, die die digitale Technik bietet.

Dennoch verwirrt mich die Frage nach meinen sexuellen Tabus zutiefst. Tom und ich haben bei den wenigen Malen, die wir uns bisher treffen konnten, meines Erachtens ausreichend guten Sex gehabt, ohne uns vorher über die *Dos and Don'ts* aufzuklären oder lange Listen mit Vorlieben und Antipathien abzuklappern.

Ich sehe mich nicht in der Lage, auf Toms Tabufrage ohne eingehende Beratung zu antworten, und schiebe Leonie mein Handy vorwurfsvoll über den Schreibtisch zu.

«Ist das heutzutage üblich? Kann man nicht mehr so wie früher einfach guten alten Sex haben? Muss man sich aufeinander vorbereiten wie auf eine Bioklausur, bevor man ein Wochenende gemeinsam verbringt? Das habe ich jetzt von deinem blöden erotischen Unterton.»

«Lass mal sehen.» Erdal hat leider zugehört. Es ist rührend, jedoch auch ein wenig gewöhnungsbedürftig, wie sehr er mich als Teil der Familie betrachtet und deshalb großzügig über jegliches eventuelle Bedürfnis meinerseits nach Privatsphäre hinwegsieht.

Erdal gluckst und kichert. Offenbar liest er auch ältere SMS.

«Lustig, gestern schreibt dein Tom: ‹Ich denke an dich und deinen Körper!› Da frag ich mich aber doch: warum? Ganz ehrlich, Liebchen, du bist dreiundvierzig, da denkt man sich den Körper doch eigentlich lieber weg. Soll ich ihm antworten?»

Ich reiße ihm panisch mein Handy aus der Hand und bin nach wie vor ratlos.

«Was meint der denn mit Tabus? Dass ich es zum Beispiel nicht mag, wenn man mir Körperteile mit der Kettensäge abtrennt oder mich im Bett zu singen nötigt: ‹Ich hab 'ne Zwiebel auf'm Kopf, ich bin ein Döner, denn Döner macht schöner›?»

«Schreib ihm doch einfach, du hättest gar keine Tabus»,

schlägt Erdal wenig konstruktiv vor. «Das klingt unheimlich verrucht und faszinierend.»

«Aber ich hab doch tausend Tabus!», rufe ich und berichte den beiden mit Schaudern, wie Jörg K. aus A. seinerzeit eine unglaubliche Sauerei mit Sprühsahne in meinem Bett angerichtet hat. Das war zu der prähistorischen Zeit, als die Menschen noch Schamhaare hatten und Vollfettprodukte zu sich nahmen, und die Kombination aus Haar und Sahne ist eine unschlagbar schlechte, was man sich mit etwas gesundem Menschenverstand allerdings auch vorher hätte denken können.

Auch nicht gerne erinnere ich mich an Volker C. aus K. zurück, der tatsächlich versucht hat, Altbier aus meinem Bauchnabel zu trinken.

«Aus meinem Bauchnabel könntest du mittlerweile 'ne ganze Pulle saufen», sagt Leonie. «Unfassbar, was Schwangerschaften mit deinem Körper anrichten. Du merkst erst, wie wichtig dein Bauchnabel für deine Persönlichkeit ist und wie sehr du an ihm gehangen hast, wenn sich auf einmal ein unförmiger Riesenkrater auftut. Da musst du dir doch Sorgen machen, dass die Männer denken, deine Muschi sei genauso derangiert. Oder soll ich mir über die Schamhaare tätowieren lassen: ‹Ich hatte zwei Kaiserschnitte, trotzdem alles okay da unten›?»

«Leonie, bitte!» Erdal, sonst kein Freund falscher Scham, schaut indigniert. Die Mutter seiner Kinder ist ein Heiligtum für ihn, an das niemand ungestraft rühren darf, nicht einmal Leonie selbst.

Ich bin generell der Ansicht, dass Lebensmittel und Sex nur schlecht zusammengehen, und selbst vermeintlich erotische Früchte wie Feigen, Kirschen und Erdbeeren sorgen

letztlich hauptsächlich für Flecken und Ungemach, was jeder weiß, der mal am nächsten Morgen mit zwei zermatschten Erdbeeren unterm Arsch aufgewacht ist.

Solche sexuellen Praktiken funktionieren nur im Film, wo Früchte und Körper sorgfältig beleuchtet und von mehreren Stylistinnen liebevoll in Szene gesetzt werden – in der Realität sind Accessoires aus dem Nahrungsmittelsektor nahezu untauglich.

Gegen eine Flasche Sekt auf dem Nachttisch ist selbstverständlich nichts einzuwenden.

Erdal scheint die Frage nach meinen sexuellen Tabus sehr zu beschäftigen: «Es geht doch nicht wirklich um Tabus, sondern um Vorfreude und Digitalerotik. Da muss man sich doch nicht an die Wahrheit halten. Du hast die einmalige Gelegenheit, dich so zu präsentieren, wie du gerne wärst, und nicht so, wie du bist. Gerade du solltest dir diese Chance nicht entgehen lassen.»

«Was soll das denn bitte heißen?»

«Du bist unzufrieden mit dir, zu Recht. Einen Liebhaber an sich zu binden, gelingt entweder mit tabulosem Sex oder sagenhaftem Charisma. Du, Schätzelein, solltest auf Sex setzen.»

Ich werfe Erdal noch einige strafende und empörte Blicke zu und schreibe zwei Stunden später an Tom: «Ich habe keine Tabus.»

Eine Braut zum Davonlaufen um 16 Uhr 30

«Ich erwarte von Ihnen hundertprozentige Diskretion und ständige Erreichbarkeit – und mit ständig meine ich *twenty-four seven.* Ich habe höchste Ansprüche an den schönsten

Tag meines Lebens, und ich muss Ihnen wohl nicht sagen, dass mein zukünftiger Mann einer der *Player* dieser Stadt ist. Wir sind bereit, viel Geld für unsere Hochzeit in die Hand zu nehmen, aber dafür erwarten wir dann auch Perfektion und Exzellenz. Trauen Sie sich das zu?»

Ich habe in den letzten Wochen zwei Dutzend Bräute bei Food & Dance sitzen sehen, schüchterne, aufgeregte, ängstliche, fröhliche, glücksbesoffene, überdrehte. Aber keine ist so kalt und aasig und klirrend arrogant gewesen wie Anuschka Zielinsky.

Sie ist wunderschön anzusehen. Die persischen Gene ihrer Mutter lassen sie wie eine orientalische Prinzessin erscheinen, edel schimmernder Teint, tiefschwarzes Haar, riesenhafte Mandelaugen, träge Lider und meterlange Wimpern.

Ich habe sie ein paarmal auf Veranstaltungen gesehen, ohne dass wir uns vorgestellt wurden, und selbstverständlich war sie auch Mitglied im Tennisclub Bellevue.

Ich habe sie immer für ihren Stil und ihre Anmut bewundert. Jeder Augenaufschlag, jedes Zurückwerfen des Kopfes, jede Bewegung ihrer Hüften geschieht bewusst und wie in Zeitlupe, als wolle sie sich im Bild-für-Bild-Modus präsentieren, damit niemandem auch nur eine einzige ihrer kostbaren Bewegungen entgeht.

Sie sieht aus wie Bambi in *Slow Motion*, und man möchte sie auf der Stelle beschützen, ihr eine warme Milch zubereiten und ihr einfach nur bei ihrem Sosein zuschauen.

Das ist die offizielle Version von Anuschka Zielinsky.

Als Erdal den Konferenzraum verlässt, verengen sich ihre riesigen Mandelaugen zu fiesen Schlitzen. Es ist, als würde man in zwei Schießscharten schauen.

«So, und Sie beide sind also die ausführenden Organe»,

sagt sie mit Eispickelstimme zu Leonie und mir. «Ich hoffe, Sie werden ab sofort auf Zack sein.»

Aus dem Püppchen, das man sich gerne in den Setzkasten stellen würde, ist eine miese Übelkrähe geworden, die man lieber gehen als kommen sieht. «Habe ich mich in Sachen Exzellenz auch für Sie klar genug ausgedrückt?»

Leonie findet als Erste ihre Sprache wieder. «Selbstverständlich, Frau Zielinsky.»

«Nennen Sie mich Anuschka. Wenn einen die eigenen *Wedding Planner* mit Nachnamen anreden, würde das einen unpersönlichen Eindruck auf die Gäste machen. Wir bleiben aber selbstverständlich beim Sie. Es geht ja bei der Vorbereitung einer Traumhochzeit nicht um Sympathie, sondern um Kompetenz. Wer von Ihnen beiden kann mich am Freitag nach München begleiten? Ich versuche, zur *Preview Show* einer Designerin eingeladen zu werden, die mein Brautkleid entwerfen soll.»

«Ich komme gern mit, Anuschka», sage ich blitzschnell.

Hans wird am Samstag vier, und dies bedeutet, dass fünfzehn Vierjährige über Leonies Nerven herfallen werden wie Heuschrecken über ein Maisfeld. Außerdem hat sich Henk für nächste Woche angekündigt. Leonie ist also mental in einem nicht zusätzlich belastbaren Zustand.

Seit zehn Tagen verzichtet sie konsequent auf ihren Morgen-Muffin, und ihre angebliche Fettschürze ist auf eine Größe zusammengeschmolzen, mit der sie sich in der Lage sieht, nüchtern und nackt dem Holländer gegenüberzutreten. Während ich, das muss ich leider sagen, ohne den gesellschaftlichen Druck der Tennisclub-Umkleidekabine ein paar Kilo zugelegt habe.

Aber zum Glück habe ich keine Waage mehr, ein ganz

neues Lebensgefühl und noch eine Woche Zeit bis zu meinem Rendezvous mit Tom auf Sylt.

Mit meiner für solche Fälle entwickelten Radikalkur – fünf Tage lang keine feste Nahrung und jeden Morgen auf leeren Magen einen Liter Apfelessig – würde ich rechtzeitig wieder in meine unheimlich lässige *Boyfriend Jeans* reinpassen.

Diese Jeans, das ist sehr wichtig, muss so aussehen und so sitzen, als hätte man morgens versehentlich die Hose seines Freundes angezogen.

Meine Jeans sieht derzeit an mir leider aus, als sei mein Boyfriend ein mangelernährter Minderjähriger.

«Möchten Sie vielleicht einen Muffin?», frage ich Anuschka.

Bei dem Blick, den sie mir zuwirft, wundert es mich, dass ich nicht zischend verglühe wie ein Insekt im Strahl eines Flammenwerfers.

«Sie glauben doch wohl nicht wirklich, dass ich so etwas essen würde – wie war noch mal Ihr Name?»

Leonie versucht, von meinem Fauxpas abzulenken. «Wie heißt denn die Designerin, die Ihr Brautkleid entwerfen soll?»

«Corinna de Richeux», sagt Anuschka ergriffen, fast flüsternd. «Sie zeigt ihre Kollektionen seit Jahren nur noch in Paris und New York. Dass sie jetzt nach München kommt, ist eine Sensation. Aber leider scheint es so gut wie unmöglich zu sein, eine Karte zu bekommen.»

Und ich sage superlässig, den Moment inniglich auskostend, denn von solchen gibt es nicht viele im Leben: «Ich weiß. Sie lebt seit vier Jahren in New York. Sie ist eine alte Freundin von mir. Soll ich sie anrufen, damit wir in der ersten Reihe sitzen?»

Corinna, die wir Conny nannten, ist uns schon immer in allem überlegen und weit voraus gewesen. Als ich mir noch in chinaseidenen Tagebüchern ausmalte, wie es wäre, meinen Sportlehrer zu küssen, hatte sie schon ihre erste Abtreibung.

Als ich auf der Schultoilette heimlich und hustend die erste Ernte 23 rauchte – ich hatte sie meiner Mutter entwendet –, baute sie sich in der Kabine nebenan sehr gekonnt einen Joint.

Ich hörte Nena, sie tanzte bei Konzerten von The Clash Pogo.

Ich schwärmte für Rick Astley, sie schlief mit dem einzigen Drogendealer unseres Vorortes.

Als ich fürs Abitur den Zitronensäurezyklus auswendig lernte, hatte sie die Schule bereits abgebrochen und war mit siebzehn ohne einen Pfennig nach London gezogen, um eine weltberühmte Modedesignerin zu werden. Als sie in Harwich die Fähre verließ, änderte sie als Erstes ihren Nachnamen, aus Conny Dieterich wurde Corinna de Richeux.

Ich habe nie verstanden, warum Conny ausgerechnet mich als Einzige aus unserer Klasse mochte. Es war, als hätte sie mich auserwählt, sie zu beschützen und vor dem Schlimmsten zu bewahren.

«Du gibst mir das Gefühl, dass ich an deiner Seite nicht total durchdrehe», hatte sie gesagt. «Ich kann mich mit dir betrinken, aber ich würde nicht ins Koma fallen. Du bist normal, ohne langweilig zu sein, und das ist wirklich selten. Ich fühle mich sicher, wenn du in meiner Nähe bist.»

Ich fühlte mich geehrt, färbte doch ein wenig des Ruhms und des Respekts auf mich ab, den Conny als coole und unnahbare Außenseiterin genoss.

Wir tranken Wodka Cola in meinem Mädchenzimmer, standen am Fenster und bliesen Zigarettenrauch in die Zweige des blühenden Kirschbaumes.

Conny erzählte mir von Sex mit echten Männern, redigierte meine Liebesbriefe, schnitt die Ärmel meines Lieblings-Sweatshirts ab, damit es cooler aussah, und sprach von ihren Träumen, von Mode und von der Ferne. Ich zweifelte keinen Augenblick daran, dass sie ein Star werden würde.

Ihre Sehnsucht, Münster, «dieses beschissene schwarze Dorf», wie sie es nannte, endlich verlassen zu können, beschämte mich. Ich hatte solche Sehnsüchte nicht. «Ich wünschte manchmal, ich wäre wie du», sagte sie ab und zu. Aber das meinte sie nicht wirklich ernst, das wusste ich.

Wir haben uns nicht wiedergesehen.

Auf der Beerdigung meiner Mutter, da ist sie plötzlich wieder aufgetaucht, in einem schwarzen Pelzmantel, mit großer Diva-Sonnenbrille, und die Leute haben getuschelt.

Am Abend, als Oliver bereits auf dem Rückweg nach Hamburg war und die Trauergäste wieder zur Tagesordnung übergegangen waren, dachte ich zum ersten Mal, dass ich das alles nicht eine Minute länger aushalten könnte. Dann stand sie vor der Tür.

Sie hatte Wodka und Cola dabei und zwei Schachteln Ernte 23.

Wir gingen hoch in mein Zimmer, in dem immer noch das graue Schlafsofa unter der Dachschräge stand, auf dem ich irgendwann schließlich doch meine Unschuld verloren hatte.

Wir standen die ganze Nacht am Fenster und bliesen Zigarettenrauch in die Zweige des blühenden Kirschbaumes.

Ich erzählte von meinem Vater, von dem Kind, das ich

vor einer Woche verloren hatte, von meiner Mutter und von dem schrecklichen Gefühl der Leere, das entsteht, wenn niemand mehr lebt, der einen fraglos und zweifellos und schon immer liebt.

«Mit dieser Leere», sagte Conny, «lebe ich, seit ich denken kann.»

Die Modenschau ist ein Triumph für Conny.

Und für mich. Wenn man mal von dem Malheur mit meiner Unterwäsche absieht.

Ich sitze neben Anuschka ganz vorne und habe das Gefühl, *Exclusiv – Das Starmagazin* zu gucken. Uns gegenüber plaudern Stella McCartney und Miuccia Prada mit Sting und Jamie Cullum. In die zweite Reihe sind weniger bedeutende Promis wie Katja Riemann und Veronica Ferres gesetzt worden.

Ich – ein Niemand, fast geschieden, nahezu mittellos und deutlich über dem Idealgewicht – in der ersten Reihe!

Anuschka, die hier ausnahmsweise auch keiner kennt, versucht deutlich sichtbar, ihre Aufregung zu verbergen, und guckt extra lange an Kate Moss vorbei.

Ich habe natürlich versucht, mich besonders schick zu machen, was in dieser illustren Gesellschaft leider nicht weiter auffällt.

Da ich mich gerade weder psychisch noch physisch in Topform befinde, habe ich mich dazu entschlossen, einen hohen Betrag in ein trägerloses Unterkleid der Marke *Spanx* zu investieren, einen hautfarbenen, engen Schlauch, der mit dem Slogan beworben wurde: *Pimp your Po!*

In der «Gala» habe ich unter der Überschrift «Die Shapewear der Stars – Wir zeigen die zehn schärfsten Bodytuner» gelesen, dass Tom Cruise bei seiner Hochzeit figurformende Unterwäsche trug, um besser in seinen Armani-Anzug zu passen. Angeblich quetscht sich Jennifer Lopez ebenso in Stützunterwäsche wie Gwyneth Paltrow.

Im Londoner Kaufhaus Marks & Spencer, schrieb die «Gala», sei es jedoch zu einem Störfall gekommen, weil eine Kundin nach der Anprobe die *Spanx*-Unterhose nicht mehr herunterziehen konnte und herausgeschnitten werden musste.

Ich habe also vorsichtshalber auf eine riskante Anprobe verzichtet und das Modell *Hide & Sleek* in Größe M für beachtliche 109 Euro 90 gekauft.

Ich kam mir geradezu kugelsicher verpackt vor, als ich in meinem relativ engen Kleid über den roten Teppich lief. Aber irgendetwas stimmte nicht. Mit jedem Schritt verlor der *Spanx*-Schlauch, der eben noch astrein gesessen hatte, zusehends seine Spannkraft. Nach zehn Metern begann sich der angeblich bombensicher sitzende Figurformer von meiner Figur zu verabschieden und schob sich langsam, von oben und von unten, zusammen – bis er sich schließlich als deutlich sichtbare Stoffwurst um meine Hüften herumgekrumpelt hatte.

Ich sah aus, als trüge ich einen Rettungsring unterm Kleid. Oder als hätte ich mir ein Stillkissen um die Hüften gelegt.

Da half kein Ziehen und kein Zerren. Das renitente Teil verharrte stoisch körpermittig, und selbst verzweifelte Korrekturversuche auf der Toilette brachten nur einen kurzfristigen Erfolg.

Erschwerend hinzu kam, dass in den wenigen Minuten, in denen *Hide & Sleek* exakt dort verharrte, wo er vonseiten des Herstellers eigentlich auch bleiben sollte, die Körperhitze unter meinem Bodytuner derartig anstieg, dass mir der Schweiß ausbrach und ich mich fühlte wie ein zu lange gegartes Stück Schweinelende im Bratschlauch.

Verzweifelt beschloss ich, mich des figurverformenden Schlauches gänzlich zu entledigen. Keine ganz leichte Aufgabe in einer engen Toilettenkabine.

Als ich schließlich unschön wogend zurück zu meinem Platz eilte, fühlte ich mich auch nicht wesentlich wohler. Einen Körper, dessen beste Jahre lange vorbei und auch nicht wirklich gut waren, sollte man nicht gänzlich unbefestigt sein Unwesen treiben lassen.

Anuschka sieht mich mit einer Mischung aus Mitleid und Ekel an. Mein *Nude-Look* wird also keinen neuen Trend kreieren.

Mir sinkt der Mut, und ich kann nicht umhin, mich während der Show ständig zu fragen, wie ich wohl in den Kleidungsstücken aussehen würde, sollten sie überhaupt in meiner Größe verfügbar sein. Ein absoluter Stimmungskiller.

Aber dann kommt Connys Auftritt.

Nach dem Schlussdefilee der Models schält sie ein Punktscheinwerfer aus der Dunkelheit. Aus den Lautsprechern dröhnt *London Calling* von The Clash. In einem weißen Seidenkleid und rechts und links einen Gepard an der Leine, geht sie über den Laufsteg, als würde sie schlafwandeln.

Ihr Gesicht bleibt völlig ausdruckslos, ernst und wie entrückt, aber als sie auf meiner Höhe ist, schaut sie mir in die Augen, lächelt und nickt mir zu.

Und das ist, das kann sich ja jeder unschwer vorstellen, einer der besten Momente meines Lebens.

Augenblicklich bin ich versöhnt mit der Welt, mit mir und selbst dem Bratschlauch, den ich hinfort als Putzlappen benutzen werde.

Anuschka wirft mir einen widerwillig bewundernden Blick zu.

Ich genieße den tosenden Applaus, als gälte er mir.

Und im gleichen Moment verliert Anuschka ihr Kind.

Am 12. Februar um 23 Uhr 10, an der Bettkante mit wirren Gefühlen: «Er ist ja so anständig.»

Anuschka hält meine Hand.

Ein Rettungswagen hat uns von der Modenschau ins nächste Krankenhaus gebracht.

Ich schaue auf das Ultraschallbild – und sehe nichts.

Ich kenne dieses Bild. Ich werde es nie vergessen. Und ich weiß genau, was es bedeutet.

«Ich muss Ihnen leider eine schlimme Mitteilung machen», sagt die Ärztin.

Anuschka lässt meine Hand los, die sie umklammert hat, als drohe sie in einen Abgrund zu stürzen.

«Mein Baby?»

Die Ärztin nickt. «Es tut mir leid. Sie haben das Kind verloren.»

«Das kann doch nicht sein! Schauen Sie noch mal nach!»

«Ich habe Sie sehr gründlich untersucht. Ein Embryo in der neunten Woche wäre nicht zu übersehen. Er ist mit der Blutung abgegangen. Sie hatten starke Schmerzen, sagten Sie?»

Ich nicke an Anuschkas Stelle, weil ich mir nicht sicher bin, ob sie die Ärztin überhaupt gehört hat. Wahrscheinlich hat sie einfach aufgehört zu hören, als das Wesentliche ausgesprochen wurde.

So ist es jedenfalls bei mir gewesen.

Wenig später beginnt eine Prozedur, die keine zwanzig

Minuten dauert. Ausschabung ist wohl das hässlichste Wort, das jemandem dafür einfallen konnte.

Ich sitze neben Anuschka im Aufwachraum. Ich musste ihr versprechen, da zu sein, wenn sie wieder zu Bewusstsein kommt.

Ich weiß, wie schrecklich das Aufwachen mit ausgeschabtem Leib ist, und es tut mir leid, dass ich neben ihr sitze und nicht der Vater des verlorenen Kindes.

Eigenartig: zwei Frauen, die sich nicht mögen, Kundin und Dienstleisterin, zufällig zusammengeschweißt in einer schicksalhaften Situation.

«Er heiratet mich nur, weil ich schwanger bin», sagte Anuschka, kurz bevor sie wegdämmerte.

«Das glaube ich nicht.»

«Doch. Und ich wusste, dass er das tun würde. Er ist ja so anständig.»

«Wollten Sie beide denn kein Kind?»

«Er nicht.»

«Ein Unfall?»

«Ja. Das glaubt er zumindest.»

Ich schwieg. Die Intimität des Gespräches war zwar der Situation, nicht aber unserem Verhältnis zueinander angemessen. Ich war sicher, dass Anuschka ihre Offenheit, sollte sie sich überhaupt erinnern können, nach dem Eingriff bereuen würde.

Als die Ärztin mich bat zu gehen, flüsterte Anuschka: «Finden Sie mein Verhalten schlimm, Nicola? Ich wollte diesen Mann unbedingt heiraten. Ich bin doch schon vierunddreißig.»

Ich schwieg wieder, in der Hoffnung, dass sie bereits zu sediert war, um zu bemerken, dass ich nicht antwortete.

Ich habe viel Sympathie für die abstrusen Ideen von Frauen, die sich dringend ein Kind wünschen. Ich selbst habe in meiner Verzweiflung haarsträubende Pläne geschmiedet, von Samenspende bis Samenraub. Die dunkelsten und fragwürdigsten Gedanken und Planspiele sind mir nicht fremd. Ein unerfüllter Kinderwunsch kann dich um den Verstand bringen. Ich bin kurz davor gewesen.

Aber Anuschka hatte nicht unbedingt ein Kind gewollt, sondern einen Ehemann. Das Baby war nur Mittel zum Zweck.

Ich sah, dass sie weinte, und nahm ihre Hand, obschon mir nicht danach zumute war. Ich konnte nicht sagen, ob sie um das Kind trauerte oder Angst hatte, mit dem Kind auch den Mann zu verlieren.

Sie war eingeschlafen, als ich ging.

Und jetzt habe ich Angst davor, wer und wie sie sein wird, wenn sie aufwacht.

Am 5. März um 23 Uhr 48, live im Fernsehen: «Begegnen Ihnen oft Männer mit Erektionsproblemen?»

«Haben Sie denn gar nichts Vegetarisches?»

Erdal schaut die Gästebetreuerin vorwurfsvoll an.

«Seit wann bist du Vegetarier?» Ich erinnere mich, dass Erdal am Wochenende im Steakhaus seinen Söhnen in einem unbeobachteten Moment erst die Schweinelendchen in Champignonrahm weggegessen und dann behauptet hat, die Kinder hätten so satt ausgesehen.

«Ich bin gestern ewig lange hinter einem Schweinetransporter hergefahren – du weißt ja, wie ungern ich überhole. Dieses Erlebnis hat mich auf traumatische Art geläutert. Als ich mir die Verzweiflung in den unschuldigen Gesichtern der Tiere vorstellte, habe ich mir geschworen: Nie wieder Fleisch!»

Die Gästebetreuerin bringt Käse und Weintrauben.

«Sag mal, Liebelein, weißt du, wo meine Beruhigungstabletten abgeblieben sind?»

Leonie hat mich gewarnt, dass es kein Vergnügen sein würde, Erdal zu seinem Fernsehauftritt bei *Punkt 11* zu begleiten.

Die Redaktion hatte ihn bereits ein Dutzend Mal angefragt, zuletzt zu den Themen *Übergewicht! Was nun?* und *Die Fettfalle.* Empört hatte er zurückgeschrieben: «Wieso kommen Sie ausgerechnet auf mich? Zur Nanotechnologie würde mir mehr einfallen.»

Jetzt aber war ein Thema gefunden worden, das Erdal zusagte: *Mann und Frau – Hört der Krieg denn niemals auf?*

Die Gästebetreuerin wird nervös. «Herr Küppers, noch zwei Minuten, dann gehen wir live auf Sendung. Wenn Sie dann bitte zu essen aufhören würden.»

«Gott sei Dank, hier sind sie!» Erdal schiebt sich eine Beruhigungstablette in den Mund, es ist seine dritte.

«Herzlich willkommen bei *Punkt 11* um Punkt elf!», begrüßt der Moderator Karl Sandmann das Publikum und die Gäste im Studio. Er sieht sehr hübsch aus – wie ein Figürchen, das man sich gerne auf die Fensterbank stellen würde. «Unser Thema heute: *Mann und Frau – Hört der Krieg denn niemals auf?* Ich freue mich auf folgende Gäste: Professor Ulrich Gerdes, Autor des Bestsellers *Der ewige Unterschied*, Erdal Küppers, Event-Papst, Vater von zwei Söhnen und entschiedener Frauenfreund, die neue *Tatort*-Kommissarin Johanna Althoff, den Callboy Maurice und die Sexualtherapeutin Rona van Dongen.»

Vor der Sendung erzählte mir Rona strahlend, dass sie auf keinen Fall vor zwei Uhr nachts nach Hause kommen dürfe, da sich ihr Cousin in ihrer Wohnung zum Sex verabredet habe. «Er ist ab und zu mit Foto in der Zeitung, deshalb will er in kein Hotel gehen. Ich sehe also einer langen Nacht entgegen, es sei denn, er schickt mir eine SMS, in der *HULP!* steht, was auf Holländisch *Hilfe* heißt. Dann soll ich ihn sofort anrufen und einen Notfall vortäuschen.»

Weil sie in die Maske musste, konnte ich ihr nicht mehr sagen, dass ich wusste, mit wem ihr Cousin verabredet war, und vorgesorgt hatte. Falls etwas schieflief und ich einschreiten sollte, wollte Leonie mir eine SMS schicken, Text: SOS!

Ich kann nur hoffen, dass Henk sich beim Sex nicht als totaler Reinfall entpuppt, denn ich stelle es mir schwierig vor, während einer Livesendung unbemerkt den Zuschauerraum zu verlassen. Und den Aufstand, den Erdal machen wird, wenn er den Grund erfährt, möchte ich mir gar nicht erst vorstellen.

Leonie hat Erdal und Karsten nichts von Henk erzählt. Beide Herren sehen es nämlich ungern, wenn sich die Mutter ihrer Kinder mit anderen Männern trifft, und haben in der Vergangenheit schon etliche Annäherungen im Vorfeld vereitelt.

Einmal waren sie ungebeten in dem Restaurant aufgetaucht, in dem Leonie mit ihrem Verehrer saß, und hatten ihn durch gezielte Fragen nach Einkommen, Elternhaus, psychischer Gesundheit und eventuellen Geschlechtskrankheiten derart eingeschüchtert, dass er sich nie wieder meldete.

Auf Partys hält sich grundsätzlich einer der beiden in Leonies Nähe auf, um sofort gezielte Abwehrmaßnahmen zu ergreifen, sollte sich ihr ein Typ mit Absichten nähern. Erdal verfolgt dabei üblicherweise die Taktik, den Feind mit einem Trommelfeuer aus Gequatsche in die Flucht zu schlagen. Bei Karsten reicht es in der Regel, wenn er sich einfach dazustellt und gefährlich guckt.

Die Sendung beginnt mit Fragen an den Geschlechter-Fachmann, der so aussieht, als hätte er in seinem ganzen Leben noch keinen interessanten Satz gesagt. «Herr Professor Gerdes, wird es niemals Frieden zwischen Mann und Frau geben, weil die Unterschiede genetisch bedingt sind?»

Erdal gähnt unfein. Ich habe schon befürchtet, dass drei

Tabletten zu viel sein könnten, und der einschläfernde Professor tut nun sein Übriges. «Es gibt keine Kultur ohne Natur und keine Natur ohne Kultur», doziert der Professor gänzlich frei von Charisma. «Die Beeinflussung durch Umwelt und Erziehung setzt sofort nach der Geburt ein. Die Wissenschaft kann deshalb keine klare Antwort darauf geben, bis zu welchem Grad Mädchen und Jungen von ihren Genen determiniert sind. Eine Studie der Universität Utrecht hat ergeben …»

«Als ich vorhin das Haus verließ, warf sich mein sechsjähriger Sohn auf mich und schrie: ‹Meine Faust hungert nach Gerechtigkeit!›, während der Dreijährige versuchte, selbst an seinem Poloch zu riechen. Wollen Sie sagen, das sei alleine meine Schuld?»

Schön, Erdal ist wieder wach und das Publikum auch.

«In dieser Eindeutigkeit lässt sich Ihre Frage leider nicht beantworten. Rhesusäffchen zum Beispiel …»

«Lassen Sie es uns doch so sagen, wie es ist», fällt Erdal ihm erneut ins Wort. «Wer einen Penis hat, kommt als Action-Held auf die Welt. Jungs sind von Natur aus Batman. Sie sind laut, immer schmutzig, können nicht stillsitzen und sind ständig dabei, etwas kaputt zu machen oder sich in einem Haufen Hundescheiße zu wälzen. Das liegt am Testosteron und nicht an der Erziehung. Ich bin sehr reinlich und ballere nicht mit Pistolen rum. Wenn ich in Restaurants die genervten Blicke sehe, raune ich den Leuten an den Nebentischen zu, meine Söhne seien behindert und könnten deshalb nichts für ihr Verhalten. Dann gibt es Mitleid und keine Beschwerden, und das …»

«Aber Herr Küppers, Sie dürfen doch nicht …»

«Jetzt unterbrechen Sie mich nicht dauernd! Typische

Männer sind Mängelwesen von gestern. Warum sitzen in deutschen Gefängnissen zu fünfundneunzig Prozent Männer? Warum ist die Welt voll von schluffigen Typen, die über die richtige Frisur nachdenken? Und warum haben Männer unter vierzig keine Schamhaare mehr?»

«Je flacher die Hecke, desto höher der Turm!», ruft Rona van Dongen fröhlich dazwischen. Der Professor nimmt erschrocken einen großen Schluck Wasser. «Auf den Schwanz kommt es letztlich immer noch an. Ansonsten hast du absolut recht, Erdal.»

Rona duzt grundsätzlich jeden, was man einer Holländerin irgendwie nie übelnimmt. «Seit dem Abstieg des Mannes sind weibliche Tugenden gefragt. Wir erleben eine Östrogenisierung der Welt. Und in dieser immer weiblicher werdenden Welt irrt der postphallische Mann umher, der über seine Gefühle sprechen, Elternzeit nehmen und den Müll trennen soll. Das Problem ist nur, im Bett wollen alle Frauen immer noch einen richtigen Kerl.»

«Mein Mitleid mit den Männern hält sich in Grenzen», mischt sich die *Tatort*-Kommissarin ein.

Sie sieht aus wie Mitte zwanzig, ist sehr hübsch und will offenbar unbedingt ernst genommen werden, was ihr etwas Verspanntes verleiht, das man häufig sieht in dem zarten Alter.

Mit zwanzig nimmst du dich noch superwichtig und platzierst hinter jedem Satz, den du aussprichst, ein Ausrufezeichen. Du weißt alles und vor allem besser. Du glaubst an Treue und eine bessere Welt, an Gleichstellung, ewige Leidenschaft und dass Männer und andere Problemzonen optimiert werden können.

«Das angeblich starke Geschlecht hat lange genug unseren

Globus malträtiert. Es ist höchste Zeit für zweitausend Jahre Matriarchat.»

Erdal steht ins Gesicht geschrieben, dass er die Schauspielerin für eine nervige Kuh ohne Lebenserfahrung hält. «Entschuldigen Sie, Miss Tatort, aber wenn Frauen die Macht hätten, wären vier von fünf Kontinenten bis heute nicht entdeckt worden.»

Das zarte Ding schnappt nach Luft. Der Callboy hat, glaube ich, nicht zugehört, sondern wartet, bis er dran ist. Und der Professor zieht den Kopf ein und hofft, dass er nicht Stellung nehmen muss.

«Wurden Sie hier nicht als großer Frauenfreund anmoderiert?», zischt die Schauspielerin. Ich fürchte, sie weint gleich vor Wut. «Sie sind nichts weiter als ein Chauvi von gestern, der seine Steinzeit-Meinungen mit einem Fransenfummel tarnt!»

Leider hatten wir Erdal die Fransenweste im, wie er sagte, «angesagten Kelim-Muster» nicht ausreden können.

Ich halte die Luft an. Wenn es um seine Kleidung geht, versteht Erdal keinen Spaß. Der Moderator möchte etwas sagen, kommt aber nicht zu Wort.

Absolut ruhig, es muss an den Medikamenten liegen, sagt Erdal: «Bravo, Sie benehmen sich gerade wie ein typischer Mann: Wenig wissen, aber viel erklären. Der IQ mag unter Raumtemperatur liegen, aber das Selbstbewusstsein ist phänomenal. Ich gratuliere Ihnen, Sie können es wirklich mit jedem heterosexuellen Mann aufnehmen. Mir hingegen, als deutlich homosexuellem Mann, sind Selbstzweifel nicht fremd. Bezüglich meiner Fransenweste muss ich Ihnen allerdings eines sagen: Sie steht mir einfach. Was soll ich machen?»

Der Moderator wendet sich Maurice zu. «Sie zählen zu den Stars Ihrer Branche. Was zahlen Ihnen Frauen pro Stunde?»

«Hundert Euro ist das Minimum, das ich verlange. Richtung Elbchaussee wird's teurer.»

«Was, glauben Sie, ist Ihre Kernkompetenz?»

«Ich vermittle jeder Frau das Gefühl, dass sie etwas ganz Besonderes ist. Viele wundern sich, dass ich am nächsten Morgen nicht noch mal anrufe.»

«Wie vermitteln Sie einer Frau dieses Gefühl?»

«Zuhören reicht schon. Und wenn ich sie dann noch frage, was sie gerade denkt, habe ich sie sicher auf dem Laken.»

«Was wissen Sie noch über Frauen, das ich nicht weiß?»

«Sex ist für Frauen viel wichtiger als für Männer. Eine Frau nimmt es wahnsinnig persönlich, wenn in ihrer Beziehung die Leidenschaft flöten geht. Für sie ist es ein Skandal, dass der Mann sie nicht mehr körperlich begehrt. Die erotische Wirkung definiert das Selbstwertgefühl einer Frau, egal ob sie Vorstandsvorsitzende ist oder eine vierfache Mutter, die von Hartz IV lebt.»

«Was ist das Schönste an Ihrem Beruf? Für Sex Geld zu bekommen?»

«Nein. Frauen versuchen immer zu gefallen, sogar mir. Das ist das Angenehme an meinem Job.»

Karl Sandmann wendet sich freundlich an Rona: «Frau van Dongen, Sie haben einen vielbeachteten Sexratgeber geschrieben. Geben Sie Maurice recht?»

«Frauen interessiert schneller Sex nur einmal im Monat, wenn sie wegen ihres Eisprungs einen hohen Testosteronspiegel haben. Dann ticken und ficken sie wie Männer. Ansonsten geht es Frauen um das Kuschelhormon Oxytocin.

Sie wollen nicht den fremden Schwanz, sondern Aufmerksamkeit und Nähe.»

«Korrekt», sagt Maurice. «Viele Frauen sind hinterher ganz überrascht, dass ich tatsächlich Geld haben möchte.»

«Frauen sind doch heute genauso oft untreu wie Männer», wirft Fräulein Tatort stolz ein, als sei es ihr ureigenstes Verdienst. «Das ist ein Akt der Emanzipation. Wir nehmen uns jetzt auch einfach, was uns fehlt.»

Erdal hat wieder zu gähnen angefangen. «Was fehlt Ihnen denn?»

«Jetzt werden Sie bitte nicht persönlich!»

«Frauen», sagt Rona, «wollen einen, der in der Küche den Abwasch und im Bett den Mann macht. Das ist eine schwierige Kombi.»

«Begegnen Ihnen oft Männer mit Erektionsproblemen?», will der Moderator von Rona wissen.

Sie schenkt ihm ein sehr einladendes Lächeln. «Meinst du privat, Liefje? Nein, nie.»

Der Mann wird tatsächlich rot unter seiner Puderschicht und sagt hastig: «Äh, nein, ich meinte in Ihrem Alltag als Sexualtherapeutin.»

«Ja, die Zahl steigt. Es sind die freundlichen Männer, die sanften Kümmerer, denen von ihren Kindergärtnerinnen, Grundschullehrerinnen und Frauen die Männlichkeit aberzogen wurde. Die kommen zwar im Sandkasten prima klar, haben aber Probleme im Bett. Da brauchst du nämlich *Standing* und eine Frau, die zur Hingabe fähig ist. Testosteronfrauen, die mit den Methoden der Männer Karriere machen, bekommen nicht umsonst selten Kinder.»

«Frauen verlieren ihre Attraktivität auf dem Partnermarkt, sobald sie in Toppositionen sind», sagt Fräulein Tatort, und ich fürchte, sie meint sich selbst. «Frauen mit eigener Karriere finden keinen adäquaten Partner, weil sie anders als Männer jemanden auf Augenhöhe wollen.»

«Deswegen hat Madonna eine Tochter mit ihrem kubanischen Fitnesstrainer bekommen», gibt Erdal schläfrig zu bedenken. «Auf Madonnas Augenhöhe gibt's nur Männer wie Wladimir Putin.»

Der Professor möchte auch mal wieder was sagen. «Frauen sind schon als Babys sozial orientiert. Das geschlechtsspezifische Verhalten beginnt bereits vier Wochen nach der Geburt. Kleine Jungen fixieren den Ball, wenn er ihnen vor die Nase gehalten wird. Kleine Mädchen schauen den Ball nur an, wenn man ein Gesicht draufmalt. Gibt man Mädchen Spielzeug für Knaben und umgekehrt, dann benutzen die Jungen Puppen als Wurfgeschosse, und Mädchen füttern LKWs.»

«Es gibt an die sechshundert anatomische Unterschiede zwischen Männer- und Frauengehirnen», sagt Rona. «Wir funktionieren nicht gleich. Das zu erkennen ist wichtig für Beziehungen. Eine Frau muss kapieren lernen, wie ihr Mann funktioniert. Du glaubst, er versteht dich, wenn du ihn mehrfach darauf hinweist, dass es aus dem Mülleimer stinkt? Falsch! Er wird ‹Nö› nuscheln und seiner Wege gehen. Du musst dich vor deinem Mann mit militärischem Habitus aufbauen und sagen: ‹Müll runter! Jetzt!› Sprich langsam, benutze wenige, einfache Worte und setze eine klare Deadline. Dein Mann wird dir dankbar sein, denn indirektes Reden versteht sein Gehirn nicht. Wenn du ihn dann auch noch regelmäßig lobst, wird er sehr gerne bei dir bleiben.»

«Das sind doch furchtbare Klischees, Frau van Dongen!»,

ruft Fräulein Tatort. «Letztlich geht es doch immer um Individuen und nicht um Biologie. Diese Aufteilung in Männer und Frauen finde ich nicht angemessen, das langweilt mich!»

«Warum bist du denn dann hier, Liefje?», fragt Rona freundlich. Dann schenkt sie dem Moderator zum zweiten Mal ein sehr freundliches Lächeln. «Ik vind je lekker. Wollen wir nach der Sendung noch was trinken gehen?»

Erdal ist zu diesem Zeitpunkt bereits fest eingeschlafen.

Am 6. März um 3 Uhr, wehmütig mit Blick auf einen schwach beleuchteten Mann: «Wodka, diesmal pur.»

Ich habe Rona und dem selbstverständlich verheirateten Moderator meine Wohnung zur Verfügung gestellt, denn bislang hat weder Leonie noch Henk einen Notruf abgesetzt.

Ich sitze als letzter Gast im Saal II und trinke Moscow Mule, der hier *Gurkenwasser* heißt. Ein großartiger Ort, bloß zwei Häuser von mir entfernt, direkt an der S-Bahn-Hochbrücke. Hier komme ich mir vor wie in New York, ohne allerdings jemals in New York gewesen zu sein.

Zu Anfang fühlte ich mich hier immer so, als hätte ich mich unerlaubt eingeschlichen und jemand am Nebentisch würde gleich aufstehen, mit dem Finger auf mich deuten und laut sagen: «Du gehörst nicht hierher! Lass uns in Ruhe. Geh dahin, wo du herkommst, und friss Langusten in Chicorée-Schiffchen.»

Aber nachdem ich bis jetzt unentdeckt geblieben bin und die Bedienung mich inzwischen mit einem Nicken begrüßt, fühle ich mich in Sicherheit. Man sieht mir offenbar nicht mehr an, dass ich einmal in der Isestraße gewohnt habe, einen offenen Kamin hatte und meinem Mann zu Weihnachten einen Trüffelhobel aus Zedernholz geschenkt habe.

Beim Online-Dienst *Yelp* hatte ich über den Saal II eingeschüchtert gelesen: «Das ist der einzige Laden in der Schanze, in den man nach der Piazzafication noch gehen kann. Er liegt sehr vorteilhaft am Ende des Schulterblattes, sodass man ihn erreichen kann, ohne dem ganzen Drama aus pseudocoolem Punkplagiatsscheiß, Ach-wie-lässig-Portugaltoast, Saubermann-Eisläden und Popperwurstbuden ins Auge blicken zu müssen. Aber man muss es schon zugeben: Hier zu sitzen, zehn Bier zu verschnabulieren und der Musik beim Lauterwerden zuzuhören, wäre fast nur halb so schön, wenn draußen nicht pro Stunde fünfhundert Idioten vorbeilaufen würden, die alle NICHT reinkommen. Es ist hier ziemlich schrammig und auf seine Art anspruchsvoll. Kein Ort für Schanzenneuzugezogene. DANKE, Saal II!»

Ich muss lächeln, als mir der schlafende Erdal einfällt. Er ist bis zum Schlussapplaus nicht wieder aufgewacht. Erdal erinnert mich ein wenig an Alf, den struppigen Außerirdischen, der immer genau das tut, wonach ihm gerade ist, der gar nicht daran denkt, sich irgendjemandem zuliebe zu verändern, der die Katze seiner Gastfamilie auffressen möchte, sich immer das größte Stück vom Kuchen nimmt und irgendwie trotzdem von allen geliebt wird.

Erdal verschwendet keine Energie, darüber nachzudenken, was andere von ihm halten. Er ist immer entweder *over-* oder *underdressed.* Bei der Einschulung von Joseph trug er nicht wie die anderen Väter Jeans und Sakko, sondern einen kanariengelben Dreiteiler mit roter Fliege und dazu grüne Kroko-Boots, die vorn spitz zuliefen.

Und als Joseph an der Reihe war, seine Schultüte bei der Direktorin abzuholen, sprengte Erdal den faden Applaus mit durchdringenden Bravorufen und dem Getröte seiner Vuvuzela.

Erdal liebt es, im Mittelpunkt zu stehen, und macht daraus keinen Hehl. Falsche Bescheidenheit überlässt er anderen, und wenn er sich bei einem gesetzten Essen zu langweilen beginnt, schläft er entweder demonstrativ ein oder sorgt dafür, dass das Gespräch einen ihm unterhaltsamer erscheinenden Verlauf nimmt, indem er beispielsweise die Gastgeberin fragt, ob sie ihren Mann betrügt, oder seiner Tischnachbarin eine Fettabsaugung im Bauchbereich nahelegt.

Ein gesitteter Abend ist für Erdal ein verlorener Abend. Gute Manieren langweilen ihn, und er hält es für eine Todsünde, Leute ausreden zu lassen, die nichts zu sagen haben.

Die Leute tuscheln und lästern hinter seinem Rücken und empören sich über ihn. Aber sie beneiden und bewundern ihn auch.

An Sitzordnungen hält sich Erdal prinzipiell nicht, Verkehrsschilder, Absperrungen, Dresscodes und Hausordnungen empfindet er als informelle Empfehlungen, die situations- und stimmungsangepasst großzügig ausgelegt und bedarfsgerecht optimiert werden können.

«Was Langweiler gegen mich haben, interessiert mich nicht», meinte er nach einem Festakt im Rathaus, auf dem sich die Hamburger Gesellschaft mal wieder mit Gesprächen über die Immobilienpreise auf Sylt ausgiebig miteinander vergnügt hatte. Statt auch der Meinung zu sein, dass noch kein Investor in Kampen Geld verloren habe, hatte er das Fest nach der Vorspeise verlassen und vor dem Rathaus einen vielbeachteten *Flashmob* organisiert. Am nächsten Morgen sollte er aus der Handelskammer ausgeschlossen werden.

Erdal will immer das Beste für sich, und meistens bekommt er es auch. Und wenn nicht, wahrt er nicht die Contenance, sondern tobt und zetert und lässt jeden an seiner schlechten Laune teilhaben.

«Wer sich an die Regeln hält, bringt es höchstens zum Buchhalter», hat Erdal mir eingeschärft. «Du kannst keine Karriere machen und gleichzeitig rücksichtsvoll und angepasst sein. Wenn mir im Job einer vorwirft, ich sei anmaßend und egoistisch, sage ich: ‹Stimmt. Na und? Sind Sie zu mir gekommen oder ich zu Ihnen?›»

Über Frauen wie mich könne er sich gar nicht genug aufregen, fügte Erdal hinzu. «Ihr versaut euch durch dieses verkrampfte Emanzipationsgehabe jede Chance auf einen vernünftigen Mann. Warum müsst ihr immer so tun, als könntet ihr alles alleine machen, als wäret ihr unkompliziert und hättet alles im Griff? Indem ihr ach so unabhängig und emanzipiert tut, gebt ihr jedem Mann das Gefühl, ein unbedeutendes Accessoire in eurem Leben zu sein. Und das ist verdammt noch mal komplett unsexy! Ihr seid zu feige, um kapriziös zu sein, ärgert euch aber lauthals darüber, dass Frauen, die sich wie verwöhnte Prinzessinnen benehmen, auch wie verwöhnte Prinzessinnen behandelt werden. Ich bin im Übrigen der Prototyp der Prinzessin, und du solltest dir, wenn ich das in aller Unbescheidenheit sagen darf, viel öfter ein Beispiel an mir nehmen. Reichst du mir bitte die Kekse? Ich glaube, es sind die letzten.»

Neben Erdal komme ich mir vor wie eine Magermilchschnitte neben einem Familienglas Nutella.

So verdammt mittelmäßig und praktisch und auf größtmögliche Sicherheit und Reinlichkeit bedacht. Als würde ich Einlagen tragen, Intimwaschlotion benutzen und in meiner Handtasche immer ein Fläschchen Sagrotan parat haben.

Ein fleischgewordener Sesselschoner, das bin ich!

Nach Erdals Standpauken nehme ich mir jedes Mal vor, endlich mutiger, unvernünftiger, komplizierter und selbstgefälliger zu werden und auf meinen guten Charakter zu scheißen.

Schwarzfahren statt mich von Busfahrern aus dem Konzept bringen zu lassen, die sagen, hinten sei das Einsteigen verboten.

Die Bedienung stellt mir noch ein *Gurkenwasser* hin. «Geht aufs Haus.»

Und dann singe ich leise mein derzeitiges Lieblingslied vor mich hin. Erdal hat es mir als Therapie gegen meine Durchschnittlichkeit verordnet:

Lass die Schweinehunde heulen
Lehn dich trunken aus dem Fenster
Schrei den Menschen auf der Straße deinen Namen
in die Fresse

Und ich hoffe, dass es dafür für mich noch nicht zu spät ist.

Mein zweites *Gurkenwasser* flößt mir genügend Mut ein, um über eine Person nachzudenken, die ich seit Tagen mit großer Anstrengung verdränge: Anuschka Zielinsky, die mit zweitem Vornamen Inken heißt, wie ich seit der Nacht im Münchner Krankenhaus weiß.

Ich bekomme jetzt noch Gänsehaut, wenn ich an den Moment im Aufwachraum denke, als sie die Augen aufschlug:

Sie war sofort hellwach. Kein langsames Herantasten an die Wirklichkeit, keine drei Sekunden Gnade, in denen man denkt, die Welt sei noch in Ordnung.

Anuschka schaute mich direkt und klar an, mit einem Hass, der mich tatsächlich ein wenig zurückweichen ließ.

«Bitte gehen Sie», sagte sie tonlos. «Ich komme allein zurecht.»

«Soll ich jemanden in Hamburg anrufen? Ihre Eltern vielleicht oder Herrn Haupt?»

Plötzlich schoss ihre Hand vor, und ihre Finger schlossen sich um mein Handgelenk, eiskalt wie eine Kralle aus der Tiefsee. Ekelhaft. Mir graute vor ihr.

Anuschka sagte leise: «Damit wir uns richtig verstehen: Das hier ist nie passiert. Wir waren auf der Modenschau, haben unseren Rückflug verpasst und kommen deshalb erst später zurück. Habe ich mich verständlich ausgedrückt?»

«Aber Sie haben Ihr Kind verloren.»

«Wenn Sie irgendjemandem davon erzählen, sorge ich dafür, dass Sie in Hamburg keinen Job mehr kriegen. Ist das klar? Ich bin schwanger. Fertig. Und mein Bräutigam wird erst von dem tragischen Verlust erfahren, wenn ich es für richtig halte. Und zwar nach der Hochzeit.»

Sie ließ mich abrupt los.

Ich stand auf, ging zur Tür und sagte: «Ich fahre besser mit der Bahn zurück nach Hamburg.»

Mein Gewissen spielt seither verrückt. Worum geht es? Um Moral und Anstand? Um Loyalität? Aber wem gegenüber?

Gestern fragte ich Birgit um Rat, aber in ihrer gründlichen Art sagte sie, dass sie erst nachdenken müsse, sie würde sich melden.

Ob ich Erdal bitten soll, Ersatz für mich zu finden, damit ich Anuschka und ihrem Mister Bean nicht in die Augen schauen muss?

Wie kann man eine Ehe mit einer solchen Lüge beginnen? Tut Anuschka Inken Zielinsky das aus Liebe zu dem Mann oder aus Liebe zu seinem Geld und seinem Status?

Am 28. Mai wird sie mit einem Typen vor dem Altar stehen, der sie nur heiratet, weil er glaubt, sie sei schwanger, was sie dann schon gut zwei Monate nicht mehr ist.

Er wird *Ja, ich will* sagen, ihr irgendwas mit unheimlich vielen Karat an den Finger stecken und womöglich während der Trauungszeremonie mehrfach zart und selig über ihren leeren Bauch streichen.

Und ich werde irgendwo am Rand stehen, stumme Zeugin dieser Untat, und aufpassen, dass die Musiker ihren Einsatz nicht verpassen, dass alte Tanten nicht aus der Kirchenbank kippen, jeder ein Gesangbuch hat und dass die Blumenkinder nicht vor Langeweile anfangen, sich gegenseitig ungeeignete Gegenstände in die Ohren zu bohren.

Mir wird schon jetzt schlecht, wenn ich mir das sanfte Lächeln der Braut vorstelle, und ich kann auf einmal verstehen, wie sehr Anuschka Zielinsky mich, die Mitwisserin, auf deren Schweigen sie angewiesen ist, hassen muss.

Eine SMS von Birgit, es ist inzwischen drei Uhr:

«Mein Rat in Sachen Zielinsky: Mach deinen Job professionell. Und das heißt: absolute Loyalität der Kundin gegenüber. Die Angelegenheit ist widerlich, aber die Moral deiner Auftraggeber hat dich nichts anzugehen. Augen zu und durch! Kümmere dich besser um dein eigenes Leben. Gute Nacht, Liebes.»

Ich will ihr zurückschreiben, dass sie absolut recht hat, als ich ihn sehe.

Er steht auf der anderen Straßenseite, an eine Hauswand

gelehnt. In seinem grauen Mantel würde ihn die Dunkelheit verschlucken, aber das Licht eines Schaufensters macht ihn gerade noch erkennbar. Zumindest für mich.

Vielleicht weil das Vertraute an einem Ort, wo man es nicht erwartet, so auffällig ist.

Wie lange mag er schon da stehen?

Er bewegt sich nicht. Der Blick starr geradeaus. Die Hände in den Taschen. Es ist sehr kalt.

Was tut er? Aus welchem Grund steht er um diese Zeit in der Schanze?

Die Schultern hat er, wie immer, wenn er friert, leicht hochgezogen, sein Kopf ist ein wenig zur Seite geneigt, ein sicheres Zeichen bei ihm für Unsicherheit und Anspannung.

Das Altbekannte wirkt fremd und vertraut zugleich, eine Erinnerung am falschen Ort, zur falschen Zeit. Ich weiß nicht, wie ich mich fühlen soll.

Und dann schießen mir die Tränen in die Augen, als ich endlich ahne, warum er hier ist.

Mein Mann Oliver steht um drei Uhr morgens vor meiner Wohnung und schaut zu meinem Fenster hoch.

Nimmt er gerade endgültig Abschied?

Ich weine und halte beschämt die Hände vors Gesicht, weil ich ihm und mir ersparen möchte, ihn bei seinem Abschied zu beobachten.

Die Bedienung stellt mir ein Glas hin. «Wodka, diesmal pur.»

«Hast du vielleicht eine Zigarette für mich?»

«Klar.»

Ich wundere mich, wie selbstverständlich meine Lunge sich mit Rauch füllt. Kann man wahrscheinlich nicht verlernen, so wie Schwimmen und Fahrradfahren.

Seit ich einen Liebhaber habe, rauche ich wieder, zu besonderen Anlässen. Vorzugsweise wenn ich nackt oder betrunken oder beides bin.

Die Zigarette intensiviert einen Ausnahmezustand zusätzlich. Macht ihn verruchter, adelt ihn mit einem Hauch von Sünde, ruft einen leichten Schwindel hervor und das anregende Gefühl, sich in Gefahr zu begeben.

Oliver schaut noch immer zu meiner Wohnung hoch. Er raucht.

Weil wir ein Kind wollten, haben wir vor sieben Jahren zusammen aufgehört. Jetzt rauchen wir wieder zusammen, wahrscheinlich aus dem gleichen Grund: Ein neues Leben beginnt.

Ich könnte zu ihm rübergehen. Er ist mir vertraut, selbst hier in der Schanze, wo er nicht hingehört. Er sieht so einsam aus, dass es mich schmerzt.

Ich habe wahrscheinlich nie begriffen, dass er sein Kind verloren hat wie ich meines. Und dass er mich verloren hat wie ich ihn.

Das tut mir zum ersten Mal leid.

Wir könnten reden, trinken, rauchen. Noch mal versuchen, einander nahezukommen, um der alten Zeiten willen. Oder wenigstens vernünftig Abschied nehmen.

Vielleicht habe ich zu viel getrunken oder bin einfach nur sentimental.

Vielleicht ist es ein Fehler.

Aber warum nicht?

Ich habe schon viele Fehler in meinem Leben gemacht, und es waren nicht immer die schlechtesten.

«Bin gleich wieder da.»

Ich bin fast an der Tür, als Oliver seine Zigarette auf

den Boden wirft und mit langen Schritten Richtung S-Bahn-Brücke geht.

Auf einmal scheint er es sehr eilig zu haben.

Ich gehe über die Straße und sehe ihm nach.

Ich kann ihn nicht rufen. Dazu bin ich nicht betrunken genug, und dazu fehlt mir sowohl die Überzeugung als auch ein guter Grund.

Was soll ich ihm sagen?

«Es tut mir leid» oder «Lass uns reden»?

Gibt es wirklich noch so viel zu sagen? Gibt es überhaupt noch was zu sagen? Oder kann ich nur die Stille nicht aushalten und das Gefühl, dass die letzten Worte längst gesagt sind und dass man sie, hätte man denn gewusst, dass es die letzten Worte sind, womöglich mit mehr Bedacht gewählt hätte oder vielleicht auch nicht.

Oliver ist hinter der Brücke verschwunden. Unser Moment, die Gelegenheit wozu auch immer, ist vorbei.

Seine Zigarette liegt noch glimmend auf dem Pflaster. Er hat sich nicht mal die Zeit genommen, sie auszutreten.

Ich hebe sie auf und nehme einen Zug.

Wie ein letzter Kuss, denke ich.

Und ich denke, dass das eigentlich albern ist, dass es sich aber trotzdem nicht albern anfühlt.

Ich schaue zu meiner Wohnung hoch.

Am Fenster steht ein nackter Mann.

Am 7. April um 12 Uhr 30, unnatürlich braun auf Sylt: «Die Wahrheit ist das größte Abenteuer.»

Landeanflug.

Das Flugzeug hat die Größe eines Tampons, und ich kann nicht sagen, dass ich mich besonders geborgen fühle.

Skeptisch betrachte ich meine Mitreisenden und überlege schon mal prophylaktisch, mit wem ich mir ein Rettungsboot teilen würde.

Die launige Stewardess hat mich bereits beim Einsteigen mit dem Spruch verunsichert: «Der Pilot ist frisch geschieden, es kann also etwas holperig werden.» Als wir nach dem Start in Berlin einige sehr unschöne Luftlöcher passierten, rief sie fröhlich ins Mikro: «Wir durchfliegen Turbulenzen. Sollte es sich bei Ihren Kindern um Wunschkinder handeln, empfehle ich Ihnen, diese wieder anzuschnallen.»

Ich hatte gestern bis spätnachts ein Firmenjubiläum in Charlottenburg organisiert, und Erdal hatte darauf bestanden, mir den Flug von Berlin nach Sylt zu spendieren. «Ich fühle mich für dein Leben persönlich verantwortlich, insbesondere für dein Liebesleben. Deshalb will ich unter keinen Umständen, dass du auch nur eine Minute zu spät zu deinem Luxus-Sex-Weekend kommst.»

Vor mir liegt nun endlich das Wochenende, auf das ich mich bereits seit Tagen mental und körperlich vorbereite, jedoch mit nicht durchweg zufriedenstellendem Ergebnis.

Unglücklicherweise habe ich einen Rat von Erdal befolgt und versucht, meinem, wie er sagte, «madenblassen» Teint ein wenig sommerliche Frische zu verleihen. Er selbst habe ausgezeichnete Erfahrungen mit der Sonnendusche gemacht, die ein nahtloses Bräunungsergebnis innerhalb weniger Minuten garantiere.

Das hat mich dann doch schon sehr interessiert.

Abgesehen von meinen gut durchbluteten Wangen bin ich nämlich von Natur aus mit Pigmenten nicht gerade gesegnet.

Egal ob ich auf Teneriffa, in Ungarn oder Italien versucht hatte, braun zu werden, das Ergebnis war immer gleich: Zunächst wurde ich rot, dann schuppig, und zum Ende der Ferien war ich wieder genauso weiß wie vorher und wurde gefragt, in welchem Regenloch ich denn meinen Urlaub verbracht hätte.

Ich ging also gestern Mittag mit allerhöchsten Erwartungen in den Sun Express am Ku'damm. Bis zu meiner Begegnung mit Tom am nächsten Abend würde die Bräune genug Zeit haben, ihre ganze Schönheit zu entfalten, und ich würde genug Zeit haben, mich an den Zustand zu gewöhnen, braun zu sein.

Das war der Plan gewesen. Es kam aber anders.

Ich fühlte mich durch die Sonnenduschfachkraft vom Sun Express schlagartig verunsichert. Sie nuschelte «Tach» an ihrem handtellergroßen Unterlippenpiercing vorbei, und ich dachte sofort: «O Gott, eine Praktikantin!» Ich spürte einen deutlichen Fluchtinstinkt in mir aufsteigen.

Und wieder einmal bewahrheitete sich die nicht neue Erkenntnis: Hau ab, wenn du dich unwohl fühlst. Ganz besonders, wenn es um deine Haut, deine Haare und andere Teile deines Körpers geht, die für deinen Eindruck in der Öffentlichkeit maßgeblich mitverantwortlich sind.

Ich aber ignorierte alle Warnsignale, war ich doch bereits durch die Aussicht korrumpiert, mich in meinem Leben endlich einmal deutlich vom Bettlaken abzuheben.

«Als würde man einen Albino im Schnee vögeln», hatte Oliver manches Mal gesagt, als wir noch Sex und Spaß hatten.

«Zieh dich bitte komplett aus», sagte die Gepiercte und führte mich in einen fensterlosen Raum, in dem nichts war außer einem Waschbecken, einem Hocker für meine Kleidung und einer Art Zapfsäule. Auf der stand: «Karibisch braun in Sekunden dank Ihrer *Sunny Side*-Sonnendusche.»

Ich fasste neuen Mut.

«Hellbraun ist aus. Wir haben noch Mittel- und Dunkelbraun. Ich würde dir mittel empfehlen.»

Ich nickte ergeben.

Die Duschexpertin griff zu einer Sprühpistole, die an einem langen Schlauch hing, und sagte: «Stell dich bitte in die Mitte des Raumes. Und jetzt Augen zu.»

Ich hörte es mehrfach metallisch klicken. Nichts geschah.

Die Gepiercte murmelte Unverständliches. Dann ging sie offenbar raus. Ich stand nackt, weiß und mit geschlossenen Augen da und kam mir sehr doof vor.

Die Tür ging wieder auf.

«Die Patrone war leer. So, jetzt geht's los.»

Während ich am ganzen Körper eingesprüht wurde, drehte ich mich einmal um mich selbst. Ich kam mir vor wie ein Unfallwagen in der Lackiererei.

«Jetzt Hände waschen und dann fünf Minuten trocknen.»

Ich betrachtete meinen Körper unsicher. Aber da es in diesem schmucklosen Raum weder eine aussagekräftige Beleuchtung noch einen Spiegel gab, sollte mir das komplette Ausmaß der Katastrophe erst später bewusst werden.

Der fliegende Tampon schüttelt sich, als wolle er sämtliche Passagiere abwerfen. Die Insel unter uns kommt näher.

Ich habe Herzrasen, eine eigentümliche Mischung aus Flugangst, Vorfreude und Verzweiflung.

Ich habe Tom nur erzählt, dass ich angefangen habe, wieder zu arbeiten. Dass ich auch eine neue Wohnung habe und einen Scheidungstermin samt zugehörigem Aktenzeichen, weiß er nach wie vor nicht.

Birgit hält meine Strategie für mindestens fragwürdig. Leonie findet mein Verhalten bescheuert, würde es aber genauso machen. Erdal lobt meine vorausschauende Klugheit und möchte über jeden weiteren Schritt genauestens informiert werden.

Und als Rona mir um vier Uhr morgens im Saal II beim mittlerweile vierten *Gurkenwasser* den Schlüssel zu meiner Wohnung zurückbrachte und ich ihr in groben Zügen meine verworrene Lebenssituation schilderte, sagte sie: «Ich mag Lösungen ohne Lügen.»

Ich fühlte mich beschämt. «Ich weiß, erst betrüge ich meinen Mann, und dann belüge ich meinen Liebhaber. Ziemlich unmoralisch, oder?»

«Es geht nicht um Moral, sondern um Lebensqualität. Lügen zerstören Vertrauen. Du wärst überrascht, Liefje, was die Wahrheit für spektakuläre Entwicklungen möglich macht.»

«Hätte ich meinem Mann etwa sagen sollen, dass ich ihn betrüge?»

«Ja klar, und zwar lange bevor du mit einem anderen Mann gevögelt hast. Interessant ist nicht, ob du deinen Mann betrügst, sondern ob er sich von dir betrogen fühlt. Wie viele deiner Gesichter zeigst du ihm? Kennt er deine Sehnsüchte und Zweifel? Lässt du ihn teilhaben an deinen Abgründen? Treue und Untreue sagen nichts über die Qualität einer Beziehung aus. Betrug beginnt, wenn man sich nicht mehr wahrhaftig verhält. Du hast deinem Mann eine Maske gezeigt, eine zensierte und retuschierte Version von dir. Und dann hast du dich beschwert, dass du dich unverstanden fühlst. Aber wenn du für das geliebt werden willst, was du bist, musst du zeigen, wer du bist, und dein Innerstes offenbaren. Zu sagen, was man wirklich denkt, ist spannender als Fremdgehen. Die Wahrheit ist das größte Abenteuer.»

Ich dachte daran, wie Oliver auf der Straße gestanden hatte, rauchend, beobachtend, vielleicht wartend. Aber worauf?

Und dann sieht er den nackten Liebhaber meiner Nachbarin Rona am Fenster und hält ihn natürlich für meinen.

Und geht.

Hatte es ihm einen Stich versetzt? Brauchte er diese Bestätigung für das endgültige Ende? Hat er Lavinia davon erzählt? Nennt er sie manchmal Petra, um sie zu ärgern? Und kann sie darüber lachen?

Habe ich ihm je gesagt, dass ich Hummer vom Geschmack her total überschätzt finde? Habe ich überhaupt mal erwähnt, dass ich mir in unserem Ein-Raum-Penthouse vorkam wie eine Bazille auf einem Objektträger? Wusste er eigentlich, dass mich essen glücklicher macht als dünn sein?

Ich hatte es versäumt, rechtzeitig Bescheid zu sagen. Ich war zu schwach gewesen, zu unaufmerksam, hatte mich in einen Kokon aus Kummer und Selbstmitleid zurückgezogen, und als ich wieder festeren Boden unter den Füßen spürte, hatte ich zu spät bemerkt, dass ich auf dem falschen Weg war.

Da waren die Lider bereits gestrafft und der Hummer für das nächste gesetzte Essen bestellt.

Die Wahrheit sagt man entweder gleich oder nie, denn ihr Gewicht wiegt immer schwerer, je länger sie unausgesprochen bleibt. Das ist wie mit dem Zunehmen. Nimm lieber ab, solange du erst vier Kilo zu viel drauf hast. Sind es zehn, ist es kaum mehr zu schaffen.

«Was soll ich denn nun tun, wenn ich Tom auf Sylt treffe?», fragte ich Rona.

«Sei du selbst», sagte sie.

«Sei bloß nicht du selbst!», legte mir Erdal vor dem Abflug nach Sylt eindringlich nahe. «Und vergiss nicht: Glück oder Wahrheit. Niemals beides.»

Die Maschine setzt knirschend auf. Ich atme auf. Eigentlich ist mir nach Klatschen zumute, aber ich halte mich zurück. Tom hat sich mal von einer Freundin getrennt, weil sie beim Aufsetzen des Flugzeugs applaudiert hatte.

Ich kann das verstehen. Normalerweise schleicht sich die Realität wohldosiert in eine neue Liebe ein. Mal hier ein wirklich doofer Witz, mal dort eine an sich indiskutable Unterhose.

Die Entzauberung geschieht allmählich, ein erträgliches

Nach und Nach. Und wenn du ihn zum ersten Mal erlebst, wie er gedankenverloren in der Nase popelt, beim Einparken versagt, sich wie ein dummer Junge mit seiner Mutter zankt oder sich mit sperrangelweit aufgerissenem Mund Speisereste aus den Zähnen angelt, ist deine Liebe meist schon gefestigt genug, um Desillusionierungen schwersten Kalibers standzuhalten.

Aber wehe, die raue Wirklichkeit bricht beispielsweise in Form von Darmgeräuschen oder Lacoste-Hemden zu früh über die zarten Gefühle herein. Das ist, als würde einer mit Springerstiefeln auf einen Keimling treten. Da wächst

nichts mehr nach. Deswegen empfehle ich grundsätzlich, Kurzurlaube und Besuche bei den Eltern auf eine Zeit zu verschieben, in der die Liebe bereits erste Wurzeln geschlagen hat.

Gewöhnungsbedürftige Toiletten- und Essgewohnheiten sowie das seltsame Verhalten in Anwesenheit von direkten Familienmitgliedern können sich sonst sehr störend auf die weitere Entwicklung der Beziehung auswirken.

Ich denke, Tom und ich haben ein Stadium erreicht, wo wir das Wagnis eingehen können, ein Wochenende miteinander zu verbringen. Wir waren so lange in seiner kleinen Firmenwohnung eingesperrt, dass mir bereits die Vorstellung, mit ihm bei Tageslicht am Strand Händchen zu halten, den Atem raubt.

Und ich denke, auch die Sollbruchstellen gemeinsames Einschlafen und Aufwachen – heikle, alles entscheidende und besonders unfallträchtige Situationen, genauso wie Start und Landung beim Fliegen – werden wir meistern. Schließlich kennen wir uns schon fast ein ganzes Leben lang.

Die Maschine rollt aus, kommt zum Stehen.

«Sehr geehrte Damen und Herren, hier spricht Ihr Kapitän. Danke, dass Sie mit uns geflogen sind. Das Wetter: kühl und trocken. Ganz genau wie meine Exfrau. Willkommen auf Sylt.»

Das Abenteuer kann beginnen.

Nach mir die Sintflut um 15 Uhr 30

Ich habe noch zweieinhalb Stunden Zeit, um mich in eine präsentable Verfassung zu bringen. Ein fast hoffnungsloses Unterfangen.

Um mich herum ist alles wunderschön: geschmackvolle Antiquitäten, Blumenschmuck, ein riesiges Boxspring-Bett, auf der Terrasse stehen zwei Strandkörbe.

Wir haben im Hotel Stadt Hamburg eine Suite bekommen, und der Direktor hat eine Flasche Champagner auf den Tisch stellen lassen. Es ist alles perfekt. Fast alles.

Denn es gibt eine Sache, die das Gesamtbild empfindlich stört. Und das bin ich.

Vor ein paar Minuten habe ich eine SMS von Tom bekommen:

«Stehe im Stau. Werde erst gegen sechs bei dir sein. Mach's dir schon mal gemütlich. Freue mich auf dich und keine Tabus ☺»

Auweia. Da habe ich mir etwas eingebrockt.

Ich habe mir *Shades of Grey* mitgenommen, um mich durch das Lesen von schlimmen Stellen in eine möglichst tabulose Stimmung zu bringen. Aber eines nach dem anderen.

Ich betrachte mich in dem Ganzkörperspiegel im Badezimmer, und der fatale Eindruck, den ich bereits gestern auf mich gemacht habe, bestätigt sich erneut.

Um es kurz zu machen: Ich sehe aus, als hätte ich mich in Morast gewälzt und nachher nur unzureichend abgeduscht. Und genauso rieche ich auch.

Der muffige Selbstbräuner aus der *Sunny Side*-Sprühpistole und meine Haut haben optisch und olfaktorisch fatal aufeinander reagiert. Und der Dilettantismus der Duschangestellten hat zu dem tragischen Endergebnis sicherlich noch maßgeblich beigetragen. Erst jetzt sehe ich, dass die Gepiercte Teile meines Hinterns beim Lackieren völlig vergessen hat, während sie die Farbe an den Knien wohl etwas zu übermütig aufgetragen hat, was zu dunklen Verschrumpelungen an diesen für die Spuren des Alters besonders empfänglichen Körperstellen geführt hat.

Einige meiner Zehen sind so widernatürlich dunkel, dass sie mich unschön an Rostbratwürstchen erinnern, die auf dem Grill vergessen wurden. Und auf dem Rücken, es ist nicht zu fassen, entdecke ich ein paar Lacknasen, wie sie üblicherweise entstehen, wenn man eine Wand streicht und vergisst, die Farbe vom Pinsel abzustreifen.

Abgesehen von diesen unbestreitbaren Mängeln, bin ich auf eine Weise braun, wie sie meiner Persönlichkeit überhaupt nicht entspricht.

Wie muss man sein, wenn man so braun ist? Ich sehe aus wie die Eingeborene eines polynesischen Inselstaates und habe überhaupt nichts mehr mit mir selbst zu tun. Diese tiefe Bräune fordert eine südländische Gelassenheit und sommerurlaubige Fröhlichkeit ein, deren ich einfach nicht fähig bin.

Braun zu sein, ohne sich vorher gesonnt zu haben, das ist wie schlank zu werden, ohne vorher abzunehmen, wie reich zu sein, ohne eigenes Geld zu verdienen. Irgendwie kein gutes Gefühl.

Fett wird abgesaugt, braun wird aufgesprüht, Geld wird vom Konto des Mannes abgehoben: Ist das Luxus oder Verkommenheit?

Nichts erreicht haben, aber trotzdem alles haben.

Ich hatte mich zwar daran gewöhnt, Olivers Geld auszugeben, aber es hatte mir keinen Spaß gemacht.

Manchmal vermisste ich es sogar, mir etwas nicht kaufen zu können, einen Wunsch aufzuschieben, Prioritäten setzen zu müssen. Wenn mir zwei Taschen gefielen, kaufte ich beide. Im Restaurant schaute ich nicht mehr auf die Preise, und die Kostenvoranschläge der Inneneinrichterin nickte ich ohne Skrupel ab.

Jedes Bedürfnis bestrafte ich mit sofortiger Erfüllung. Und je mehr unverdientes Geld ich ausgab, desto schaler wurde der Beigeschmack, und desto mehr nahm ich es Oliver übel, dass er für das arbeitete, was ich verprasste, und deswegen anscheinend auch noch einen doofen, ultrakonservativen Stolz empfand, als sei es nach wie vor ein Zeichen von ultimativer Männlichkeit, seine Gattin durchzufüttern und sich lässig im Kreise von ähnlichen Spackos zurückzulehnen und zu sagen: «Meine Frau hat es nicht nötig zu arbeiten.»

Dabei hatte ich es nötig! Wunschlos unglücklich, das war ich.

Die nächsten fünfzehn Minuten verbringe ich unter der Dusche damit, mir mit einem brettharten Luffaschwamm die obersten Hautschichten abzurubbeln, in der Hoffnung, irgendwann wieder auf eine vertraute weiße Schicht zu stoßen. Das gelingt jedoch nur bedingt.

Während ich meine Brüste in einem Push-up zusammenquetsche, bis sie eine mir verheißungsvoll erscheinende Spalte bilden – was, wenn man ganz ehrlich ist, ja immer ein bisschen so aussieht wie Arschritzenalarm im Büstenhalter –, frage ich mich erbost, ob Tom wohl irgendwas Widernatürliches, Schmerzhaftes, gar Demütigendes getan hat, um nachher Eindruck auf mich zu machen.

Erdal hatte recht, als er in der Talkshow sagte, dass Männer häufig über ein ganz erstaunliches, oft genug auch über ein erstaunlich unbegründetes Selbstbewusstsein verfügen.

Ich hatte schon Typen, die ihre unansehnlichen Bierbäuche und ihren pickeligen Arsch nach dem Sex ungeniert und fröhlich pfeifend in Richtung Toilette schoben, während ich noch damit beschäftigt war, die bemängelnswerten Partien meines Körpers unter geschickt drapierten Laken und gekonnt zurechtgerückten Kissen zu verbergen.

Und obschon diese Männer manches Mal keinen erhebenden Anblick boten, hätte es mich doch weit mehr gestört, wenn sie sich beim Verlassen des Bettes verschämt in eine Decke gewickelt oder das Kopfkissen vor die Plauze gehalten hätten.

Die männliche Selbstüberschätzung ist oft überzeugend, und die Art, wie Männer nicht mit sich hadern, ist beneidens- und nachahmenswert.

Aber bis achtzehn Uhr wird es mir voraussichtlich nicht mehr gelingen, mich selbst zu überschätzen.

Es klopft an der Tür. «Zimmerservice. Sie hatten um eine Nagelfeile gebeten?»

Die Dame reicht mir eine Feile, die ich irritiert entgegennehme. Eigentlich hatte ich um eine Nagelschere gebeten. Was soll ich denn jetzt machen? Mir die Schamhaare abfeilen?

Meine Güte, früher ist das alles irgendwie einfacher gewesen.

Ich mach mal den Champagner auf. Kann ja nicht schaden.

Nach zwei Gläschen steigt das Selbstwertgefühl in der Regel wenigstens in einen messbaren Bereich.

Ich habe mich für mein Stella-McCartney-Kleid mit perfektem Reißverschluss am Rücken entschieden, das ich selbstverständlich bei meinem nächtlichen Silvesterauszug eingepackt hatte, genauso wie die hochpreisige Unterwäsche und die drei kleinwagenteuren Handtaschen.

Während ich mir die Wimpern tusche, die Augenbrauen zupfe, verschiedene BHs und verführerische Gesichtsausdrücke ausprobiere und halbnackt mit Rundbürsten im Haar, einer straffenden Maske im Gesicht und einer hornhautreduzierenden Maske an den Füßen zu *Get Lucky* durchs Badezimmer schlittere, komme ich mir jung vor und verwegen, beinahe glücklich, als sei alles noch möglich oder fast.

Vor mir liegt ein wunderbares Wochenende.

Sex. Sylt. Sonne.

Und danach? Vielleicht die Sintflut?

Mir doch egal.

Darüber mache ich mir Gedanken, wenn es anfängt zu regnen.

Beim nächsten Lied drehe ich die Musik lauter.

In diesem Moment passt der Song zu mir. Endlich. Wahrscheinlich nicht lange. Aber jetzt, immerhin.

Lass die Schweinehunde heulen
Lehn dich trunken aus dem Fenster
Schrei den Menschen auf der Straße deinen Namen in die Fresse
Tanz noch drei, vier letzte Tänze
Wälz dich heulend auf dem Boden

Bind aus Zigaretten Kränze
Rauch, als gäbe es kein Morgen

Nimm die besten Augenblicke
Bau dir deine Zeit daraus
Riskier die dickste aller Lippen
Pfeif auf jeglichen Applaus

Lass die Nerven richtig zittern
Lass die Erde richtig beben
Stell dich mitten ins Gewitter, und du weißt:
Du bist am Leben!

Am 10. April um 15 Uhr 30, große letzte Worte: «Und übrigens, ich mag keinen Hummer.»

Ich möchte tot sein. Und zwar auf der Stelle. Und für immer.

Denn ich weiß nicht, wie ich nach dem Trauma, das ich gerade erleben muss, weiterleben und jemals wieder unvoreingenommen in den Spiegel schauen soll.

Ich trage einen braunen, ungünstig geschnittenen Frottee-Ganzkörperanzug, und, als wäre das noch nicht schlimm genug, auf meinem Kopf liegt ein gigantischer Haufen Hundescheiße.

Als Erdal gestern Abend panisch bei mir anrief und mich um Hilfe bat, habe ich mich selbstverständlich sofort bereit erklärt einzuspringen. Eltern aus Josephs Schule hatten ein Theaterstück einstudiert, das am nächsten Tag Premiere haben sollte. Erdal hatte die Hauptrolle, lag aber mit einer Magen-Darm-Grippe flach, deren unappetitliche Einzelheiten er mir ersparen wollte. An einen Auftritt war jedenfalls nicht zu denken.

«Wie soll ich denn bis morgen eine Hauptrolle auswendig lernen?», wandte ich noch ein.

«Es ist keine Sprechrolle, und die Handlung des Stücks ist selbsterklärend. Du schaffst das schon, tausend Dank. Und mach mir keine Schande!»

Die Schande, so stellt sich nun heraus, ist allerdings mit meiner Rolle untrennbar verwoben, handelt es sich doch, ich hätte mich wirklich vorher erkundigen sollen, um das

Stück *Vom kleinen Maulwurf, der wissen wollte, wer ihm auf den Kopf gemacht hat.* Unnötig zu erwähnen, dass ich der Maulwurf bin.

Seit einer Dreiviertelstunde stehe ich vollgekotet auf der Bühne zwischen etlichen überengagierten Müttern, die diverse andere Tiere darstellen, die dem Maulwurf vor die Füße kacken, um ihm zu zeigen, dass der Haufen auf seinem Kopf nicht von ihnen stammen könne. Ich meine, ganz ehrlich, wer denkt sich denn so eine Scheiße aus?

Die verschiedenen Kackesorten sind von den Kindern im Werkunterricht aus Filz hergestellt worden, und der Haufen auf meinem Kopf, von Joseph gebastelt, ist eindeutig der größte und gelungenste, was mich jedoch nicht mit Stolz erfüllt.

Ich bin heilfroh, dass Karsten und Leonie wegen einer goldenen Hochzeit nicht dabei sein können, und ich nicke dankbar Rona zu, die ich gebeten habe mitzukommen und die nun unerschütterlich in der ersten Reihe sitzt und mir immer wieder ermutigend zulächelt, als wolle sie sagen: «Halt durch, Liefje, und mach dir keine Gedanken, mir ist nichts Menschliches fremd. Wir gehen nachher einen trinken und lachen drüber.»

Oma Hildegard, Joseph und Hans sitzen neben Rona und vermitteln den glaubhaften Eindruck, sich bei hochwertigster Unterhaltung köstlich zu amüsieren.

Das Finale des Stückes hält eine weitere, unerwartet tiefe Demütigung für mich bereit. Ich muss Hans-Heinrich, dem Metzgershund, der als Übeltäter entlarvt worden war, ein kleines Maulwurfhäufchen auf den Kopf kacken.

Ich überlege, den Autor des Stückes wegen Verletzung der Menschenrechte zu verklagen.

Applaus brandet auf. Endlich ist dieses unwürdige Spektakel zu Ende. Rona pfeift auf zwei Fingern, was ich rührend, aber irgendwie übertrieben finde und im Übrigen dringend auch lernen möchte.

Ich bewundere Rona, ohne deswegen eingeschüchtert zu sein. Der Nachteil an Menschen, die man groß findet, ist ja oft, dass man sich neben ihnen klein fühlt. Aber das lässt Rona nicht zu. Sie ist eine Frau, die dich besser macht und dir das Gefühl gibt, du bräuchtest nichts an dir zu verändern – selbst wenn du ein beschissener Maulwurf bist.

Die meisten Menschen, mich selbst natürlich eingeschlossen, sind ständig dabei, sich zu optimieren, das Beste aus sich rauszuholen, das Schlechteste zu eliminieren oder jedenfalls zu vertuschen und versteckte Talente in sich zu suchen, die eventuell irgendwo unentdeckt schlummern. Womöglich ist man ja ein begnadeter Geiger, und man hat es bloß noch nicht bemerkt.

Wenn man sich heutzutage nicht ununterbrochen verbessert, kann man sich im Grunde genommen kaum mehr unter die Leute trauen. Bloß nicht so scheiße bleiben, wie man ist!

Wir unermüdlichen Ego-Bastler pendeln hin und her zwischen Muskelaufbau und Weiterbildung, Fettverbrennung und Entspannungskursen, und wenn wir uns dabei erwischen, dass wir mal versehentlich nichts Nützliches tun, schämen wir uns kurz und buchen schnell ein Weinseminar, um uns in professionellem Genuss weiterzubilden.

Als ich mit Rona darüber sprach, was mich alles an mir stört, welche Fehler ich nicht mehr machen und welche schlechten Eigenschaften ich in den Griff bekommen möchte, unterbrach sie mich. «Wer seine Schwächen stärkt, schwächt seine Stärken. Glotz nicht ständig auf deinen schlappen Bauch, wenn du bildschöne Füße hast. Hör auf, dich ständig als Problem wahrzunehmen, und schließ verdammt noch mal Frieden damit, dass du immer auch in Unfrieden mit dir leben wirst. Bleib einfach so, wie du bist.»

«Also, das kommt für mich eigentlich nicht in Frage», sagte ich. «Sieh doch, wohin mich das geführt hat. Nicht gerade ein erstrebenswerter Zustand für eine dreiundvierzigjährige Frau. Ich bin unsicher, ich benehme mich oft doof, ich bin unglücklich – so will ich definitiv nicht bleiben.»

«Wer sagt, dass man glücklich sein muss, dass man nicht unsicher sein darf? Lösche in deinem Kopf das Idealbild, wie du sein solltest. Es gibt nichts Langweiligeres als Perfektion. Das Unglück, das du gerade empfindest, ist Voraussetzung und Teil deines späteren Glücks.»

«Willst du denn so bleiben, wie du bist?»

«Selbstoptimierung ist mir zu anstrengend. Ich bin berufstätig, muss ich da in meiner Freizeit unbedingt noch an mir arbeiten und meinen Charakter polieren? Nein, muss ich nicht, und das bezeichne ich als Freiheit. Du kannst dich darauf verlassen, Liefje, dass du, ohne es dir vorzunehmen oder Kurse zu buchen, immer besser wirst. Mutwillige Selbstverwirklichung ist Zeitverschwendung, denn sie passiert automatisch durch das Leben selbst. Dir wird immer wieder Unvorhergesehenes passieren, auf das du reagieren und an dem du reifen wirst.»

Und da hatte sie zweifelsohne recht, wie mein Auftritt als Maulwurf gerade eindrucksvoll beweist. Eine harte Lektion in Demut und dem stoischen Ertragen der eigenen Lächerlichkeit, für die man in einem Selbsterfahrungsseminar Unsummen bezahlen müsste.

Ich verbeuge mich so elegant, wie es mir unter den erschwerten Bedingungen möglich ist, und versuche mich zum wiederholten Male damit zu beruhigen, dass ich hier außer Rona und Oma Hildegard mit ihren beiden Enkeln niemanden kenne.

In dem Moment entdecke ich Lavinia und Oliver in der dritten Reihe. Zeitgleich fällt mir die Scheiße vom Kopf und direkt vor die Füße.

«Rona, hilf mir, was soll ich tun? Wie soll ich mich verhalten?!», zische ich und versuche, meiner Schnappatmung Herr zu werden. Ich habe mich hinter der Bühne in aller Eile umgezogen, und jetzt stehen wir in der Aula am Kuchenbuffet.

Aus den Augenwinkeln sehe ich, dass Oliver und Lavinia mit einem Mädchen aus Josephs Klasse reden, und frage mich, wie oft mich das Schicksal noch im unpassendsten Moment mit dem falschen Outfit bestrafen möchte. Meine Lust auf Kostümierung ist mir für dieses Leben gründlich verleidet.

«Tu das, wonach dir ist, und sage, was du denkst», sagt Rona. «Es ist gar nicht so schwer. Trau dich und ergreif die Initiative. Pack den Stier bei den Hörnern, ehe er dich aufspießt.»

«Kommst du mit?»

«Aber nur, wenn ich auch sagen darf, was ich denke.»

In meinem Kopf ertönen Fanfaren, wie man sie aus monumentalen Sandalenfilmen kennt. Ich fühle mich wie eine Amazone auf dem Weg in die Schlacht.

Nun gut, ich war Biene Maja, und ich war der Maulwurf, der wissen wollte, wer ihm auf den Kopf gekackt hat. Aber jetzt bin ich Nicki Kubitt, unschlagbar, weil längst geschlagen, und bereit, alles zu riskieren, denn ich habe ja nichts mehr zu verlieren.

«Hallo Oliver, ich weiß nicht, wie ich mich verhalten soll, aber dich nicht zu begrüßen, käme mir albern vor. Darf ich vorstellen, das ist meine Freundin Rona. Hallo Lavinia.»

«Ich habe schon viel von Ihnen gehört», sagt Rona. «Und von Ihnen natürlich auch, Lavinia. Ich finde allerdings, Petra passt viel besser zu Ihnen.»

Ich versuche, nicht hysterisch loszulachen.

«Wie hat dir das Stück gefallen?», frage ich Oliver. «Einen Maulwurf mit einem Haufen Scheiße auf dem Kopf darf man ja auch nicht alle Tage spielen, eine echte Grenzerfahrung.»

«Ich habe mich amüsiert.» Oliver lächelt ein wenig, fast wie aus Versehen. Das macht mir Mut. Es erinnert mich an den Mann, der mal meiner war und der ein ausgesprochenes Faible für skurrile Situationen hatte.

«Was führt euch hierher?», frage ich.

«Mein Patenkind geht in diese Klasse», sagt Lavinia spitz. «Aber ich würde diesen unnötigen Smalltalk jetzt gerne beenden. Wir haben uns nichts zu sagen, und du wirst verstehen, dass ich nicht gerne mit dir gesehen werden möchte.»

«Das verstehe ich gut. Würdest du dann bitte Oliver und mich für einen Moment allein lassen?»

«Ich bezweifle sehr, dass Oliver mit dir sprechen möchte. Habe ich recht, Olli?»

Wir schauen Oliver an.

Er hasst es, Olli genannt zu werden, das weiß ich.

«Nur einen Moment, Lavinia. Ich komme gleich nach.»

Lavinia zieht scharf die Luft ein.

Rona lächelt mir zu und sagt: «Kommen Sie mit zum Buffet, Petra? Vielleicht gibt es da ja auch etwas ohne Kalorien und Fett.»

«Nein danke», zischt Lavinia. «Ich warte draußen auf dich, Oliver. Aber nicht lange.»

«Und?» Oliver schaut mich abwartend an. Warum sollte er sich auch freuen, mich zu sehen?

Ich kenne jede Falte in seinem Gesicht, den Schwung der Augenbrauen, den kleinen Leberfleck am Kinn, die angewachsenen Ohrläppchen und den Wirbel am Hinterkopf, der Oliver immer so aussehen lässt, als sei ihm der Wind von hinten durch die Haare gefahren oder als habe er eine unruhige Nacht gehabt. Die Vertrautheit, die mich überkommt, beschämt mich und lenkt ab von dem, was ich eigentlich will.

Ich will das Richtige sagen, will die Gelegenheit nutzen, aus uns ein Paar zu machen, das wenigstens bei der Trennung nicht gescheitert ist. Ich will, dass er mich versteht, ich will seinen Groll besänftigen, ich will würdige letzte Worte finden, mit denen ich in Frieden weiterleben kann.

Aber mir fallen leider keine ein.

Und dann kommt mir Ronas Befehl in den Sinn, dieses eine Mal zu sagen, was ich wirklich denke. Und ich höre mich sagen: «Ich bin lieber satt als dünn. Ich fand es unnötig, dass du zur Pediküre gehst. Seit du für Stern arbeitest, bist du ein Zahlenfuzzi und Handy-Junkie geworden. Und aus mir hat das Geld eine faule, unselbständige Nörgeltante gemacht. Ich hätte das alles viel früher bemerken und sagen müssen. Jetzt ist es zu spät. Und was an Silvester geschehen ist, tut mir unendlich leid. Ich wollte dich niemals so demütigen, das ist unverzeihlich. Es wäre schön, wenn du mir trotzdem irgendwann verzeihen könntest. Und übrigens, ich mag keinen Hummer, ich hab nur dir zuliebe so getan. Ich wünsche dir wirklich alles Gute. Wir sehen uns bei unserer Scheidung. Und jetzt werde ich mich betrinken. Du siehst blass aus. Vergiss nicht, dein Magnesium zu nehmen.»

Und dann drehe ich mich um, gehe zu Rona und fühle mich ein kleines bisschen wie der einsame, aber stolze Marlboro-Mann, wenn er in den Sonnenuntergang und eine ungewisse Zukunft reitet.

Am 14. April um 15 Uhr 15, Liebeskummer im Bademantel: «Ein Pimmel ist kein schönes Organ, das muss man ganz klar so sagen.»

«Warum tut es so weh, wenn etwas vorbei ist, was man sowieso nicht mehr haben wollte?», frage ich und drücke auf *Löschen*.

«Und warum tut es so weh, wenn etwas vorbei ist, was noch nicht mal richtig angefangen hat?», fragt Leonie und drückt auf *Löschen*.

Wir liegen auf warmen Steinliegen mit Blick auf die Ostsee, eingehüllt in die dicken Bademäntel eines Hotels mit vielen Sternen.

Diesmal wollen wir alles anders machen.

Denn wenn man ehrlich ist, haben sich die Strategien der Vergangenheit nicht wirklich bewährt. Seit ich Teenager war und zum ersten Mal mit Liebeskummer in Kontakt gekommen bin, habe ich mich immer auf der Stelle gehenlassen, sofort angefangen, Kette zu rauchen, zu saufen, Chips zu fressen, zu heulen und traurigstmögliche Musik zu hören.

Briefe, hastig bekritzelte Zettel, neuerdings auch SMS-, WhatsApp- und Facebook-Chats wurden wieder und wieder auf Deutungsspielräume untersucht, auf Hinweise, wann und wo der Wurm in die gerade gescheiterte Beziehung gekrochen war, oder auf Möglichkeiten, für den Typen eine Entschuldigung zu finden, warum er (a) sich nicht meldet, (b) mit der besten Freundin rumknutscht oder (c) gerade unmissverständlich Schluss gemacht hat.

Mir persönlich ist eine Frau bekannt, die die Krankenhäuser in der Umgebung abtelefoniert hat, weil ihr ein schwerer Unfall als die einzig logische Erklärung für den nicht erfolgten Rückruf ihres Liebhabers erschien.

Eine andere hat allen Ernstes angenommen, der Mann, der nichts von ihr wissen wollte, leide am Borderline-Syndrom oder einer anderen schwerwiegenden Persönlichkeitsstörung und brauche lediglich etwas Zeit und liebevolle Pflege. Ihre natürlich.

Wann immer du als Frau vermutest, er riefe nur aus taktischen Gründen nicht zurück, wolle sich interessant machen, dich zappeln lassen oder hinter seinem klar formulierten Trennungswunsch stecke eigentlich ein stummer Schrei nach Liebe: Vergiss es und sieh den Tatsachen ins Auge. Männer muss man in diesen Dingen beim Wort nehmen, und ein Mann, der nicht anruft, tut das ganz genau aus einem einzigen Grund: Er hat keinen Bock auf dich.

«Aber warum will er mich denn nicht? Er kennt mich doch gar nicht», jammert Leonie und kippt den Rest Yogi-Tee runter, als handele es sich um Wodka pur. «Verdammt, ich halte das nicht aus, kein Alkohol macht alles nur noch schlimmer. Kannst du mir bitte mal erklären, warum wir hier sind, statt auf meinem Sofa Wein zu trinken, Chips zu essen und dazu *One Day I'll Fly Away* von Randy Crawford zu hören?»

Mit diesem Tränenschocker habe ich versucht, über Lars hinwegzukommen, der mir nach vier Monaten leidenschaftlichem Händchenhalten sagte, ich solle es nicht persönlich nehmen, aber ich sei ihm zu oberflächlich. Da war ich zwölf. Ich muss zu meiner Schande bekennen, dass mein allererster Liebeskummer musikalisch von Reinhard Mey begleitet wurde.

Ich fange an zu singen, und Leonie stimmt inbrünstig ein:

Tja, was sagt man dann
Nach all der Zeit, «Alles Gute»?
Hört sich komisch an,
Und so ist mir auch zumute.
Lass uns aufhör'n, uns zu kennen,
Ohne Spruch und Redensart,
Uns ohne viele Worte trennen,
Eh' das Lächeln noch erstarrt!

Den Refrain singen wir mit besonderer Hingabe, in der der ganze Schmerz aller vergangenen Trennungen zum Ausdruck kommt:

Das heißt nicht «Bis bald!»
Das heißt nicht «Bis später!»
Das heißt nicht «Auf Wiederseh'n!»
Das heißt «Lebewohl!»

Leonie lehnt sich seufzend zurück und fragt erneut: «Also, was machen wir hier eigentlich?»

«Wir sind zwei alternde, frischgetrennte Schabracken, die versuchen, ihrer Verzweiflung auf erwachsene und reife Weise Herr zu werden. Detox lautet die Strategie. Wir entgiften unsere Körper und unsere Herzen von sämtlichen Schadstoffen. Das sind Nikotin, Alkohol, Zucker, in Fett Gebackenes sowie, in deinem Fall, Henk van Dongen und, in meinem Fall, Thomas Weber. Wir lassen uns diesmal nicht gehen, sondern reißen uns zusammen. Alle Mails, Fotos und Kontaktdaten dieser beiden Personen haben wir gelöscht, das war ein wichtiger erster Schritt. Jetzt werden wir dreimal am Tag in der Sauna unseren Kummer rausschwitzen, beim Joggen unsere Aggressionen abbauen und mit Tee und ausgewogener Kost unsere Abwehrkräfte aufbauen. Das ist der Plan.»

«Ich hätte mich wirklich in Henk verlieben können.»

«Aber er sich nicht in dich.»

«Er hat uns doch gar keine Chance gegeben! Ich kann doch nicht ahnen, dass er mich nur noch mal treffen wollte, um mir zu sagen, dass ihm unser *Ausrutscher*, wie er es nannte, leidtut. Es war so scheiße peinlich. Ich stand in Hotpants in Ronas Wohnung und benahm mich, als hätte ich nichts drunter. Ich freute mich unbändig auf das Treffen und hoffentlich viele weitere danach – und dann werde ich abserviert! Das ist mir noch nie passiert. Ich fühle mich betrogen.»

«Weswegen eigentlich genau?»

«Er hat mir meine Träume und heimlichen Erwartungen gestohlen. Ich sah mich doch schon als Gattin des Generalkonsuls auf Auslandsreisen in Opernlogen sitzen. Ich fühle mich wie ein Kind, dem man sein neues Spielzeug weggenommen hat, bevor es überhaupt dazu kam, die Bedienungsanleitung zu lesen.»

«Du hast dich da in etwas reingesteigert und er nicht. Immerhin ist er extra nach Hamburg gekommen, um dir das persönlich zu sagen. Ziemlich anständig, wenn du mich fragst. Ich weiß, es fällt schwer, aber du kannst einem Mann schlecht vorwerfen, dass er nicht in dich verliebt ist. Dafür kann er nichts.»

«Doch! Ich finde, das ist eine Unverschämtheit! Ich kann das absolut nicht nachvollziehen! Du hast gut reden, weil du mit Tom wenigstens eine gute Zeit hattest. Du hast Erinnerungen, und ich hab gar nichts. Ich verstehe nicht, warum du eure Affäre nicht weiterlaufen lässt. Nach Sylt sah es besser aus denn je. Der Typ schien doch richtig verliebt in dich zu sein.»

«Nicht in mich. Ich habe perfekt geschauspielert und war genau so, wie er mich haben wollte, lustig, unkompliziert, unkritisch und verheiratet – die perfekte Geliebte, kinderleicht in der Handhabung. Als das Wochenende dann vorbei war, wurde mir klar, dass Tom mir nur gefallen hatte, solange ich ihn aus dem sicheren Hafen der Ehe heraus betrachten konnte.»

«Du meinst …»

«Ja. Ohne meinen Mann gefiel mir mein Liebhaber auf einmal nicht mehr. Wenn es darauf ankommt, schaust du nicht mehr gnädig hinweg über absurde Kommunikationsdefizite, Haare in den Ohren und die totale Abwesenheit von Komplimenten. Außerdem hat Tom meinen Humor nicht angemessen gewürdigt. Wenn ich einen hochkarätigen Scherz machte, sagte er: ‹Der war jetzt gut.› Was auch noch dazukam, war eine gewisse sexuelle Eintönigkeit.»

«Du hast doch immer gesagt, es sei die pure Leidenschaft.»

«Nur im Vergleich zu keinem Sex war es der bessere Sex.»

«Meine Güte, bist du abgeklärt.»

«Überhaupt nicht. Ich bin todunglücklich. Mir wird schlecht, wenn ich daran denke, was jetzt alles vorbei ist. Der Glanz fällt ab, die Ausstrahlung verschrumpelt, und ich werde genau das, was ich bin: dreiundvierzig und auf dem Nullpunkt. Ich war verliebt ins Verliebtsein. Und jetzt habe ich Liebeskummer ohne Liebe. Mein vorläufiges Fazit: Alles scheiße!»

Ich kuschele mich anlehnungsbedürftig in meinen Bademantel.

Ich hatte so sehr gewollt, dass alles perfekt ist. Ab achtzehn Uhr, Toms geschätzter Ankunftszeit auf Sylt, stand ich duftend, rasiert, frisiert, spärlich bekleidet und zu allem bereit vor dem Kübel mit dem Champagner und wollte die Flasche in dem Moment öffnen, in dem Tom das Zimmer betreten würde. Eine Schlüsselkarte für ihn hatte ich an der Rezeption hinterlegen lassen.

Das Beleuchtungskonzept hatte ich mehrfach überdacht und dann alle möglichen Lampenkombinationen ausprobiert. Gut, dass ich vorausschauend meine eigenen Kerzen mitgebracht hatte.

Ich entschied mich für ein erotisches Halbdunkel aus gedimmten Nachttischlampen und sieben Teelichtern, das meine immer noch unnatürliche Bräune gnädig verschlucken würde.

Über die musikalische Untermalung der Einstiegsszenerie hatte ich lange gegrübelt. Auf keinen Fall wollte ich Tom mit allzu offensichtlichem Sex- und Orgasmus-Liedgut überrumpeln. Aus diesem Grunde kam alles von R. Kelly nicht in Frage, besonders *Strip for You*, *Your Body's Callin'* und *Show Ya P***y.* Außerdem schloss ich sämtliche Sängerinnen mit Stimmen wie Softpornos aus, insbesondere die Songs *Fallin'* von Alicia Keys und *Nothing Can Come between Us* von Sade.

Ich wollte mich als subtil erotische Geliebte inszenieren, hinter deren stilvollem Äußeren ein Vulkan tabuloser Leidenschaften brodelt, was mich direkt auf das phantastische Lied *Les Étoiles* von Melody Gardot brachte.

Französisch klingt ja immer erotisch, besonders, wenn man es, so wie ich, nicht versteht und sich somit auch die Frage nach Pansen an der Fleischtheke anhört wie verbaler Cunnilingus.

Da stand ich also.

Eineinhalb Stunden lang.

Tom schien in einen weiteren Stau geraten zu sein, und unkonventionell, wie er war, hielt er es nicht für nötig, mich davon in Kenntnis zu setzen.

Melody Gardot sang in Endlosschleife und ging mir mit

jedem Mal mehr auf die Nerven. Den Champagner hatte ich bereits zur Hälfte ausgetrunken, die Minibar fast leergefressen, und alle zwanzig Minuten musste ich mein Lipgloss neu auftragen, weil der feuchte Schimmer auf meinen stets halbgeöffneten Lippen zwingend zur Gesamtkomposition gehörte.

Und natürlich fragte ich mich als Frau mit Überresten von gesundem Menschenverstand, ob ich eigentlich völlig meschugge war, mich derart akribisch auf einen Mann vorzubereiten, von dem ich mir nicht mal sicher sein konnte, dass er eine frische Unterhose tragen würde.

Ich rief Birgit an, um mich rückzuversichern, und sie bestätigte mir, dass frisch verliebte Frauen dazu neigen, sich bis zur absoluten Lebensuntauglichkeit in die Beziehung reinzusteigern, und dass es völlig normal ist, wenn die Vorbereitung auf ein Date länger dauern würde als das Date selbst. Ich sollte froh sein, dass ich nicht auch noch kochen müsste, denn das hätte mich sicherlich für Tage oder gar Wochen aus der Bahn geworfen.

Ich erschauerte, ließ Melody Gardot noch einmal *Les Étoiles* singen und versprach Birgit, mich bald wieder zu melden.

Als Tom das Zimmer betrat, nahm er von nichts Notiz.

Er ging geradewegs auf mich zu, küsste mich, zog mich aus, ohne auch nur ansatzweise auf meine Unterwäsche zu achten, und schmiss mich aufs Bett.

Ich war hingerissen, fand ihn unheimlich authentisch und männlich und auf eine fernfahrerhafte Weise sogar romantisch. Zunächst.

Nach vollzogenem Akt stand ich am Fenster und gab mir Mühe, dekorativ auszusehen. Ich trug ein schwarzes, mit

Spitze besetztes Negligé, hielt ein Glas Champagner in der einen, eine Zigarette in der anderen Hand und schaute, meiner Ansicht nach, geheimnisumwittert in die Ferne.

Nach zwei Orgasmen wollte ich mich nun wieder französisch stilvoll positionieren.

Tom ging aufs Klo und machte die Tür nicht zu.

Ich schickte meine Irritation in die Wüste und wippte lasziv mit der Hüfte.

Als ich meinen wilden Liebhaber ins Zimmer zurückkehren hörte, hauchte ich, den Kopf divenhaft leicht zurückgelegt, den Zigarettenrauch aus dem Fenster – eine Körperhaltung, die, so hatte ich bereits in mehreren erotischen Romanen gelesen, das Tier im Manne weckt, weil der entblößte und überstreckte Hals anscheinend Hingabe, Wehrlosigkeit und urtümliche Lust signalisiert.

Mein Anblick würde Tom betören und seine Leidenschaft von neuem entfachen. Seine Augen würden vor Begierde dunkel werden und gefährlich leuchten wie flüssiger Stahl. Er würde meinen Körper mit Tausenden siedenden Küssen bedecken und auf dem Höhepunkt mehrfach heiser und mit erstickender Stimme meinen Namen rufen.

Ganz genau so wie in *Shades of Grey*.

Ich schloss die Augen und stellte mir vor, wie er hinter mich treten und meinen Hals küssen, seine Wange an mein Gesicht schmiegen und seine Hände zärtlich und zugleich fordernd um meine Hüften legen würde.

Nun, das alles tat er genau nicht.

Er hatte das Buch ganz offensichtlich nicht gelesen oder nicht als wegweisend empfunden.

Tom trat hinter mich, pikste mir mit beiden Zeigefingern heftig in die Seiten und rief: «Kuckuck!»

Ich verschüttete meinen Champagner und wusste, dass es vorbei war.

«Ich schäme mich noch im Nachhinein», sage ich zu Leonie.

Sie nickt verständnisvoll. «Es gibt diese Momente, in denen man sich nicht eine Sekunde länger einreden kann, man sei auch nur ansatzweise in den Typen verliebt. Ich hatte mal was mit einem Gerüstbauer. Der nannte seinen Schwanz *Meister*. Ich bin aufgestanden und wortlos gegangen. Über manches kann man einfach nicht hinwegsehen. Das gilt natürlich auch für Unterhosen mit Tigerprint, schlechte Essmanieren und Geiz. Nichts ist schlimmer als ein Mann, der mit vollem Mund spricht und sich dann die Rechnung mit dir teilen will. Total unsexy ist auch der Gebrauch von Fremdsprachen zur Unzeit. Bei mir ist sofort Feierabend, wenn einer *Il conto per favore!* oder *Como esta chica?* sagt. Solche Selbstdarsteller sind nie gut im Bett. Die ficken nicht dich, sondern immer nur sich selbst.»

«Sex wird irgendwie immer schwieriger, und die Lust vergeht einem zusehends schneller. Man muss ja nur einmal an sich selbst runterschauen, während man sich im Vierfüßlerstand befindet.»

«Nackte Männer sind aber auch nicht unbedingt ein paradiesischer Anblick. Ein Pimmel ist kein schönes Organ, das muss man ganz klar so sagen. Apropos: Was ist jetzt eigentlich mit Oliver?»

«Was soll mit ihm sein?»

«Ihr seid euch nach drei Monaten zum ersten Mal wieder begegnet. Hättest du ihn gerne zurück?»

«Ich glaube nicht. Er ist nicht mehr der, der er mal war. Beim Sex mit Tom habe ich gemerkt, dass ich den Oliver von früher vermisse. Ich will lieben und nicht bloß ficken. Lavinia nennt ihn übrigens *Olli*. Mehr muss man nicht wissen. Ich habe ihn verloren. Oder er mich. Aber auch das tut weh.»

«Prost», sagt Leonie und hebt ihr leeres Teeglas. «Jetzt, wo ich Henk mit Abstand betrachte, muss ich sagen, dass mir bei ihm gleich so ein gewisser kleinlicher Zug um den Mund herum aufgefallen ist. Er erinnert mich an meinen Onkel Gerd, wenn er sein Gebiss nicht trägt. Ganz klarer Hinweis auf mangelnde emotionale Großzügigkeit. Ist dir das nicht auch aufgefallen?»

«Doch, jetzt, wo du es sagst.»

«Und er hat ‹Knofel› gesagt statt ‹Knoblauch›.»

«Mein Gott, Leonie, du kannst wirklich froh sein, dass du den Typen los bist!»

«Aber es ist doch noch viel schlimmer, von jemandem verlassen zu werden, den man nicht mal richtig gut findet. Was bildet der sich denn ein? Der sollte dem Herrn auf Knien danken, dass eine Frau wie ich sich für einen Typen wie ihn interessiert.»

«Vergiss nicht, dass immer wieder unfassbar gute Frauen von absoluten Vollspacken verlassen werden. Seit dem Tag, als Uma Thurman von ihrem Mann mit dem Kindermädchen betrogen wurde, darf sich keine von uns mehr sicher fühlen.»

«Nein, es muss einen anderen Grund haben, es kann nicht an mir liegen. Ich weigere mich, die alberne Ablehnung eines bebrillten Niederländers mit Hühnerbrust auf mich persönlich zu beziehen. Ich vermute, dass er vor seinen eigenen Gefühlen zurückgeschreckt ist. Wahrscheinlich hat er Angst, sich auf mich einzulassen. Das wird es sein! Eigentlich ist er total verliebt in mich. Oder er ist schwul. Das sind die einzigen logischen Erklärungen.»

«Sorry, aber wenn Frauen das Wort *eigentlich* im Zusammenhang mit Männern benutzen, deutet das auf geistige Umnachtung und übelste Projektion hin. Du klingst wie die Mutter eines Kettensägenmörders, die sagt: *Aber eigentlich ist er ein ganz Lieber.* Nichts ist bei Männern eigentlich ganz anders, als es scheint.»

«Nicki?»

«Ja?»

«Lass uns rauchen und saufen. So wie früher.»

«Überredet.»

Am 16. April um 11 Uhr 15, verkatert, und die Braut ist nicht schwanger: «Sobald du eine Schürze trägst, hast du kein Gesicht mehr.»

Mir ist übel. Das hat zwei Gründe. Der eine ist das exzessive Wellnesswochenende, das ich hinter mir habe.

Die Sauna haben Leonie und ich kein einziges Mal von innen gesehen.

Unsere sportliche Betätigung hat darin bestanden, unsere Drinks von der Bar zu holen, den Aschenbecher in relativ kurzen Abständen auszuleeren und zum Zigarettenautomaten zu gehen. Statt früh zu schlafen, haben wir wahlweise johlend oder heulend am Tresen der Bar gesessen und uns vom Pianisten herzzerreißendes Liedgut gewünscht.

Bei *Bridge over Troubled Water* schluchzten wir hemmungslos und fischten die gelöschten Mails von Henk und Tom wieder aus den digitalen Papierkörben unserer Handys.

Bei *Everything Must Change* schluchzten wir noch hemmungsloser und drückten auf *Papierkorb endgültig leeren.*

Dann sagte uns der Barkeeper, dass er gerne allmählich Schluss machen würde.

Das war gestern um halb vier Uhr morgens.

Jetzt ist es später Vormittag, und vor uns sitzt Anuschka Inken Zielinsky mit ihrem zukünftigen Ehemann Johann Haupt.

Und das ist der zweite Grund für meine Übelkeit.

Dieser Junge sieht so harmlos aus in seinem karierten Hemd und wirkt so gutherzig, dass ich aufspringen, ihn schütteln und rufen möchte: «Sie ist nicht schwanger! Sie liebt dich nicht! Mr. Bean, siehst du es denn nicht, diese berechnende Schlampe will nur deine Tiefkühlerbsen!»

Aber ich halte sowohl meinen Drang zur Wahrheit als auch meinen Drang, mich zu erbrechen, zurück und lausche mit kühlem Lächeln den Vorschlägen, die Leonie macht.

«Wir haben drei Angebote für Sie vorbereitet: ein Schlosshotel an der Ostsee, ein Boutique-Hotel oberhalb von Saint-Tropez und eine Finca bei Marbella.»

Anuschka greift nach Mr. Beans Hand. «Saint-Tropez klingt doch toll, Schatz, oder?»

«Ein rustikales Fest auf dem Land kann ich mir auch gut vorstellen», sagt Mr. Bean freundlich.

Anuschkas Gesicht gefriert.

«Für ein Fest auf dem Land», sagt Leonie eilig, «wäre natürlich der Hochsommer günstiger. Muss die Hochzeit unbedingt schon im Mai stattfinden?»

«Ja, meine zukünftige Frau ist schwanger.» Mr. Bean schaut Anuschka weichgezeichnet an, und mir kommt ein saures Schlückchen Chardonnay von gestern wieder hoch.

«Schatz, bitte, das gehört nicht hierher», zischt Anuschka.

«Warum denn nicht? Ist doch keine Schande, oder?»

Wie ich es mir in meinen schlimmsten Träumen ausgemalt habe, legt Herr Haupt seine Hand auf Anuschkas nicht vorhandenen Bauch. Ich verabschiede mich kurz auf die Toilette, was die zukünftige Braut mit dem Hochziehen ihrer linken Augenbraue kommentiert. Personal hat keine eigenen Bedürfnisse zu haben, sondern nur die anderer Leute zu erfüllen.

Du verlierst als Dienstleister bestimmte menschliche Grundrechte und fällst nur auf, und zwar unangenehm, wenn du mal niesen musst, eine Kontaktlinse verlierst oder dich verschluckst. Ansonsten bist du ein unsichtbares Neutrum ohne Harndrang und Speiseröhre, das zwar bei Bedarf angepampt, ansonsten aber übersehen wird wie eine blütenlose Topfpflanze.

Letzte Woche hatte ich bei einem Catering Getränke ausgeschenkt und Fingerfood verteilt. Ein Dutzend der zweihundert Gäste kannte ich vom Sehen aus dem Tennisclub. Keiner von ihnen stutzte bei meinem Anblick. Sobald du eine Schürze trägst, hast du kein Gesicht mehr.

Frauen, so meine Erfahrung, grüßen das Personal überhaupt nicht, wobei ihre Hochnäsigkeit mit der Bedeutung ihres Ehemannes zunimmt.

Und die Gemahlinnengesichter gefrieren regelrecht, sollte ihr Mann die Frechheit besitzen, eine Kellnerin freundlich zu begrüßen oder sich gar zu bedanken, wenn sie ihm aus dem Mantel hilft.

Da werden die pedikürten Krallen ausgefahren und die schmallippigen Münder gespitzt. Männer mit Hang zum Personal werden von ihren Frauen gut bewacht, denn wer will schon wegen einer Kellnerin sitzengelassen werden, zumal wenn man selbst die ehemalige Rezeptionistin seiner Firma ist?

Wenn sie dir nicht gerade eine Bestellung oder eine Beschwerde mit auf den Weg geben oder dich fragen, wo die Toiletten sind, scheinen die Leute zu glauben, du seiest taub und stumm und wahrscheinlich noch dazu selten dämlich. Du stehst mit deiner Flasche Rotwein und der Serviette über dem Arm direkt neben denen, und die reden trotzdem so miteinander, als seien sie vollkommen unter sich. Lästern über den Gastgeber und über die tatsächlich etwas groß geratenen Brüste seiner aktuellen Frau, planen, einen Kollegen aus der Geschäftsführung rauszumobben, und legen eine erstaunliche und irgendwie widerliche Eifrigkeit an den Tag, wenn es darum geht, trotz eines Jahreseinkommens jenseits der Neidgrenze Prozente beim Kauf von Großbildfernsehern, Soundsystemen und Neuwagen zu erschachern.

Ich erinnere noch sehr gut das Gespräch zweier Herren mit der Maklerin, die ich aus Erdals Wohnung kannte.

«Bei BMW kenne ich den Marketingvorstand. Der kann dir das neue Sechser-Coupé für ein Jahr als kostenlosen Testwagen geben.»

«Wenn du was von Sony brauchst, sag Bescheid. Ich spiele mit dem Deutschland-Chef Golf. Dreißig, vierzig Prozent sind immer drin.»

«Wart ihr dieses Jahr schon im Urlaub?»

«Mehr als eine Woche war für mich nicht drin. Konnte wegen der Firma nicht länger raus. Aber die Familie ist drei Wochen geblieben. Ibiza.»

«Ägypten kann man ja vergessen. Da macht jetzt mein Elektriker Urlaub.»

«Wir waren in Istanbul», mischte sich nun die Maklerin ein. «Aber ich muss ganz ehrlich sagen, mit dem Besuch in der Moschee habe ich mich wirklich schwergetan. Ich bin einfach nicht der Typ, der sich gern verschleiert. Das hat mich so eine Überwindung gekostet! Mein Freiheitswille ist einfach zu übermächtig. Und dann ziehen die sich da auch noch alle die Schuhe aus. Ein Gestank ist das, und wenn du auch nur ein bisschen empfindlich bist, holst du dir ja sofort Fußpilz.»

Sie hatte mir schweigend und ohne mich anzusehen ihr Glas hingehalten. Ich vergaß ihre Bestellung absichtlich. Die kleine Rache der Frau mit der Schürze.

Erdal wäre stolz auf mich, würde es aber lediglich als winzigen Schritt in die richtige Richtung werten.

Erdal hätte im Zweifelsfall, nach einem ordentlichen Hub Asthmaspray, zu einer wüsten Beschimpfung der gesamten Gesellschaft angesetzt, die Frau gezwungen, sich öffentlich von dieser Diffamierung Andersgläubiger zu distanzieren und insbesondere sich bei ihm in aller Form dafür zu entschuldigen, ihm so respektlos ihr Glas unter die Nase zu halten, als sei er ein Allerweltskellner.

Erdal liebt es, aufzufallen oder ausfallend zu werden. Bei einer Hochzeit hatte er sich durch die Anwesenheit des Bräutigams gestört gefühlt, ein Arschgesicht erster Güte. Drei Pfarrer hatten sich nach dem Traugespräch geweigert, die Trauung zu vollziehen, und ein vierter hatte sich erst nach einer großzügigen Spende in Form eines neuen Weihwasserbeckens dazu bereit erklärt.

Fünf Minuten vor der Hochzeit hatte der Widerling von Bräutigam Erdal noch zugeraunt, er würde für die Blumendeko nicht bezahlen, da seine Mutter allergisch auf die Krokusse reagierte und nicht in der ersten Reihe sitzen konnte.

«Seien Sie doch froh, bei der ollen Schreckschraube! Ein Plisseerock über einem Elefantenhintern, davon bekommt man doch Albträume!», hatte Erdal wütend zurückgekeift.

Während der Rede des Pfarrers hatte Erdal heimlich immer wieder in den Kübel mit den Rosenblättern gespuckt, die er ein paar Minuten später mit süßem Lächeln über das Brautpaar streute.

Da stille Rache nicht Erdals Sache ist, hat er bei seinem nächsten Talkshowauftritt von den berotzten Rosen berichtet, was ihm prompt eine Klage des Bräutigams einbrachte.

«Ist Erdals Verhalten nicht geschäftsschädigend?», habe ich Karsten gefragt. «Wer will denn seine Hochzeit von jemandem planen lassen, der dir quasi ins Gesicht spuckt?»

«Genau das ist Erdals Erfolgsgeheimnis», hat mir Karsten erklärt. «Die Leute lieben das Risiko, dass er sich danebenbenimmt. Einige sind regelrecht enttäuscht, wenn der Skandal ausbleibt. Erdal tut, wonach ihm ist, und wenn er fühlt, fühlt er immer viel und laut. Seine Egozentrik täuscht ihm tausend Weltuntergänge vor, aber auch genauso viele Wunder. Die Leute, die er mag, brüsten sich mit seiner Zuneigung, und die, die er brüskiert, haben hinterher eine gute Geschichte zu erzählen. So kommen immer alle auf ihre Kosten.»

«Du auch?»

«Mein Leben ist mit ihm viel reicher, als es ohne ihn wäre. Manchmal sehe ich ihn lieber gehen als kommen. Aber wenn ich abends die Tür aufschließe und er beginnt, sofort auf mich einzuplaudern und mir Chips in den Mund zu stopfen, weil er nicht alleine dicker werden will, fehlt mir nichts zu meinem Glück.»

Ich habe daran denken müssen, wie es war, nach Hause zu kommen, und es war schon jemand da. Wenn du das Licht nicht mehr anmachen musst, wenn die Heizung schon aufgedreht ist und im allerbesten Fall aus der Küche das vielversprechende Ploppen eines Korkens dringt oder der Geruch von Kurzgebratenem.

Ich war immer gerne ein Paar. Die Rituale habe ich stets mehr geliebt als die inszenierten Highlights. Das gemeinsame Zähneputzen hat mich letztlich mehr beglückt als ein gemeinsames Wochenende in Saint-Tropez – ein völlig überschätzter Ort, wie ich finde.

Man steht dort sehr viel im Stau, und wenn du des Französischen nicht mächtig bist, bestellst du versehentlich Schnecken oder eine Taube. Nach zwei Tagen an der *Côte*, wie die Insider sagen, hatte ich die Befürchtung, mir vom ständigen Baucheinziehen einen schweren Eingeweideschaden zugezogen zu haben.

Ich hatte noch nie so viele dünne, schöne, gelangweilte Frauen in Begleitung dicker, hässlicher alter Säcke gesehen, zwischen sich dreistöckige Meeresfrüchteplatten und kostspielige Magnumflaschen.

Meist, so stellte sich heraus, sprachen diese Paare nicht dieselbe Sprache, und während sie auf Russisch in ihr goldenes iPhone plapperte, genügte ihm der Anblick ihrer entblößten Oberschenkel und die unanständig große Geste, mit der er dem Kellner hundert Euro Trinkgeld überreichte.

Ich sehe, das muss ich offen zugeben, einfach nicht gut genug aus, um ohne Sprache zu genügen. Ich kann mich nicht irgendwo hinsetzen, mein seidiges Haar nach hinten schmeißen, schweigen und faszinierend wirken. Entsprechend fehl am Platz fühlte ich mich in Saint-Tropez.

«Und du?», fragte Karsten.

«Was meinst du?»

«Was fehlt dir zu deinem Glück?»

Ich habe sofort angefangen zu weinen, weil ich gar nicht wusste, wo ich mit der Aufzählung anfangen sollte.

Ich dachte an das Puszta-Bild über dem Esstisch, und Karsten reichte mir diskret ein Taschentuch und ließ das Thema vorerst auf sich beruhen, wofür ich ihm sehr dankbar war.

You always have to be friend of the bride.

Im Fall von Anuschka Inken Zielinsky wird mir das nicht gelingen, so viel ist schon mal klar.

Während meiner Auszeit auf der Toilette wurde beschlossen, die Hochzeit im Schlosshotel La Grande Plage an der Ostsee stattfinden zu lassen. Ihren Junggesellinnenabschied wird Anuschka zwei Wochen vorher mit ihren neun besten Freundinnen, den *Top Nine*, wie sie sie nennt, auf der Yacht ihres Vaters feiern.

«Ich möchte Sie beide als Backup dabeihaben», sagt Anuschka. «Die Yacht meines Vaters wird an der Platja de ses Illetes vor Anker liegen, *dem* Strand von Formentera. Buchen Sie sich ein preiswertes Zimmer auf der Insel. Bei der Feier werden Sie sich bitte dezent im Hintergrund halten, aber jederzeit bereit sein. Ich erwähnte ja schon, ich verlange Perfektion und Exzellenz. Reservieren Sie Zehnertische in den besten Beach-Clubs der Insel. Und ich möchte bitte keine Überraschungen erleben. Sorgen Sie dafür, dass sich keine von meinen Freundinnen irgendwelche blöden Spielchen ausdenkt, bei denen ich mich verkleiden muss oder zu unwürdigen Aktivitäten gezwungen werde.»

Ich gönne mir kurz die Vorstellung, wie die schöne Anuschka als Banane verkleidet am Strand XXL-Dildos verkaufen oder mit ihren Louboutins auf einem Bier-Bike mit zwölf grölenden Männern radeln muss.

Frauen machen so was nicht, die würden sich schämen. Männer hingegen verhalten sich bei solchen Aktionen erstaunlich ignorant der eigenen Lächerlichkeit gegenüber.

Das Bier-Bike bietet ernstzunehmende Hinweise dafür, wie Männer funktionieren, wenn sie unter ihresgleichen sind. Sie sind weitgehend schmerzfrei, was ihre Außenwirkung angeht, freuen sich an dem erhebenden Gefühl, sich sportlich mit ihren Kumpels betätigen und gleichzeitig betrinken zu können.

Frauen haben keine Kumpels, und es ist ihnen niemals egal, wie sie aussehen.

Leonie erzählte, dass sie sogar noch vor ihrem geplanten Kaiserschnitt ein ordentliches Make-up und wasserfeste Wimperntusche aufgelegt habe, obschon davon medizinisch eigentlich abgeraten wird, da die natürliche Hautfarbe dem Arzt hilft, den Zustand seiner Patientin einzuschätzen, und es nicht hilfreich ist, wenn du im OP plötzlich aschfahl wirst, es wegen deiner gutdeckenden Foundation mit mattierendem Effekt aber niemand sehen kann.

Für Leonie war das kein Argument, denn schließlich sei es ein zutiefst weibliches Bedürfnis, in jeder Lebenslage rein äußerlich das Beste aus sich zu machen. «Die sollen auf ihre Geräte gucken und nicht in mein Gesicht. Wir leben schließlich nicht mehr im 18. Jahrhundert. Gleich nach der Geburt werden entscheidende Fotos gemacht, die man sich noch als Großmutter anschaut. Will man da aussehen wie ein übernächtigter Zombie?»

Tatsächlich sieht Leonie auf den Kreißsaalbildern hervorragend aus, ganz im Gegensatz zu Erdal und Karsten, die sich leichenblass und mit rot geweinten Augen an dem Neugeborenen festzuklammern scheinen.

Leonie hat, nach eigener Aussage, keine einzige Träne vergossen. «Erstens ist ein Kaiserschnitt keine Angelegenheit, bei der man leicht sentimental wird, und zweitens hat Erdal für mich gleich mitgeheult. Es gibt keine Notwendigkeit, dramatisch oder rührselig zu werden, wenn man sich mit Erdal in einem Raum befindet. Er kann das einfach besser. Der Anästhesist war drauf und dran, ihm ein Beruhigungsmittel zu spritzen. Und als wenig später auch noch Oma Hildegard hereindrängte, das Baby an sich drückte und von Weinkrämpfen geschüttelt rief, sie werde ihn trotz seines Geschlechtes für immer lieben, hätte ich mich am liebsten vorzeitig entlassen.»

Karsten, dem in seiner Zeit als Personal Trainer intimste Einblicke in Männerseelen gewährt wurden, hat mir mal erzählt, wie heimelig es in Herrenumkleiden zugeht. Während nackte Frauen untereinander zum unerbittlichen Taxieren neigen, befindet sich der nackte Mann in der Kabine unter Freunden, kann unbehelligt posieren und vor dem Spiegel böse Blicke üben und muss nicht davon ausgehen, dass, sobald er den Raum verlässt, fies gelästert und gemein getuschelt wird über seinen Hängehintern oder die Storchenwaden.

«Männern untereinander ist es egal, wie sie aussehen – solange keine Frau in der Nähe ist», sagte Karsten. «Es sind die Frauen, die jedem Rock lange und überkritisch hinterherschauen und mir dann vertrauliche Umkleideinformationen zuraunen.»

Die möchtest du auch nicht nackt sehen, glaub mir ist der Satz, den er am häufigsten zu hören bekam.

Ich kann nicht gemeint sein. Denn ich ziehe mich immer zu Hause um. Ich kenn doch die Frauen.

Am 22. April um 1 Uhr 10, ein Jahr älter bei lauer Luft: «Heute geht es mir gut, morgen sehe ich weiter.»

Erdal hatte mich gezwungen. Und jetzt bin ich ihm dankbar.

Heute ist die erste laue Nacht im Jahr. Ich habe die Fenster weit geöffnet.

Die letzten Gäste sind gerade gegangen. Auf der Fensterbank türmt sich Geschenkpapier, der Tisch steht voll mit leeren Weinflaschen und überquellenden Aschenbechern. Bis vor einer Stunde hatte ich Geburtstag.

Erdal hatte nicht mit sich reden lassen. «Liebes, die Vierundvierzig ist eine Zahl, deren man sich schämen könnte, aber nicht sollte. Du musst deinem desolaten Zustand – Single, weiblich und ab jetzt rapide auf die fünfzig zugehend – hoch erhobenen Hauptes und mit einer Flasche Champagner im Arm entgegentreten.»

Es ist ein herrlicher Abend gewesen.

Nichts Gesundes! hatte ich als Devise ausgegeben, und die Geladenen haben ausschließlich gemüse- und vitaminfreies Essen mitgebracht wie Frikadellen und Eisbomben. Tibor hat Cremesch für mich gebacken, ungarische Blätterteigcremeschnitten.

Ich setze mich auf die Fensterbank und stelle nicht überrascht fest, wie meine wohlige Stimmung kippt.

Das kenne ich schon. Seit meinen Kindergeburtstagen habe ich den Moment gefürchtet, wenn wieder Ruhe einkehrt. Angebissene Waffeln, halbleere Cola-Flaschen, ein in sich zusammengesunkener Negerkuss, die Luftschlangen sehen mit einem Mal aus wie tote Würmer. Der Spaß ist vorbei.

Unter meinem Fenster stehen Rona und Tibor. Es würde mich nicht wundern, wenn die beiden zusammen nach Hause gehen. Sie scheinen einander zu gefallen.

Beim Essen hat Tibor gefragt, wie denn so die allgemeine Meinung zu Paarungen zwischen älteren Männern und jüngeren Frauen sei.

«Ich hätte ungern einen älteren Liebhaber. Fangen die nicht irgendwann an zu riechen? Und jeder, der schon mal in der Sauna war, weiß ja, dass der alternde Hodensack wirklich kein schöner Anblick ist», sagte Erdal, vollkommen taktlos wie immer.

«Ich hätte immer Angst, dass der Typ vor mir stirbt», sagte Leonie. «Dann wäre ich den Rest meines Lebens eine unglückliche Witwe.»

«Liefje, du erinnerst mich an meine Tante Annemieke und ihren ewig toten Dackel», meinte Rona. «Annemieke hätte so wahnsinnig gerne einen Dackel gehabt, aber vor lauter Angst, es nicht ertragen zu können, wenn er irgendwann stirbt, kaufte sie sich lieber erst gar keinen. So war sie ihr Leben lang traurig, keinen Dackel zu haben. Mir ist es völlig egal, wie alt der Mann ist, in den ich mich verliebe. Till Eulenspiegel weint bereits, während er den Berg hinabläuft, weil er weiß, dass er ihn irgendwann wieder rauflaufen muss. Auf diese Weise ist er immer unglücklich. Ich sage lieber: ‹Heute geht es mir gut, morgen sehe ich weiter.› Wenn mir ein älterer Mann gefällt, rechne ich mir nicht aus, wie hoch die statistische Wahrscheinlichkeit ist, dass ich ihn überlebe.»

Tibor errötete sanft.

«Seit ich Kinder habe», seufzte Leonie, «mache ich mir eigentlich nur noch Sorgen, was ihnen alles passieren könnte oder welche unheilbare Krankheit ich gerade ausbrüte. Die ganze Welt ist für mich zu einem potenziellen Tatort geworden, jeder Lastwagen ist ein Anschlag auf das Leben meiner Kinder, und jeder Grippevirus bereitet mir schlaflose Nächte. Mir geht alles viel zu nah, als hätte ich keine Haut mehr. Weißt du noch, Erdal, als wir neulich auf der Autobahn unterwegs waren und in den Verkehrsnachrichten die Warnung kam, man solle vorsichtig fahren, weil eine Entenfamilie auf der Straße unterwegs sei? Verdammt, da haben wir beide sofort angefangen zu heulen!» Erdal nickte, noch nachträglich ergriffen.

«Manchmal habe ich so große Angst um meine Kinder, dass ich lieber keine hätte», sagte er. «Neulich ist Joseph auf dem Schulhof angerempelt worden. Das muss man sich mal vorstellen! Louis hieß der widerwärtige Junge. Luzifer wäre passender! Ich habe mir das Bürschchen auf dem Schulhof beiseitegenommen und gesagt, dass ich ihm demnächst nachts ein paar kinderfleischfressende Monster vorbeischicken werde, wenn er meinen Sohn nicht in Ruhe lässt. Ich glaube, das hat gewirkt.»

«Klassische Überreaktion», murmelte Karsten.

«Aha! So siehst du das also!» Erdals Stimme wurde bedrohlich schrill. «Ich stehe eben zu meinen Emotionen und lebe sie aus! Aber an deinem steinernen Herzen zerschellen meine Gefühle wie Wellen an einem Wellenbrecher! Ich habe übrigens aus diesem Grund vor, mit dir eine Paartherapie zu besuchen.»

«Schon wieder?» Karsten lächelte Erdal gutmütig an.

«Bei der letzten Paartherapie sagte der Therapeut nach zehn Minuten, er würde dir Einzelsitzungen empfehlen. Und mit dem Therapeuten davor, angeblich eine einzigartige Spitzenkraft auf dem Gebiet Kommunikationsprobleme, hattest du dich bereits bei der Terminvergabe am Telefon so gestritten, dass er sich weigerte, uns zu empfangen. Zweimal im Jahr bekommst du einen Rappel, machst Hypnosetherapie oder *Erotic Zumba* und willst dein Leben grundsätzlich verändern, nicht weil es dir nicht gefällt, sondern weil dir das Drama fehlt. Wenn ich deine Chaoslaunen ernst nehmen würde, hätten wir uns bereits nach drei Wochen getrennt, als du mir ein krankhaftes Näheproblem unterstellt hast, nachdem ich angedeutet hatte, dass ich lieber alleine joggen würde.»

«Das war total verletzend für mich.»

«Bei deinem Lauftempo fange ich an zu frieren. Es reicht doch, dass wir ein gemeinsames Hobby haben: dich. Du liebst dich so, wie du bist, und ich dich auch. Ich sehe da keinen Therapiebedarf.»

Erdal traten die Tränen in die Augen, mir auch, Rona nickte fachmännisch, und Tibor rief: «Egészségedre! Auf euer Wohl! Und auf die Liebe! Wie steht es denn um dein Herz, Nicki, Angyalom, mein Engel?»

Erdal fühlte sich aufgerufen, für mich zu antworten, obschon gerade ein überdurchschnittlich großes Stück Eisbombe in seinem Mund steckte: «Um ihren Ehemann kämpft sie nicht, und ihren Liebhaber hat sie abserviert. Hat man dafür noch Worte? Tollkühn, wenn ihr mich fragt. Hat sich eigentlich einer von beiden zu deinem Geburtstag gemeldet?»

«Tom hat ihr heute Morgen eine SMS geschickt», antwortete Leonie für mich, ebenfalls mit vollem Mund, und ich gewann den Eindruck, dass ich für dieses Gespräch über mein Liebesleben eigentlich gar nicht anwesend sein müsste. «In der SMS stand, dass er Nicki alles Gute zum Geburtstag wünscht. Und dann kam die Frage, ob man sich nicht doch noch mal wiedersehen könne. Ich finde die Idee ja ausgezeichnet.»

«Besser einen mittelmäßigen Liebhaber als gar keinen», meinte Erdal. «Ich bin eine Kanone im Bett, oder, Puschel?»

Karsten tat so, als hätte er nichts gehört. Das tut er ziemlich oft.

«Meine Praxis», sagte Rona, «ist voll von Typen, die glauben, sie seien eine Spitzenkraft am Laken, und die überhaupt nicht verstehen, warum ihre Frau sie zu einer Sexualtherapie schleppt. Der Standardsatz, den ich immer wieder zu hören bekomme, lautet: *Was, ich komme zu früh? Sie kommt zu spät!* Ich finde übrigens, dass Nicki alles richtig macht. Man kann sich über die Trauer um eine gescheiterte Ehe nicht einfach hinwegvögeln.»

«So traurig wirkt Maja aber gar nicht», gab Erdal zu bedenken.

«Vielleicht ist es wie bei einem Autounfall», sagte Leonie. «Wenn dir ein Bein abgetrennt wird, spürst du im ersten Moment keinen Schmerz.»

«Wir könnten Nicki selber fragen», regte Karsten an.

«Ich glaube, wir brauchen alle etwas Bewegung», sagte Tibor und reichte Rona formvollendet die Hand. Wir schoben den Tisch beiseite und tanzten zu *Bad Girls* von Donna Summer durch mein Wohnzimmer.

Post um 1 Uhr 55

Die Musik läuft noch. In einem der Aschenbecher hat jemand seine Zigarette nicht richtig ausgedrückt. Rona hat ihr Tuch über der Lehne ihres Stuhles liegengelassen.

Selten, finde ich, fühlt man sich einsamer, als wenn man nach einer Party die Gläser abräumt, in einer Wohnung, die eben noch voll mit Menschen war.

Eine ähnlich deprimierende Wirkung auf mich haben Freibäder im Herbst, Schulen nach Schulschluss und menschenleere Kaufhäuser.

Meine Zeit in der Schanze geht zu Ende. Ich werde, mal wieder übergangsweise, bei Erdal und Karsten im Souterrain wohnen. Von einem Übergang zum nächsten. Und wieder mit zwei Taschen. Im letzten halben Jahr ist nichts dazugekommen, was sich zu behalten lohnen würde.

Ich rauche in die Nacht hinaus und lese noch einmal Birgits Brief, der heute Morgen gekommen ist.

Meine liebste Nicki!

Ich finde, dein vierundvierzigster Geburtstag ist ein guter Anlass für uns beide, vernünftig zu werden. Zumindest ein bisschen.
Habe ich dir erzählt, dass ich seit vier Wochen wieder zwanzig Zigaretten am Tag rauche und dabei bin, mich ernsthaft in meinen Steuerberater zu verlieben?
Nein? Das liegt daran, dass ich keine Lust habe, darüber mit dir am Telefon zu sprechen, ständig unterbrochen durch meine Kinder, die ich derzeit liebend gern zur Adoption freigeben würde, schon allein weil ich ihretwegen immer heimlich rauchen muss.

Weil wir uns viel zu lange nicht gesehen haben, wünsche ich mir von dir etwas zu deinem Geburtstag.
Ich habe zwei Nächte für uns im Stue in Berlin gebucht, ein Doppelzimmer, so wie früher.
Ausgehen, reden, trinken, qualmen, tanzen.
Und am dritten Tag gehen wir zusammen zu einem Raucher-Entwöhnungsseminar. Sechs Stunden Gehirnwäsche. Ist ebenfalls schon gebucht.
Danach sind wir clean, und ich entscheide, ob ich weiter mit meinem Steuerberater in mein Verderben laufen will, und du entscheidest, wie du leben willst.
Wir sehen uns nächsten Freitag in Berlin. Absagen ist keine Option.

Happy Birthday!
Deine alte Freundin Birgit

Birgit hat sich verliebt und raucht wieder. Das klingt nicht nach meiner rationalen und disziplinierten Freundin.

Aufhören zu rauchen? Eine gute Idee.

Ich bin leider kein Gelegenheitsraucher. Wenn Sucht, dann richtig. Ich kann nicht wenig. Wohldosierte Sünde ist für mich ein Widerspruch in sich.

Ich habe nie verstanden, warum man von etwas Gutem nicht immer noch mehr haben will. Vielleicht tauge ich deshalb nicht wirklich für eine Affäre. Ist sie gut, will ich mehr. Ist sie es nicht, kann ich es eigentlich auch gleich ganz lassen. Ich würde mir auch kein Nikotinpflaster auf den Arsch kleben. Ganz oder gar nicht.

Warum nur abends rauchen, wenn es doch bereits vor dem Frühstück gut schmeckt?

Die Beilagen auf dem Teller zurücklassen, bloß weil man satt ist? Für mich kein einsichtiger Grund.

Gehen, wenn's am schönsten ist? Nein danke, ich bleibe lieber.

Ich erschrecke, als es klingelt. Wobei, es wäre schön, jetzt noch einmal unverhofft etwas Gesellschaft zu bekommen.

Vor der Tür steht mein Nachbar.

«Sorry, ich bin gerade nach Hause gekommen und habe gesehen, dass bei dir noch Licht brennt. Das hier ist heute Nachmittag bei mir für dich abgegeben worden.»

Er reicht mir ein großes, flaches Paket und wünscht mir eine gute Nacht.

Es steht kein Absender auf dem Paket.

Ich öffne es.

Das könnte das Ende sein. Oder ein Anfang. Je nachdem.

Am 28. April um 10 Uhr,
skeptisch und mit großer Lust auf eine Zigarette:
«Sie sind Todgeweihte, alle miteinander!»

«Herzlich willkommen! Und herzlichen Glückwunsch! Sie haben heute Ihr Leben gerettet!»

Birgit guckt verächtlich. Sie ist keine Freundin von Pathos und vielen Ausrufezeichen.

Ich schon! Bereits nach zwei Sätzen halte ich den Leiter des Seminars *Stop Smoking – Ihr Weg aus der Sucht* für eine Koryphäe auf seinem Gebiet.

Der Mann heißt Dr. Friedemann Dähne und ist Arzt und Suchttherapeut. Seine überdimensionierte Gürtelschnalle in Form eines Stierkopfes deutet auf ein wohlproportioniertes Selbstbewusstsein hin.

Er trägt ein Headset wie Markus Lanz bei *Wetten, dass..?*, hat eine angenehm tiefe Stimme und begleitet seine Rede mit weit ausholenden Gesten. Die geborene Führungskraft. Als Person, die leicht zu beeindrucken und noch leichter einzuschüchtern ist, erkenne ich das sofort.

Männer wie er lassen sich nicht unterbrechen. So einer braucht bloß neben mir an der Ampel zu stehen, und schon habe ich das Gefühl, nicht genug zu leisten, ungenügend vorbereitet und irgendwie unpünktlich zu sein.

Männer mit breitbeinigen Gesichtern und zielstrebigem Auftreten: Selbst wenn sie aufs Klo gehen, vermitteln sie den Eindruck, sie zögen in eine Schlacht. Eine, die sie gewinnen werden.

Wo lernt man bloß, so überzeugend zu gehen?

Der Hörsaal auf dem weiträumigen Gelände der Berliner Charité war nicht schwer zu finden. Eine Traube fahlgesichtiger Menschen mit Mundgeruch und stinkenden Klamotten stand im Regen rauchend davor.

Da war ich eigentlich schon so gut wie geheilt und hätte am liebsten meine letzte Packung Kippen in die qualmende Menge geworfen und wäre nach Hause gefahren. Stattdessen zwängten Birgit und ich uns unter einen Regenschirm und rauchten.

«Ist das jetzt eigentlich unsere letzte Zigarette?», fragte ich Birgit.

«Nein», antwortete ein Typ neben mir. «Nach zwei Stunden gibt es eine Pause. Dann rauchen wir alle unsere letzte Zigarette und schmeißen die restlichen gemeinsam in den Müll.»

«Und woher wissen Sie das so genau?», fragte Birgit skeptisch.

«Ich mache zum dritten Mal mit.»

Dr. Friedemann Dähne hält das Foto einer Raucherlunge hoch. Das graue Organ löst kollektives Unwohlsein aus.

«So sieht Ihre Lunge auch aus!», donnert Dr. Dähne in unsere angespannten Gesichter. «Sie glauben, Sie hätten ein Lifestyle-Problemchen, bei dem Ihre Finger ein bisschen schlecht riechen? Nein, das haben Sie nicht! Ich werde Ihnen in den nächsten Stunden Angst machen. Denn Sie müssen Angst haben! Sie sind Todgeweihte, alle miteinander! Jeder Zweite stirbt an den Folgen des Rauchens. Drogen wirken hauptsächlich in den dummen Hirnregionen ohne Intelligenz. Fachleute nennen diese Zone unser *Reptilienhirn*. Dort ist auch das Gefühl, frisch verliebt zu sein, angesiedelt.

Das Reptilienhirn ist die Welt der Illusionen und Schönfärberei, der Fehlinterpretationen und der schlechten Ausreden.»

Dr. Dähne macht eine Kunstpause.

«Sie sind verliebt in ein Monster, in einen Suchtteufel, in einen Mörder! Unter Ihnen sitzen fünf Menschen mit Lungenkrebs und drei mit Zungenkrebs. Machen Sie sich klar, dass in diesem Moment achtzig Krebserreger in Ihrer Blase vor sich hin gammeln.»

Mir wird ein wenig unbehaglich zumute. Ich bräuchte jetzt dringend eine Zigarette.

«Der Mann ist gar nicht so schlecht», findet Birgit.

Die Frau neben mir hustet krachend und brodelnd, wobei sich mehrere schleimige Teerklumpen zu lösen scheinen.

«Sie bleiben Ihr Leben lang süchtig», droht uns der Doktor. «Deshalb ist eine Abstinenzentscheidung eine Entscheidung bis zum Tod. Für Exraucher wie Sie gibt es kein Zurück ins normale Leben. Wenn Sie einmal ziehen, sind Sie sofort wieder ein Junkie. Das Suchtgedächtnis vergisst nie. Und das Aufhören wird von Misserfolg zu Misserfolg immer schwieriger.»

«Wie in der Liebe», flüstert Birgit mir zu. «Und deswegen spricht ja auch alles dagegen, dass ich meinen Mann wegen meines Steuerberaters verlasse. Jede Scheidung macht dich schwächer und mindert deinen Glauben, dass eine Beziehung funktionieren kann. Du hast es ja selbst gehört, wir verlieben uns mit dem dummen Teil unseres Gehirns. Und ausgerechnet diesem Teil soll ich die Entscheidung über mein Leben überlassen?»

«Einem Rausch folgt immer ein Kater», dröhnt die Stimme des Entwöhnungspropheten.

«Da hörst du's», murmelt Birgit, «ich steuere sehenden Auges in eine Krise.»

«Was willst du? Ein Leben ohne Krisen?», flüstere ich zurück.

«Wollen wir das nicht alle?»

«Ganz ehrlich? Ich liebe meine Krisen. Zumindest rückblickend waren das die intensivsten und besten Zeiten meines Lebens. Klar, ohne Rausch keinen Kater, aber eben auch keinen Rausch.»

«Apropos Rausch, hast du auch so derbe Kopfschmerzen?»

«Wir haben bis vier Uhr morgens Gin Tonic getrunken und achtzig Zigaretten geraucht, was glaubst du denn?»

«Genuss ist das, was man selten tut!», ruft der Doktor anklagend. Der Stierkopf auf seiner Gürtelschnalle fixiert Birgit und mich durchdringend, und es scheint nur noch eine Frage der Zeit, bis er böse muhend auf uns zugaloppiert.

Will ich wirklich schon aufhören zu rauchen?

Habe ich meine Affäre mit Tom übereilt beendet?

Sollte ich nicht doch lieber noch ein wenig durchs Gewitter tanzen?

«Wir sollten keine übereilten Entscheidungen treffen», raune ich Birgit ins Ohr.

«Was willst du damit sagen? Drück dich bitte klar aus. Vergiss nicht, du sprichst mit einer Frau, die gerade ausschließlich mit ihrem Reptilienhirn denkt.»

«Lass uns von hier abhauen. Ich bin noch nicht so weit. Wir hören bald auf zu rauchen, versprochen, aber noch nicht jetzt. Du triffst bald eine Entscheidung in Sachen Steuerberater, aber noch nicht jetzt. Ich bin bald geschieden und wieder auf der Suche nach der wahren Liebe und einer bezahlbaren Wohnung, aber noch nicht jetzt. Lass uns unsere Krise genießen und noch ein paar Fehler machen.»

Birgit mustert mich einen Moment lang skeptisch. «Das klingt unvernünftig. Gut. Lass uns gehen.»

Am 12. Mai um 17 Uhr 30, mit Blick aufs Meer: «Mein Herz knirscht.»

Ich betrachte meine Füße selbstkritisch im Sonnenschein und muss unumwunden zugeben, dass man ihnen das Fehlen einer regelmäßigen und professionellen Fußpflege dramatisch ansieht.

Leonie, die auf der Liege neben mir einen Campari Orange trinkt, folgt meinem Blick und stößt ein gackerndes, unfeines Lachen aus. «Holy Shit! Was hast du denn gemacht?»

«Ich habe gelesen, dass Kobaltblau *die* Nagellackfarbe des Frühjahrs ist, und da wollte ich mich natürlich, dem Anlass entsprechend, trendorientiert zeigen.»

«Warst du besoffen, als du den Lack aufgetragen hast? Das sieht ja aus, als würden deine Zehen abfaulen!»

Da hat Leonie leider nicht ganz unrecht. Weil ich die Talentfreiheit in Sachen dekorativer Fußpflege von meiner Mutter geerbt habe, ist es mir nicht gelungen, den Lack ausschließlich dort aufzubringen, wo er hingehört, nämlich auf die Nägel.

«Das kann ich nicht mit ansehen. Ich geh mal eben Nagellackentferner und einen dezenten Lack von mir holen und bringe das in Ordnung.»

Leonie bindet sich mit gekonnten Bewegungen ein leuchtend türkises Fransentuch um den Körper, schlüpft in halbhohe Sandalen – und sieht auf einen Schlag wesentlich

besser aus als ich, nachdem ich stundenlang versucht habe, mich zurechtzumachen.

Die Kunst des *Ich hab mir bloß schnell was übergeworfen und wirke trotzdem wie aus dem Ei gepellt* beherrsche ich nicht. Besonders in Sachen salonfähige Sommeroutfits und kleidsame Strandgarderobe habe ich noch einiges nachzuholen.

Mein Sarong, den ich mir extra für diesen Aufenthalt zugelegt habe, sieht an mir aus, als hätte ich mich nachlässig in ein Spannbettlaken gehüllt. Und wann immer ich versucht habe, meine Haare unter einer kunstvoll gewickelten Turbaninstallation verschwinden zu lassen, erntete ich mitleidige Blicke, weil man mich offensichtlich für eine Chemotherapiepatientin hielt, die ein letztes Mal das Meer sehen will.

Ich werfe einen letzten bösen Blick auf meine blauen Zehen und erfreue mich dann an der Aussicht dahinter: ein herrlich im Sonnenlicht funkelnder Pool vor sanft geschwungenen Dünen. Die Bucht ist von Felsen umrahmt, der Strand leuchtet weiß, und das Wasser ist so aquamarinblau, wie man es sonst nur von schamlos bearbeiteten Fotos aus Reisekatalogen kennt.

Wie gemalt, denke ich, und mir fällt das Bild ein, das seit meinem Geburtstag in der Schanzenwohnung hängt: ein Himmel über der ungarischen Tiefebene, ein Ziehbrunnen, ein Hirte, der seinen Kühen Wasser gibt.

Ich habe noch keine Entscheidung getroffen.

Aber im Grunde weiß ich, dass ich keine Wahl mehr habe.

Er hat recht. Es ist an der Zeit. Ich bin bereit.

Ich setze Kopfhörer auf, nehme mein Handy und tippe auf den Button *zufällige Wiedergabe.*

Es ist immer spannend, sich dem Wechsel von Stimmungen auszuliefern, die viele Lieder schon bei den ersten Takten auslösen.

Das können wunderbare Nostalgiereisen sein, hin zum ersten Kuss: *Words* von FR David, zur ersten großen Liebe: *Just Can't Get Enough* von Depeche Mode, in einen unvergleichlichen Sommer: *Your Song* von Al Jarreau.

Und genauso kann dich sekundenschnell alter Kummer befallen, und Wunden öffnen sich, die längst verheilt schienen. Es gibt Songs, die ich aus diesem Grunde meide wie ein Klaustrophobiker einen Tunnel. Weil es auf einmal so ist, als sei alles, was du nicht ertragen konntest, erst gestern gewesen.

Stillness of the Mind von Abel Korzeniowski

Papa, Can You Hear Me? von Barbra Streisand

My Lady Story von Antony & The Johnsons

Private Investigations von Dire Straits

Das sind Narbenaufbrecher, Kehlenzuschnürer, Herzensbrecher.

Meine iTunes-Bibliothek ist durchsetzt mit unerträglichen Liedern, wie eine Landkarte, auf der rote Stecknadeln wie kleine Blutstropfen die Stellen markieren, an denen Leichen nur unzureichend vergraben und Schnittwunden dilettantisch verbunden worden sind.

Ich warte gespannt, was kommt.

Und atme auf. *On Ira* von ZAZ. Das tut mir nicht weh. Harmlos, melodisch, freundlich, nicht zu intensiv. Stört nicht beim Bügeln und beim Abwasch, bringt die Seele nicht in Aufruhr, und der blaue Himmel über dem Meer verdüstert sich nicht. Meine blauen Füße wippen erleichtert. Genau mein Geschmack.

Wobei sich über meinen Geschmack wirklich nicht viel Schmeichelhaftes sagen lässt. Ich bin beschämend durchschnittlich. Wenn mir was gefällt, gefällt es garantiert allen anderen auch. Mein Stil ist keinesfalls originell, mein Geschmack ist Massenware, und ich hatte noch nie eine Meinung, mit der ich ganz alleine dastand.

Schuhe, Musik, Bücher, Parteien: Was ich gut finde, ist meist sehr gut verkäuflich oder regierungsfähig. Und die Männer, denen ich mein Herz schenkte, weckten bedauerlicherweise immer auch das Interesse einer beachtlichen Menge anderer Frauen. Jenseits des Mainstreams war ich noch nie unterwegs.

Ich liebe Hits, Bestseller und Blockbuster. *E.T.*, *Pretty Woman* und *Tatsächlich Liebe* sehe ich regelmäßig. Trotzdem weine ich immer noch an den vom Regisseur dafür vorgesehenen Stellen.

Shades of Grey habe ich heimlich gelesen, die versauten Stellen auch durchaus öfter. Im Bekanntenkreis jedoch behaupte ich vollmundig, diesen unwürdigen, banalen und meinen Ansprüchen in keiner Weise genügenden Groschenroman bereits nach Seite fünfzehn dem Altpapier übergeben zu haben.

Als Kind habe ich selbstverständlich für Thommy Ohrner geschwärmt und, ein wenig später, für Bobby Ewing. Meine derzeitigen Favoriten heißen Colin Firth, Sebastian Koch, Henning Baum und, wenn ich mir mein eigenes Alter nicht allzu deutlich bewusst mache, Justin Timberlake. Alles keine Geheimtipps, keine sich schwer erschließenden Persönlichkeiten für den zweiten oder dritten Blick.

Ich könnte mich problemlos komplett mit IKEA-Möbeln einrichten und bei H&M einkleiden. Selbst die Bilder aus

Posterläden und Kaufhäusern – meist handelt es sich um Schwarzweißfotografien von Hochhäusern in New York oder Cafés in Paris – gefallen mir oft besser als die, vor denen ich auf Vernissagen stand mit der Frage auf den Lippen: *Ist das Kunst, oder kann das weg?* Meist habe ich bei solchen Ausstellungen mehr Zugang zu den Rahmen als zu den Bildern.

Ich kann jeden Hit auswendig, und würde man mich fragen, was für Musik ich denn so höre, müsste ich, wäre ich ehrlich, antworten: die Charts.

Ich bin eine klassische *Top Ten*-Existenz und in etwa so individuell wie ein geschnittenes Toastbrot aus der Backfabrik.

Mittlerweile gefallen mir sogar Songs, die ich vor dreißig Jahren in einem Akt kurzfristiger Rebellion empört ablehnte. Bei *Dancing Queen* von ABBA bin ich heute die Erste auf der Tanzfläche, und neulich rührte mich eine Coverversion von *The Sound of Silence* von Simon & Garfunkel fast zu Tränen.

Coverversionen sind eine herrliche Erfindung. Man kann, als ältere Dame, den Text auswendig mitsingen und sich trotzdem unheimlich jung geblieben und mit der aktuellen Musikszene vertraut fühlen.

Ich denke daran, wie ich mich jüngst bei ekstatischen Zuckungen zu einem Disco-Remix von *Fiesta Mexicana* ertappte. Das ist natürlich nur durch erhöhte Promille im Blut zu rechtfertigen und durch einen gewissen Gruppenzwang bei Partys mit vielen Menschen über vierzig, die sich gemeinsam dem Nostalgieeffekt hingeben, der sich zuverlässig bei den Bee Gees, bei Dschingis Khan und bei *Breakfast in America* einstellt.

Es gibt jedoch geschmackliche Entgleisungen, die man besser für sich behält. Ich persönlich könnte beispielsweise keinen Mann ernst nehmen, der James Blunt mag, bei *99 Luftballons* hysterisch ausrastet oder dessen Gesicht sich, so wie bei mir, bei *Saving All My Love for You* von Whitney Houston vor lauter krampfhaft unterdrücktem Schluchzen zu einer schrumpeligen Fratze verzieht.

Meine fatale Neigung zu Romanen, auf denen Landhäuser abgebildet sind, und Sachbüchern, in denen es um die schnelle und dennoch langfristige Gewichtsreduzierung geht, ist auch nichts, was ich einem Mann als Erstes auf die Nase binden würde.

Zu meiner Ehrenrettung möchte ich hier kurz erwähnen, dass ich auch einiges von Martin Walser gelesen habe und ziemlich viel von Van Morrison und Morrissey mitsingen kann. Außerdem besitzt Oliver einen erstklassigen Musikgeschmack, sodass ich selber nicht unbedingt einen brauche.

Ein kleiner, unerwarteter Schmerz durchfährt mich, als sei eine Heftzwecke auf verschlungenen Wegen in mein Herz geraten.

Der Verlust von Liebe fällt dir bei Kleinigkeiten auf, die du vorher nicht einkalkulierst, wenn du Beziehungsbilanz ziehst und unterm Strich ein deutliches Minus steht.

Aber auf einmal, wenn es vorbei ist, ersetzt keiner mehr die kaputten Glühbirnen oder kauft rechtzeitig eine neue Kiste Mineralwasser. Gegen das leere Bett hast du dich gewappnet. Was dich umhaut, ist das leere Tiefkühlfach. Du hattest ja keine Ahnung, dass dir der Anblick von billigsten Tiefkühlpizzen fehlen würde, von denen er jedes Mal zwei aß, sobald er abends alleine zu Hause war.

Winzige Stolpersteine, deretwegen du plötzlich mitten auf die Fresse fliegst. Auf die klassischen Einsamkeitsauslöser kannst du dich vorbereiten, und der Kummer trifft dich nicht unerwartet, wenn du morgens alleine aufwachst oder zum ersten Mal unbegleitet zu einer Hochzeit gehst und dich am Tisch der Übriggebliebenen wiederfindest, mit den schwer vermittelbaren Frauen und den skurrilen Junggesellen.

Manche Situationen kann man eine Zeitlang bewusst meiden, so wie ein Allergiker Erdnüsse. Sonntagsspaziergänge durch Parks oder entlang städtischer Gewässer sind absolut zu unterlassen, und Finger weg von romantischen Komödien mit absehbarem Happy End und sämtlichen Songs von Sade, Toni Braxton und Lionel Richie.

Ich schließe die Augen und trauere, verwundert über die plötzliche Kummerattacke, über meine bevorstehende Scheidung. Dann erlöst mich *Sunshine Reggae* und verwandelt mich in eine Vierzehnjährige, die sich im Sommer 83 zum ersten Mal die Beine rasiert, Latein abwählt und ungelenke Pettingerfahrungen macht, bei denen, so vermute ich mittlerweile, mindestens ein Vorhautbändchen kaputtgegangen ist.

Gimme, gimme, gimme just a little smile,
That's all I ask of you.

Meine verhunzten Zehen zucken. Ich drehe lauter und lächle dümmlich vor mich hin. Die Maisonne wärmt mich sanft, sodass ich hoffe, zu meiner Scheidung leicht gerötet erscheinen zu können. Vielleicht würde ich sogar einen kurzen *Das hast du jetzt davon*-Rock tragen.

Ich möchte gut aussehen bei meinem letzten Date mit Oliver. Ob es mir auch gutgehen wird? Will ich wirklich geschieden werden? Neu anfangen? Liebe suchen, wenn sie ja sowieso nicht hält?

Irgendwann sagen wir doch alle nur noch *Ich lieb dich* zueinander. Über kurz oder lang geht das e verloren. Es schleift sich mit der Zeit ab wie die großen Gefühle füreinander. Weil wir den Alltag oder die Katastrophen des Lebens nicht zusammen aushalten. Oder beides.

Und dann leben wir resigniert mit der deutlich kleineren Version dessen, was wir einmal wollten und hatten. Oder wir suchen sie erneut, die Liebe mit e. Von Mal zu Mal etwas skeptischer und mit gestutzten Hoffnungen.

Hätte ich um Oliver kämpfen sollen? Hätte das überhaupt Zweck gehabt?

Er hat sie ja auch nicht mehr geliebt, die mürrische Frau an seiner Seite, die sein Geld in die Straffung ihrer Lider investiert hat, um dann einem anderen Mann schöne Augen zu machen.

Hätten wir wieder werden können, was wir mal waren?

Seit das Puszta-Bild in meiner Schanzenwohnung hängt und seit ich wieder das Gefühl habe, dass mich kein Mensch besser kennt oder zumindest kannte als Oliver, bin ich mir unsicher.

Mein Herz knirscht.

Aber erstens ist es für solche Zweifel jetzt zu spät, und zweitens habe ich vor meinem Scheidungstermin noch etwas Wichtiges zu erledigen.

Ich schiebe den Gedanken an Oliver beiseite, so gut oder schlecht es eben geht.

Sunshine sunshine reggae,
Don't worry, don't hurry, take it easy.

Eine Hand streichelt meinen Oberarm.

Ich lächle und sage zu Leonie, ohne die Augen zu öffnen: «Tu dir keinen Zwang an, meine Füße gehören dir.»

In derselben Sekunde bekomme ich einen sehr langen und sehr leidenschaftlichen Kuss.

Das Spiel ist aus um 18 Uhr 15

Ich sitze auf der Terrasse vor meinem Hotelzimmer und betrachte die zerwühlten Laken mit zerwühlten Gefühlen.

Tom liegt sehr dekorativ auf meinem Bett, lediglich mit einem Siegerlächeln bekleidet. Wir haben noch kein Wort geredet.

«Woher wusstest du, wo ich bin?», frage ich.

«Leonie hat es mir verraten. Sie ist auch der Meinung, dass zwischen uns das letzte Wort noch nicht gesprochen ist. Sie sagte, dass ihr beiden nach Formentera fahrt, um einen Junggesellinnenabschied vorzubereiten. Da habe ich gleich einen Flug gebucht. War ziemlich teuer so kurzfristig, aber ich muss sagen, Süße, es hat sich gelohnt.»

«Das stimmt. Ich sehe jetzt viel klarer.»

«Du meinst, dass wir füreinander bestimmt sind?» Tom lächelt breit und selbstbewusst. «Gib uns noch etwas Zeit, bis meine Kinder aus dem Gröbsten raus sind. Dann trenne ich mich von meiner Frau, und wir fangen ganz von vorne an, nur wir beide.»

Als Frau, die regelmäßig ins Kino geht, kann man diesen Text auswendig mitsprechen.

«Deine Taktik ist ja voll aufgegangen», sagt Tom und räkelt sich wohlig wie ein vollgefressener Löwe in der Sonne.

«Welche Taktik?», frage ich ehrlich überrascht.

«Du hast mich auf Sylt abserviert, um mir zu zeigen, was

ich ohne dich verpassen würde. Mir war sofort klar, dass du dich nicht wirklich von mir trennen willst, aber funktioniert hat es trotzdem. Ich habe dich wahnsinnig vermisst. Und hier bin ich!»

Ich schweige erstaunt. Ich habe in meinem Leben schon viele mehr oder weniger ausgeklügelte Taktiken angewendet, und keine ist von Erfolg gekrönt gewesen, zumindest nicht langfristig. Taktiken führen auf Umwegen genau dorthin, wo du ohne Taktik auch gelandet wärest.

Vorgetäuschte Trennungen, unter Qualen unbeantwortet gelassene Anrufe, mühsam geheucheltes Desinteresse – all diese peinlichen, typisch weiblichen Aufrüttelungsversuche führen letztlich zu nichts. Wenn dich einer wirklich will, wird es ihn nicht stören, wenn du ihm zehn SMS am Tag schreibst und einfach ans Telefon gehst, wenn er anruft.

Wenn ein Mann nicht anruft, liegt es in Wahrheit nie an der Exfrau, an der Arbeit, der Psyche, dem Stuhlgang, dem Funkloch. Wenn er rumdruckst oder behauptet, er brauche noch Zeit, um sich zu trennen, ist er bloß zu feige zu sagen: «Ich will keine Beziehung mit dir. Scarlett Johansson dagegen würde ich sofort nehmen.»

Du kannst also getrost genau so sein, wie du bist. Entweder er will dich oder nicht. Du hast nichts zu verbergen.

Das gilt selbstverständlich nicht für gewisse Charaktereigenschaften und etliche Accessoires aus dem Hygiene- und Beautybereich.

Der Anblick von Hornhauthobeln, Vaginalpilzcremes und dreizehn verschiedenen *Anti Aging*-Seren sollte einem potenziellen neuen Lebenspartner ebenso vorenthalten werden wie ein hysterischer Anfall beim Anblick einer glücklichen Kleinfamilie, schmallippige Biestigkeit, wenn er mit seinen Kumpels Skat spielen geht, oder die unpassend frühzeitige Bitte, du würdest gerne seine Eltern kennenlernen und er möge dir ein aktuelles Spermiogramm vorlegen.

Das treibt normal funktionierende Männer zuverlässig in die Flucht, weil sie dann das Gefühl bekommen, du seiest keine Frau, sondern eine Baustelle.

Selbstverständlich ist jede Frau eine Baustelle, aber jeder Mann möchte zunächst den Eindruck haben, er sei der Glückspilz, der die einzige unkomplizierte Alte erwischt hat, der niemals Sätze über die Lippen kommen werden wie: *Sag mir, dass du mich liebst* oder *Du bist so unaufmerksam, was meine Gefühle angeht* oder *Hältst du bitte meine Handtasche, während ich tanzen gehe?*

Zu Anfang sollte es leicht sein.

Schwierig wird es von ganz alleine.

Ich habe manches Mal vor dem ersten Besuch eines von mir angebeteten Mannes meine halbe Wohnung umgeräumt, um sie in einen Zustand zu bringen, der auf Männer nicht abschreckend wirkt.

Es war immer ein Heidenaufwand, die Kosmetika im Bad auf eine Menge zu reduzieren, die einem Betrachter den Eindruck vermittelt, bei der Benutzerin dieses Raumes handele es sich um eine Frau von natürlicher Schönheit, der ein paar ausgesuchte Produkte reichen.

Ich habe immer vermutet, dass der Anblick von dreiundvierzig Lippenstiften, einem Berg ungepflegter Lockenwickler und einem unansehnlichen Häuflein struppiger Zahnzwischenraumbürstchen bei Männern Unwohlsein und das Bedürfnis nach zügigem Rückzug auslöst.

Im Schlafzimmer verteilte ich an strategischen Stellen hochwertige Literatur, wohingegen ich die verfilzten Kuscheltiere, den Frotteepyjama in ehemals Rosa und die Dose mit der Zahnschiene gegen Zähneknirschen in die bereits überquellende Abstellkammer verbannte.

Es ist schön, sich zu kennen, denke ich, und wieder streift mich Wehmut wie ein leichter Luftzug.

Es ist so mühsam, sich einem anderen schonend beizubringen.

Wie lange muss man zusammen sein, bis man die Liebe mit wirklich bequemer Nachtwäsche belasten darf? Wann ist der Zeitpunkt gekommen, dem anderen zu gestehen, dass man keine Folge von *The Voice* verpassen möchte?

Oliver hat mich gut gekannt und trotzdem geliebt. Genau so, wie ich war. Mit morgendlichem Mundgeruch, nächtlichen Heißhungerattacken und einer prämenstruellen schlechten Laune, mit der ich als Staatschefin alle vier Wochen einen Krieg gegen ein unbescholtenes Nachbarland angezettelt hätte.

«Ich will dich», sagt Tom, der mein Schweigen offenbar als sprachlose Ergriffenheit fehlinterpretiert hat.

Meine Güte, noch vor ein paar Wochen hätte ich willkürlich gemordet, um diesen Satz zu hören.

«Ich dich nicht», sage ich.

Die ungläubige Überraschung, mit der er mich anstarrt, löst in mir keinerlei Triumphgefühle aus.

Mein Ego zuckt bloß bedauernd mit den Schultern.

Was soll ich Tom sagen? Dass er Teil meiner Ehe war? Ein Lückenbüßer, ein Pausenclown, ein Trostpflaster?

Tom hat genau das, was mein Mann nicht hat. Aber mehr auch nicht. Es funktioniert nur als Ganzes. Ein Eis mit Kirsche obendrauf. Ohne Eis macht die Kirsche nicht mehr viel her.

Vermutlich halten die wenigsten Geliebten das Scheitern der Ehe aus, die sie hintergehen.

Wenn man aufhören kann, sich zu verstecken, ist es ja auch gar nicht immer so schön, was da alles ans Licht kommt.

«Soll das ein Witz sein, Nicki?», fragt Tom gereizt. «Du kannst jetzt echt aufhören mit den Spielchen. Ich hab dir doch gesagt, dass ich mich trennen werde. Was willst du denn noch?»

Es ist erstaunlich und bedauerlich, wie gut die Spiele funktionieren, sobald man aufhört zu spielen, und was man alles haben kann, wenn man es nicht mehr will.

«Ich möchte, dass du gehst.»

Kein Eis. Keine Kirsche.

Schöner Mist.

Das Wesentliche fehlt um 19 Uhr 30

Ich rauche gerade die sechste Zigarette in Folge, als Leonie, ohne zu klopfen, reinkommt.

«Ist er weg?»

Ich nicke, lege den Kopf in den Nacken und blase den Rauch in den Himmel.

Beim Rauchen erinnere ich mich selbst an meine Mutter. Ihre vertrauten Bewegungen sind meine. Wir haben immer so geraucht, als könne jeder Zug der letzte sein, mit weit ausholenden Bewegungen, gleichzeitig besorgt, wir könnten anderen damit auf die Nerven gehen. Deshalb pusteten wir den Qualm nach oben, vorbei an allen fremden Lungen. Dabei sahen wir aus wie exaltierte Diven. Ein Missverständnis. Wir wollten bloß niemanden stören.

«Bist du sauer auf mich?», fragt Leonie. «Als er anrief, habe ich ihm von Formentera erzählt. Du kamst mir so aufgewühlt und unentschlossen vor, als er dir eine SMS zu deinem Geburtstag geschickt hat. Du meintest, du seist dir nicht sicher, ob du ihn vielleicht zu schnell abserviert hast. Deshalb dachte ich, es ist einen Versuch wert. War das ein Fehler?»

«Wenn, dann war er nötig.»

«Habt ihr …?» Leonie schaut Richtung Bett.

Ich nicke. «Unsere Beziehung war ja von vornherein eher körperlich orientiert. Verbale Kommunikation zählt nicht zu seinen Stärken. Weißt du noch, wie wir gegrübelt haben, warum am Ende seiner SMS oft *Dad* oder *DdK* stand? Du bist irgendwann draufgekommen, dass das wahrscheinlich *Denk an dich* und *Dicker dicker Kuss* heißen soll. Da hätte ich gleich hellhörig werden müssen.»

«Wenn man verliebt ist, kann man nicht gleichzeitig hellhörig und klarsichtig sein. Das hat die Natur sehr weise so eingerichtet. Ehe man wieder bei klarem Verstand ist, hat man sich schon fortgepflanzt. Wir wären längst ausgestorben, wenn wir Männer von Anfang an realistisch wahrnehmen würden.»

«Ich bin wieder bei Verstand, mehr oder weniger zumindest. Ich finde, Sex räumt den Gefühlshaushalt auf. Spätestens, wenn du nachher lieber rauchst, als in seinen Armen zu liegen, weißt du genau, wie es um dich steht.»

«Und wie steht es um dich?»

«Ich habe schon eine halbe Packung geraucht. Tom ist wieder das, was er war: ein Teil meiner Vergangenheit.»

«Taugt er nicht mal mehr für eine belebende Affäre?»

«Sex ohne Gefühl ist wie Sekt ohne Kohlensäure. Da trinke ich lieber stilles Wasser.»

«Sind wir Frauen mittlerweile nicht emanzipiert genug, um ohne die Beteiligung des Herzens zu vögeln?»

«Das halte ich für ein Gerücht. Ich kenne keine Frau, die sich nicht zumindest glaubhaft einreden können muss, sie sei verliebt. Und wenn nicht einmal mehr das funktioniert, gehst du besser zum Bauch-Beine-Po-Kurs.»

«Und was hast du nun vor?»

«Erzähl ich dir später. Jetzt müssen wir erst einmal zwei Tage mit Anuschka Zielinsky und ihren *Top Nine* überstehen.»

Am 13. Mai um 13 Uhr 45, Pailletten und ein Mutterpass: «Hamburg-Harvestehude spielt Hippie.»

Die *Anuschka* ist vor Anker gegangen. Die Zwanzig-Meter-Yacht strahlt am Tanga Beach in der Sonne wie eine Jacketkrone.

Leonie und ich beobachten vom Strand aus, wie vier Frauengestalten ungelenk in ein Schlauchboot mit Außenborder umsteigen und sich panisch festklammern. Der Wellengang ist ziemlich heftig.

«Es sind nur vier», sagt Leonie irritiert. «Wo sind die anderen fünf?»

«Eine von ihnen sieht aus wie … ach du Scheiße! Das *ist* Lavinia Stern! Und die Kleinere ist die unsägliche Maklerin.»

«Na, das kann ja heiter werden.»

Das Schlauchboot hat den Strand erreicht, und die vier Grazien erheben sich mühsam.

Anuschka trägt ein weites orangefarbenes Fransengewand, womöglich um ihr nicht vorhandenes Babybäuchlein zu kaschieren.

Lavinia steckt in Jeansshorts, die geradezu abartig short sind. Obenrum trägt sie ein ebenfalls außerordentlich knapp geschnittenes, mit schwarzen Pailletten besetztes Bikinioberteil. Zwischen ihren hochgequetschten Brüsten baumeln ein Peace-Anhänger und eine Kette aus kleinen silbernen Hanfblättern.

Die Maklerin trägt ein Sex-Pistols-T-Shirt und ein Totenkopf-Stirnband, das in etwa ebenso gut zu ihr passt wie ein Holzfällerhemd zur Queen.

«Hamburg-Harvestehude spielt Hippie», murmelt Leonie. Dann begrüßt sie die Reisegruppe mit gekonnt geschauspielerter Herzlichkeit. «Hola! Willkommen auf Formentera. Ich hoffe, Sie hatten eine angenehme Anreise. Wollten Sie nicht eigentlich zu neunt sein?»

«In Hamburgs Schulen geht ein Magen-Darm-Virus um», sagt Anuschka gereizt, «und Väter scheinen nicht in der Lage zu sein, ihre kranken Kinder zu betreuen. Deshalb haben die Mütter unter uns gestern abgesagt.»

Ich schlucke die Frage runter, warum mir diese wohlstandsverwahrloste Society-Stute das nicht gestern in einer SMS mitgeteilt hat. Hätte ihr eine Menge Geld gespart. Aber was hatte mir Erdal an meinem ersten Arbeitstag bei Food & Dance eingeschärft: «Wer uns bezahlt, darf seine Gefühle zeigen. Du nicht! Einer ist von diesem Grundgesetz ausgenommen. Er steht vor dir.»

«Nicola, wie reizend», sagt Lavinia, «ich habe schon gehört, dass du für unser Wohlergehen zuständig sein wirst.» Ihr herablassender Ton kommt einer Kampfansage gleich. «Würdest du mir wohl bitte die Strandtasche tragen?»

«Bitte geht schon mal in die Tanga Beach Bar vor», sagt Anuschka zu ihren Freundinnen. «Ich muss noch kurz etwas Organisatorisches mit Nicola besprechen. Wir kommen in zwei Minuten nach.»

Anuschka schiebt mich zu einer unbesetzten Strandliege, wobei ihr das Gehen im Sand auf ihren hohen Sandaletten recht schwerfällt und sie eines Gutteils ihrer natürlichen Anmut beraubt.

«Und? Haben Sie ihn?»

Ich nicke und gebe ihr den Mutterpass.

«Haben Sie alles wie besprochen eingetragen?»

«Ja, habe ich.»

Anuschka schaut sich die beiden Ultraschallaufnahmen an. Eine trägt das Datum von vorgestern und zeigt einen Embryo in der fünfzehnten Schwangerschaftswoche.

«Sehr gut. Wie haben Sie das hingekriegt?»

«Mein Cousin ist Frauenarzt in Münster.»

«Das passt ja gut. Ich gebe Ihnen Bescheid, wenn ich eine neue Ultraschallaufnahme brauche.»

Mein Cousin Andreas hat Verständnis für meine Notsituation gezeigt und mir einen Blanko-Mutterpass sowie zwei passende Ultraschallbilder zugeschickt. Ein schlechtes Gewissen brauchte er mir nicht zu machen, das hatte ich schon.

Einen Arzt in der näheren Verwandtschaft zu haben, hat sich schon manches Mal als hilfreich erwiesen. Bei Familienfeiern erzählte Andreas stets sehr unterhaltsame Geschichten aus seiner Praxis und seinen Jahren in der Notaufnahme eines Krankenhauses.

Von dem Champagnerkorken beispielsweise, den er aus der Vagina einer Patientin entfernen musste, die sich bei bestem Bemühen nicht daran erinnern konnte, wie das Ding da hineingeraten war.

Oder von dem Betrunkenen, der nackt in der Ausnüchterungszelle lag und knapp oberhalb der Schambehaarung ein Tattoo aus zwei Wörtern hatte: *KEIN TRINKWASSER!*

Irgendwann würde die Geschichte von der Frau, die mit einem gefälschten Mutterpass eine Schwangerschaft vortäuschte, um geheiratet zu werden, eine dieser Anekdoten sein.

Im Moment kann ich mir allerdings nicht vorstellen, dass ich jemals darüber lachen werde.

Selbst Birgit ist entsetzt gewesen, als ich ihr erzählte, was Anuschka von mir verlangt hatte.

«Ultraschallbilder von einem fremden Baby? Meine Güte, der Alten graust es auch wirklich vor gar nichts. Was soll denn die Aktion?»

«Sie fürchtet, ihre Glaubwürdigkeit zu verlieren, wenn sie nicht bald mal ihrem Verlobten und ihren Freundinnen einen Mutterpass präsentieren kann.»

«Du steckst wirklich knietief in der Scheiße, meine Liebe. Zum Glück ist die Hochzeit bald vorbei, und drei Tage später geht deine Scheidung über die Bühne. Möchtest du eigentlich, dass ich dich begleite?»

«Bitte lass mich das erst kurz vorher entscheiden. Du weißt ja, ich muss noch etwas Dringendes hinter mich bringen.»

«Du willst das wirklich durchziehen, Nicki?»

Ich dachte an die übereifrige Putzfrau, die Erdal mir für die Schanzenwohnung spendiert hatte, an das Paket ohne Absender, das mir mein Nachbar nachts übergeben hatte, an das Puszta-Bild – und an das Flugticket, das ich seit einigen Tagen ständig mit mir herumtrug und das so schwer wog wie ein Wackerstein.

Ich sagte: «Ja.»

Die Sonne verschwindet
und alle anderen auch um 19 Uhr 30

Wir sitzen im El Tiburon, dem angesagtesten Beach-Club der Insel. Unser Tisch ist für neun Personen eingedeckt, aber wir sind nur noch zu viert. Einer von Anuschkas Freundinnen war nach vier Mai Tai so übel, dass Leonie sie zur Yacht zurückgebracht hat.

Anuschka blättert demonstrativ in ihrem Mutterpass. Die Maklerin ist bereits ziemlich betrunken und sieht mit ihrem verrutschten Stirnband so aus, als hätte ihr jemand in Eile einen Kopfverband angelegt.

Lavinia trägt ein enges Top ohne BH darunter. Sie fixiert mich wie eine Zielscheibe, und ihre deutlich sichtbaren Brustwarzen sind wie zwei Schnellfeuergewehre auf mich gerichtet.

Das Tiburon hat keinen Boden, ist direkt in die Dünen gebaut – und wenn Menschen mit ihren Füßen im Sand spielen, dann fühlen sie sich immer gleich unkonventionell und entfesselt und spüren ganz deutlich die wilde, ungezähmte Seite in sich.

Ich betrachte die kleine Runde um Anuschka abwartend und mit Vorsicht. Hier liegt irgendwas in der Luft.

«Und, Nicola, wie gefällt dir dein Leben als Selbstversorgerin in der Schanze?», fragt mich Lavinia.

«Alles in Ordnung, ich komme gut zurecht.»

«Aber Sie wissen schon, dass am ersten Juni ein neuer Mieter in Ihre Wohnung einzieht, oder?», sagt die Maklerin und schaut mich mit glasigem Blick an.

Lavinia lächelt mitleidig. «Du Arme, geschieden und wohnungslos – ein echter Traum für eine Frau in deinem Alter. Soll ich mich mal für dich umhören? Ich glaube, eine Fußpflegerin bei Adam & Eve hat Kontakte zum sozialen Wohnungsbau.»

Die drei Frauen lachen. Ich überlege, wie ich mich aus ihrem Schussfeld manövrieren kann.

«Für welches Hochzeitskleid haben Sie sich entschieden?», frage ich Anuschka.

Aber Lavinia lässt mich nicht vom Haken. «Wie läuft es denn so mit deinem Lover? Dein Geld kann der ja nicht wollen. Das muss ein beruhigendes Gefühl sein. Ich hingegen kann mir da nie sicher sein. Aber ganz ehrlich, dieses Problem habe ich gern.»

«Hast du eigentlich einen Neuen, Lavinia?», fragt die Maklerin.

«Du meinst, nachdem sich Nickis Ehemann als der Loser rausgestellt hat, den ich eigentlich schon immer in ihm vermutet habe?»

Ich überlege, der Kackbratze mein Getränk ins Gesicht zu schütten. «Ich dachte, dieser Oliver hat dich abserviert», sagt die Maklerin hämisch.

«Völliger Quatsch! Ich habe sehr schnell begriffen, dass Oliver kein Format hat, und habe die Konsequenzen daraus gezogen. Du weißt ja, man gerät unweigerlich auf das Niveau dessen, mit dem man sich abgibt. Deshalb sollte man nie unter Stand verkehren. Wenn dein Kerl finanziell und gesellschaftlich nicht mithalten kann, ist die Beziehung zum Scheitern verurteilt. Das klingt unromantisch, aber die Lebenserfahrung beweist es.»

«Du bist nicht nur unromantisch», faucht die Maklerin, «du bist unmoralisch, Petra Stern!»

Die Augen von Lavinia-Petra werden zu schmalen Schlitzen. «Du bist wohl übers Ufer getreten, du Rinnsal! Was soll das heißen, ich sei unmoralisch?»

«Für wie blöde hältst du mich eigentlich?», fragt die Maklerin zurück.

«Für ziemlich blöde, wenn ich ehrlich sein darf.»

«Glaubst du wirklich, Petra Stern, ich wüsste nicht, dass du seit einem Jahr eine Affäre mit meinem Mann hast?» Die Maklerin scheint auf einmal wieder nüchtern zu sein.

Lavinia nimmt einen großen Schluck Mai Tai und zischt Anuschka zu: «Du hast also doch gequatscht? Ich hätte wissen müssen, dass du nicht die Klappe halten kannst.»

«Du hast es gewusst, Anuschka?», kreischt die Maklerin. Das Stirnband rutscht ihr über die Augen. «Warum hast du mir nie ein Wort gesagt? Ich dachte, wir sind Freundinnen!»

«Tja, so kann man sich täuschen», sagt Lavinia. «Du brauchst übrigens keine Angst um deinen Mann zu haben. Er ist für mich nur ein Zeitvertreib, bis ich was Besseres gefunden habe.»

«Wir sollten vielleicht besser das Thema wechseln», schlägt Anuschka vor und spielt nervös an ihrem Mutterpass rum.

«Kommt nicht in Frage!», bellt die Maklerin. «Wenn wir schon die Karten auf den Tisch legen, kann uns die liebe Anuschka doch auch gleich erzählen, mit wem sie geschlafen hat, bevor sie sich ihren Erbsen-Millionär geangelt hat.»

Anuschka erbleicht.

«Nein? Das möchtest du lieber nicht?» Die Stimme der Maklerin fängt an, sich unschön zu überschlagen. «Bitte schön, dann erledige ich das für dich. Lavinia, deine liebe Freundin Anuschka hat dich mit deinem Verlobten betrogen, und zwar in deinem eigenen Bett.»

Lavinia entgleisen die gebotoxten Gesichtszüge. «Mit Stefan?»

«In ihrem Handy hat sie ihn unter ‹Adam & Eve› eingespeichert», kichert die Maklerin irre. «Zwei Stunden bevor du Stefan abserviert hast, hatten die beiden noch Sex miteinander – und das weiß Gott nicht zum ersten Mal! Anuschka hat sogar deine Kleider anprobiert und sich über die Stütz-BHs in deiner Kommode lustig gemacht, die du tragen musstest, weil du dir gerade die Brüste hattest machen lassen.»

Die Stille, die nun an unserem Tisch einkehrt, kann man getrost als ungemütlich bezeichnen.

Der Abend nimmt eine Wendung, die ich sehr begrüße. Es ist, wie auf einem Schlachtfeld zu stehen, auf dem sich sämtliche deiner Gegner gegenseitig den Garaus machen.

Ich habe immer schon vermutet, dass sich die durchtrainierten Damen im Tennisclub gerne mit den Männern anderer Frauen vergnügen. Wäre ja auch schade, wenn die künstlichen Brüste, die harten Bauchdecken und die aufwendig definierten Oberarme nicht mal unter die Leute kämen.

«Ich reise ab!», sagt Lavinia mit hysterischer Stimme und geht Richtung Ausgang.

«Ich auch!» Die Maklerin schwankt hinterher.

«So eine verdammte Scheiße!», flucht Anuschka.

Aus ihrem perfekten Mund mit den strahlenden Zähnen quillt der Satz hervor wie Gülle aus einer Champagnerflasche. Sie greift sich Lavinias Mai Tai und kippt ihn in einem Zug runter. Da sie nicht mehr unter Beobachtung steht, muss sie ja nun auf das fiktive Ungeborene keine Rücksicht mehr nehmen.

Ich bin allerbester Stimmung. Es freut mich, dass Oliver nicht mehr mit Lavinia zusammen ist – auch wenn es mich schon sehr kränkt, dass sie es war, die sich getrennt hat. Eine Frechheit, meinen Mann einfach so abzuservieren. Und womöglich hat sie ihn auch noch mit dem Mann der Maklerin betrogen.

Nein, das hat Oliver nicht verdient.

Die Sonne verabschiedet sich fulminant, und ich denke, dass es wirklich Zeit wird, mein Leben wieder auf die Reihe zu kriegen.

Und ich fange jetzt mal gleich damit an.

Ich stehe auf, nehme Anuschkas Mutterpass und stecke ihn ein. Im Gehen sage ich: «Ich werde bei Ihrer Hochzeit nicht dabei sein, Frau Zielinsky. Und wenn Sie Ihrem Bräutigam nicht die Wahrheit über Ihre vorgetäuschte Schwangerschaft sagen, werde ich das tun.»

Am 27. Mai um 17 Uhr 37, geläutert: «Er will mich trotzdem heiraten.»

Ich wollte gerade anfangen, meinen kleinen Koffer zu packen, als es klingelt. Mein Flug nach Budapest geht in drei Stunden.

Auf der Treppe höre ich das Geräusch von Absätzen.

Leonie? Rona? Oder Erdal? Ich habe keine Lust auf Besuch. Ich will nicht reden. Morgen Abend werde ich am Ufer des Balaton sitzen. Ich habe die letzten beiden Nächte kaum geschlafen. Ich bin angespannt, ängstlich, unsicher und zugleich empfinde ich eine vorsichtige Art von Vorfreude, wie vor einer wichtigen Prüfung, für die man monatelang gelernt hat.

Danach hat das Warten ein Ende. Egal wie es ausgeht.

«Hallo Nicola.» Vor mir steht Anuschka Zielinsky.

«Darf ich reinkommen?»

Ich nicke widerwillig und gehe ins Esszimmer vor. Einen Stuhl biete ich ihr nicht an. Es ist unwahrscheinlich, dass sie es sich bei mir gemütlich machen will. Und mir ist auch nicht gemütlich zumute.

Ich habe meine Ankündigung, Mr. Bean über die vorgetäuschte Schwangerschaft zu informieren, nicht wahr gemacht. Ich fand, dass die Drohung ausreicht, um mein Gewissen angemessen zu erleichtern und Anuschkas hoffentlich angemessen zu beschweren.

Ich schaue sie abwartend an.

«Ich möchte mich bei Ihnen bedanken.»

Ich denke: «Oh.»

Ich sage: «Oh.»

«Ich war gerade bei Erdal Küppers, um die Hochzeit abzusagen. Ich habe meinem Freund gestern Abend gesagt, dass ich das Kind verloren habe. Und wissen Sie was?» Anuschka macht eine Pause.

«Er will mich trotzdem heiraten!»

Ich sage wieder: «Oh.»

«Er findet, auf diese Weise belogen zu werden, sei auch ein Zeichen von Liebe.»

«Und warum haben Sie die Hochzeit dann abgesagt?»

«Wir werden im kleinen Kreis heiraten. Im ganz kleinen Kreis. Nachdem meine erste Trauzeugin erfahren hat, dass ich mit ihrem Verlobten geschlafen habe, und die zweite, dass ich wusste, dass ihr Mann seit einem Jahr ein Verhältnis mit meiner ersten Trauzeugin hatte, ist die Stimmung im Bekanntenkreis leicht getrübt.» Ich sehe tatsächlich ein kleines, ironisches Lächeln auf Anuschkas Lippen.

«Wir heiraten morgen zu zweit im zuständigen Standesamt.»

«Das freut mich wirklich für Sie», sage ich und meine es so.

«Das habe ich Ihnen zu verdanken. Und deshalb möchte ich, dass Sie noch etwas wissen, Nicola. Ihr Mann war nur sehr kurz mit Lavinia zusammen. Dann hat er sich von ihr getrennt. Sie hat geschäumt vor Wut und erzählt natürlich überall herum, dass sie Schluss gemacht hätte. Kurz darauf hat er in der Reederei gekündigt und ist aus dem Penthouse ausgezogen. Ein konsequenter Mensch, wenn Sie mich fragen. Genau wie Sie. Sie waren sicher ein eindrucksvolles

Paar. Ich wünsche Ihnen alles Gute.» Sie reicht mir förmlich und etwas unsicher die Hand, und ich begleite sie zur Tür.

Ich habe mich also doch nicht völlig in Oliver getäuscht. Er ist immer noch der Mann, den ich kenne. Oder er ist es wieder.

Zu spät für uns.

Ich packe meinen Koffer und rufe mir ein Taxi zum Flughafen.

Es ist an der Zeit.

Am 28. Mai um 20 Uhr 45, mitten auf dem See: «Wie soll man Abschied nehmen, wenn man sich nicht verabschieden kann?»

Die Dämmerung hat den Horizont verschluckt, und ich fühle mich, als würde ich in die Unendlichkeit schwimmen.

Ich bemühe mich, ruhig zu bleiben. Einatmen. Gleiten. Ausatmen. Einatmen. Gleiten. Ausatmen.

Aber je weiter ich hinausschwimme, desto mehr verlassen mich Mut, Zuversicht und die Überzeugung, das Richtige zu tun.

Ohne ihn finde ich meinen Rhythmus nicht, und mein Herz rast vor alter Angst und altem Schmerz.

Ich habe den Schilfgürtel und den Strand lange hinter mir gelassen. Ein paar Buden und ein Kinderspielplatz sind in den letzten fünfundzwanzig Jahren dazugekommen, und ins Wasser führt nun ein zweiter Steg, an dem einige kleine Segelboote liegen.

Aber riechen tut es so wie früher, ein wenig modrig nach Schilf und Schlick. Der Weg zum Strand war so holperig wie eh und je, die weißen Steine waren von der Sonne noch warm, und aus einigen der Ferienhäuser roch es nach gebratenen Tomaten, Paprika und Kolbász, der scharfen ungarischen Wurst, deren Geruch mir so vertraut ist wie das Rasierwasser meines Vaters und der Duft der Nachthemden meiner Mutter.

In dem See bade ich in Sommererinnerungen.

Ich fühle mich wie eine Sterbende, an deren innerem

Auge ihr Leben in Schlaglichtern vorbeizieht. Ferien. Sonne. Eine Wiese voll mit Heuhaufen in Reih und Glied, wie ein Schlachtfeld mit toten Soldaten. Hühnersuppe mit Hühnerfüßen und Hühnerköpfen über einem offenen Feuer. Zuckerwatte am Strand. Und Melone. Der Geruch von Sonnenmilch und Luftmatratzen. Mücken totschlagen vor dem Schlafengehen. Meine Eltern im Zimmer nebenan. Eindeutige Geräusche. Ich halte mir die Ohren zu. Warum können Kinder den Sex, ja, die Vorstellung vom Sex ihrer Eltern nicht ertragen? Die alte Bäuerin ohne Zähne, die sagt, das Beste am Huhn sei das Gehirn, die den Hühnerkopf aus der Suppe fischt und aufknackt mit einem unvergesslichen Geräusch. Das Auto waschen, nachts im Gewitterregen zusammen mit meinem Vater. Keine Angst. Sein Lachen. Unerschrocken und laut.

Das Wasser ist doch viel kälter, als ich dachte. Ich kann nicht mehr atmen, und ich denke an das leere Grab.

Mein Vater ist nicht gestorben, er wurde für tot erklärt. Wie soll man Abschied nehmen, wenn man sich nicht verabschieden kann?

Was tue ich hier?

Ich schnappe nach Luft und schlucke Wasser. Es ist schon fast dunkel. So muss es gewesen sein.

Ich habe längst keinen Boden mehr unter den Füßen.

Komisch, dass ich jetzt an Erdals Putzfrau denke.

Wenn ich hier sterbe, ist das irgendwie auch ihre Schuld.

Zwei Tage vor meinem Geburtstag hatte Erdal mir seine Haushaltshilfe Magdalena als Geschenk vorbeigeschickt. Sie sollte meine Wohnung für das Geburtstagsessen vorbereiten und grundreinigen.

Ich war derweil arbeiten gewesen, und als ich nach Hause

gekommen war, hatte es herrlich nach Meister Proper gerochen, und sogar meine T-Shirts waren gebügelt gewesen.

Dass der Brief fehlte, hatte ich nicht gemerkt.

Erst nachdem ich das Paket mit dem Bild und dem Ticket bekommen hatte, erfuhr ich von Erdal, dass Magdalena, so wie sie es bei ihm zu Hause auch tut, den frankierten und adressierten Umschlag mitgenommen und eingeworfen hatte.

So hat der Brief Oliver doch erreicht. Und er hat mir zum Geburtstag das Gemälde geschickt und ein Ticket nach Budapest, datiert auf den siebenundzwanzigsten Mai, vier Tage vor unserem Scheidungstermin.

Einen meiner sechsundzwanzig Pappteller hatte er mit Tesafilm an den Rahmen des Bildes geklebt.

In Ungarn war ich nie wieder, obschon mich manchmal die Sehnsucht überkommt, noch einmal am Ufer des Balaton zu stehen. Diesmal ohne zu warten und ohne die Hoffnung, dass er zurückkommt.
Ob es mir gelungen ist, etwas Großes aus dem Tod meines Vaters zu machen? Nein. Ich habe ja noch nicht mal meinen Frieden damit gemacht. Ich fühlte mich verlassen. Ich höre einfach nicht auf, mich verlassen zu fühlen.

Oliver hat mich drängen wollen, Frieden zu schließen. Er hat gedacht, es sei an der Zeit.

Und ich habe gedacht, das würde stimmen.

Das denke ich jetzt nicht mehr.

Ich muss umkehren. Ich kann nicht mehr.

Schulterblatt 79
(bei Küppers)
357 Hamburg

Ein paar beleuchtete Häuser in den Hügeln am Ufer dienen mir als Orientierung.

Hat er ihre Lichter noch gesehen?

Panik schnürt mir den Hals zu.

Irgendetwas streift meine Hüfte, greift nach mir.

Ich schreie, aber ich höre mich nicht.

Mein Vater wird zu dem grauenerregenden Untoten, der er immer war. Ersoffen, verschollen, vermodert. Ein immer wiederkehrender Albtraum. Ein Gespenst, das mich jagt, ruhelos, genauso wie ich.

Das Wasser ist verseucht, es stinkt nach Tod und Verwesung.

Der See ist ein Friedhof. Ohne Frieden.

Ich fange an, in Todesangst zu kraulen, wohl wissend, dass meine Kräfte dann womöglich nicht bis zum Ufer reichen werden.

Ich schlucke noch mehr Wasser, und die Lichter am Ufer verschwinden.

So war das also.

So ist das also.

Und dann gehe ich unter, und alles ist endlich gut.

Am 31. Mai um 11 Uhr 15, fast geschieden: «Haben Sie Bedenken?»

«Ist das Eheverhältnis auch aus Ihrer Sicht unwiederbringlich zerrüttet?»

Die Richterin erinnert mich an meine Religionslehrerin Frau Poestges, eine zierliche grauhaarige Person, deren Gesicht gezeichnet war von Wohlwollen, Humor und Freundlichkeit. Selbst wenn sie streng wurde, kam sie nicht gegen die Lachfältchen an, die sich in vielen Jahren um ihren Mund und ihre Augen eingegraben hatten.

Ich höre wieder die Stimme der Richterin.

«Nachdem der Antragsteller Oliver Kubitt soeben bekräftigt hat, dass er die Ehe nicht fortsetzen will, frage ich Sie, Frau Nicola Kubitt, ob auch Sie die Scheidung wünschen.»

Die bürokratische Sprache und der sachliche Ton der Richterin wollen so gar nicht zu ihrem gütigen Gesichtsausdruck passen.

«Frau Kubitt, ich frage Sie noch einmal: Ist Ihre Ehe gescheitert?»

Oliver sitzt mir gegenüber und hat den Blick gesenkt. Bei der Begrüßung haben wir uns die Hand gegeben und einander kurz zugenickt. Seither hat er mich nicht einmal angeschaut. Er sieht sehr müde aus.

Ich habe mir den Gerichtssaal pompöser und würdiger vorgestellt, holzgetäfelt zumindest und mit schweren Tischen. Immerhin werden hier Ehen beerdigt, da kann man doch etwas Stimmungsvolles erwarten. Aber dieser schrabbelige Raum sieht aus wie eine Abseite, in der zwei billige Tische auf den Sperrmüll warten, und die Stühle quietschen bei jeder Bewegung.

Olivers Anwalt wippt hektisch mit einem Bein und schaut ständig auf die Uhr.

«Frau Kubitt, bitte, es ist doch alles geklärt», sagt er scharf und mit unüberhörbarer Ungeduld in der Stimme. «Sie müssen nur noch bestätigen, dass die Ehe zwischen Ihnen und Ihrem Mann zerrüttet ist. Dann können wir alle unserer Wege gehen.»

«Bitte drängen Sie Frau Kubitt nicht, Herr Rechtsanwalt», tadelt ihn die Richterin. Zu mir gewandt sagt sie freundlich: «Haben Sie Bedenken?»

«Nein», sage ich, strecke wacker mein Kinn in die Luft und bemühe mich um einen tapferen Tonfall. «Ich habe keine Bedenken.»

«Na bitte, es geht doch», sagt der erleichterte Rechtsanwalt.

«Ich will die Scheidung nicht», sage ich.

Ende mit e um 11 Uhr 25

Ich öffne die Tür des Gerichtsgebäudes.

Korken knallen.

Menschen umarmen mich.

Ich begreife gar nichts.

«Weiblich, alt und ledig – prost!», ruft Erdal.

Karsten reicht mir lächelnd ein Glas. «Jedem Anfang wohnt ein Zauber inne.»

«Auf die Zukunft!», ruft Birgit.

«Auf die Liebe!», ruft Leonie.

«Auf dich!», ruft Rona.

«Auf Oliver», sage ich. «Darf ich vorstellen: mein Mann. Wir lassen uns nicht scheiden. Wir haben nämlich festgestellt, dass wir beide keinen Hummer mögen.»

Oliver tritt hinter mir aus dem Gerichtsgebäude, legt seinen Arm um mich und sagt mir etwas ins Ohr.

Irgendwas mit Liebe.

Jedenfalls mit e am Ende.

Nachts am Ufer vom Balaton, dort, wo es begann und schließlich auch aufhörte: «Papa, how I miss you»

Ich war doch nicht gestorben.

Ich saß bis weit nach Mitternacht auf dem Steg, genau an der Stelle, an der ich meinen Vater zum letzten Mal gesehen habe.

In meine Jacke gehüllt und in Begleitung von einer Flasche Wein und einer Packung Zigaretten betrachtete ich die rötliche Mondsichel, die mich profanerweise an einen Zehennagel erinnerte und daran, dass ich mittlerweile sehr gut ohne Pediküre zurechtkam.

Das Mondlicht auf dem See sah aus wie eine silberne Brücke, nahezu unendlich lang, und ich fühlte mich so erschöpft, als hätte ich sie gerade überquert.

Ich warte nicht mehr.

Die Verzweiflung ist versiegt.

Nicht die Trauer.

Ich rauchte meine letzte Zigarette – diese Zeit ist jetzt auch vorbei –, und ich ertrug ein unerträgliches Lied.

Papa, can you hear me?
Papa, can you see me?
Papa, can you find me in the night?

Papa, how I love you
Papa, how I need you
Papa, how I miss you
Kissing me goodnight

Die Kraft hatte mich nicht verlassen.

Der See hatte mich nicht verschluckt.

Mein Atem hatte sich beruhigt, und ich war zurück ans Ufer geschwommen.

Einatmen. Gleiten. Ausatmen.

Ruhig und ohne Angst.

Als würde er noch einmal neben mir schwimmen.